A ERA DA INDIGNAÇÃO

Karthik Ramanna

A era da indignação
Como liderar em um mundo polarizado

TRADUÇÃO
Fernanda Abreu

Copyright © 2024 by Karthik Ramanna

Grafia atualizada segundo o Acordo Ortográfico da Língua Portuguesa de 1990, que entrou em vigor no Brasil em 2009.

Título original
The Age of Outrage: How to Lead in a Polarized World

Capa
Filipa Damião Pinto | Foresti Design

Preparação
Amelinha Nogueira

Índice remissivo
Probo Poletti

Revisão
Angela das Neves
Marina Saraiva

Dados Internacionais de Catalogação na Publicação (CIP)
(Câmara Brasileira do Livro, SP, Brasil)

Ramanna, Karthik
    A era da indignação : Como liderar em um mundo polarizado / Karthik Ramanna ; tradução Fernanda Abreu. — 1ª ed. — Rio de Janeiro : Objetiva, 2025.

    Título original : The Age of Outrage : How to Lead in a Polarized World.
    ISBN 978-85-390-0872-8

    1. Clientes – Relacionamento 2. Direita e esquerda (Ciência política) 3. Imagem corporativa 4. Liderança 5. Polarização (Aspectos sociais) I. Título.

24-241314   CDD-658.4092

Índice para catálogo sistemático:
1. Liderança : Administração   658.4092

Cibele Maria Dias - Bibliotecária - CRB-8/9427

Todos os direitos desta edição reservados à
EDITORA SCHWARCZ S.A.
Praça Floriano, 19, sala 3001 — Cinelândia
20031-050 — Rio de Janeiro — RJ
Telefone: (21) 3993-7510
www.companhiadasletras.com.br
www.blogdacompanhia.com.br
facebook.com/editoraobjetiva
instagram.com/editora_objetiva
x.com/edobjetiva

Para Siddy e Sammy

Sumário

Prefácio 9

1. A era da indignação 19
2. Baixar a temperatura 48
3. Entender o momento 67
4. Dimensionar a resposta da organização 90
5. Entender o poder da liderança 118
6. Como criar resiliência numa organização e na vida pessoal 141
7. Como liderar num mundo polarizado 165

Coda 189
Agradecimentos 191
Notas 197
Índice remissivo 209

Prefácio

Como diretor do programa de pós-graduação em políticas públicas da Blavatnik School of Government, da Universidade de Oxford, comecei a me ver cada vez mais confrontado pela raiva das pessoas pelo "jeito como o mundo funciona" e por aquilo que julgam ser meu papel neste mundo. Um aluno chegou a declarar, sem rodeios: "Você *é* o sistema". Na condição de homem não branco, gay e duplamente imigrante, achei engraçado e espantoso. De onde vinha essa hostilidade contra instituições estabelecidas como Oxford?

Oxford e seus docentes não são os únicos alvos. Hoje, quase qualquer um em posição de liderança (e às vezes até funcionários subordinados) nas áreas de negócios, no serviço público e no terceiro setor, em organizações de qualquer porte, tem de lidar com seu quinhão de gente de pavio curto. Vejam o dilema que o governo de Ottawa, no Canadá, precisou enfrentar no início de 2022, com os bloqueios armados por caminhoneiros que fizeram uma "Carreata da Liberdade" na cidade, ou os desafios correlatos impostos a empresas como a GoFundMe ou o TD Bank, então pressionadas a interromper as doações aos caminhoneiros que protestavam. Mesmo empresas populares como a Apple e universidades de prestígio como Harvard, ou ainda lideranças antes emblemáticas, como Angela Merkel, podem se ver subitamente às voltas com surtos de indignação, tanto de integrantes de suas equipes quanto de *stakeholders*.

É claro que *stakeholders* irritados sempre existiram. Mas "gerenciar indignação" não é o mesmo que "gerenciar *na era da* indignação". Um traço característico do atual zeitgeist distingue a indignação com a qual eu e muitas outras lideranças de organizações lidamos hoje daquela de um passado recente, quando a civilidade ainda era a norma. A indignação deixou de ser um fenômeno ocasional: ela é parte da vida, e administrá-la não é mais um desafio pontual (como o gerenciamento de uma crise), mas uma competência necessária e fundamental (como o discernimento financeiro ou o pensamento estratégico). O que me leva ao motivo para ter escrito este livro.

A ORIGEM DO LIVRO

Há cerca de oito anos, aceitei o cargo de professor e diretor do programa de mestrado em políticas públicas (MPP) da recém-criada Blavatnik School of Government, da Universidade de Oxford. Essa decisão implicou uma série de ajustes, por assim dizer, entre os quais uma mudança intercontinental, dos EUA para o Reino Unido, e de Harvard para Oxford. Como qualquer um deles me parecia uma empreitada gigantesca, realizá-los se apresentava como um desafio enorme. Mas foi a empolgação por tudo que poderia ocorrer nesse novo cenário que me levou a enfrentá-lo.

Numa época em que os governos eram objeto de profunda desconfiança, eu teria a possibilidade de reestruturar o currículo daqueles que no futuro provavelmente se tornariam presidentes e primeiros-ministros, considerando a capacidade de Oxford de atrair os melhores e mais inteligentes alunos de políticas públicas do mundo. (Apenas quatro entre os dezessete primeiros-ministros da Grã-Bretanha desde a Segunda Guerra Mundial não eram pós-graduados por Oxford.)

Minha experiência no programa de pós-graduação em administração na Harvard Business School (HBS) me tranquilizara quanto à tarefa que eu tinha pela frente e suas eventuais armadilhas. Eu havia abraçado o ensino da liderança vindo de uma carreira em economia quantitativa, em grande parte na esteira da crise financeira de 2008-9, ao me dar conta de que o mundo não precisava apenas de economistas formados pelo MIT (como eu) ensinando a ganhar mais dinheiro. Meus alunos da HBS reagiram bem à minha resolução, e eu tomei isso como um sinal positivo. Mas a tarefa em Oxford era mais ambiciosa e potencialmente transformadora. Assumi o posto ansioso para dar um jeito no modo como formávamos lideranças para o serviço público.

Por mais heterogêneo que tivesse sido o conjunto de meus alunos na HBS, nada poderia ter me preparado para a diversidade que eu encontraria no MPP. Para começar, a idade dos alunos, que vinham de 120 países, variava entre 21 e 51 anos. Mais relevante ainda é que, enquanto é possível supor tranquilamente que mais de 95% dos alunos da HBS enxergam a carreira no ramo das finanças como uma vida bem vivida (por que outro motivo estariam ali?), eu muitas vezes brinco que menos de 50% dos alunos do MPP de Oxford estão de fato convencidos de que o voto universal da população adulta seja essencial para uma boa sociedade. Em outras palavras, o leque de discordâncias em meu programa era tremendo, e a partir dessa diversidade esperava-se que eu proporcionasse uma experiência educacional significativa e que durasse a vida toda. Para completar, deixei de ser visto como alguém que "estava do lado certo" (o "professor de ética" da HBS) para me tornar o suspeito enxerto estadunidense egresso do que às vezes se costuma chamar de "a West Point do capitalismo", comparando o centro de excelência na formação de líderes na área de negócios à Academia de West Point, que treina líderes militares de elite.[1]

Ao longo dos meus sete anos como diretor do MPP de Oxford, fui entendendo como eu havia sido arrogante e imperialista ao supor que poderia criar um currículo para uma nova geração de lideranças do serviço público originárias de dezenas de países. É verdade que vivi experiências maravilhosas, sinto muito orgulho de minhas conquistas e faria tudo outra vez sem pestanejar, mas minha tarefa de "dar um jeito no ensino da liderança no serviço público" segue incompleta e *nunca* vai se completar. É uma tarefa contínua que gerações de educadores terão de herdar, às vezes aprimorando meus sucessos e, com maior frequência, corrigindo meus erros.

A incompletude estrutural da minha tarefa, assim como de muitos outros cargos dirigentes de hoje, é um dos aspectos dessa era da indignação e das desavenças profundas que ela encarna. Para alguns de meus alunos, o problema sou *eu*, porque meu papel representa a história secular de expansionismo ocidental de Oxford, com seu legado e sua bagagem imperiais. Com minha história pessoal de pessoa não branca, minoria sexual e eterno imigrante, eu estava longe de me ver integrando o "establishment de elite" que hoje provoca medo e desconfiança (ou até ódio) em tanta gente. Fui criado num subúrbio operário de Mumbai numa Índia bem mais pobre do que é atualmente, onde a homossexualidade ainda era passível de pena de anos de trabalhos forçados, e a partir dos dezoito anos estudei, até o doutorado, graças a bolsas por desempenho. Certa vez, quando fui escolhido para ocupar um alto cargo de supervisão no Reino Unido, disseram-me, com uma sinceridade de arrepiar, que eu "não havia passado tempo suficiente no país". Como, portanto, teria passado a personificar o *sistema*?

Levando a reflexão um pouco mais longe, comecei a entender a argumentação de meus detratores. Eu não estudara em Eton ou Oxford, tampouco era produto do privilégio imperialista, como o fundador da Índia moderna, Jawaharlal Nehru (primeiro Harrow School, depois Cambridge), mas, por ter jogado dentro das regras desse jogo, representava, sob muitos aspectos, uma versão desse mesmo sistema. E como alguém que tinha um casamento inter-racial com uma pessoa do mesmo sexo, eu também personificava valores cosmopolitas modernos que destoavam do conservadorismo social de muitos lugares que temem o futuro e nutrem um sentimento de injustiça por parte dos defensores da globalização. Minha liderança institucional, assim como todas nessa era de indignação, é, em certo sentido, um tanto *alterizante*.

Assim, num espírito de autorreflexão, proponho um sistema de gestão na era da indignação. Em certa medida, este livro é fruto das minhas pesquisas sobre a emergência de uma era de desconfiança institucional provocada por organizações mundo afora, e sobre o modo como elas gerenciaram a consequente indignação que pode ou não ter sido gerada por elas. Aprendi também com as reflexões e reações dos alunos que se detiveram sobre esses cases. Minha contribuição foi associar essas experiências vividas e estudadas à rica literatura das ciências psicológicas, organizacionais e políticas relativa às causas e dinâmicas da indignação e sua gestão numa escala individual, coletiva e sistêmica.

Talvez meu maior desejo seja que o livro não seja lido apenas por homens héteros, brancos e grisalhos com mais de cinquenta anos. Desenvolvi o arcabouço da estrutura que proponho primeiro para mim (um líder improvável num lugar como Oxford), e defendo que ele possa ser útil para qualquer um, independentemente de raça, origem demográfica, nível de renda ou história de vida. Afinal, quase todo mundo pode ser culpabilizado por algo que escapa a seu controle, e se você estiver numa posição de liderança, isso provavelmente vai acontecer em algum momento. Na era da indignação, é parte da *job description*. E, a despeito de sua vontade de resolver o problema, seu sucesso não vai ser absoluto. A modéstia, eu diria, é um ingrediente essencial da liderança em nossa era.

A GESTÃO NA ERA DA INDIGNAÇÃO

Essa era resulta de uma tempestade perfeita dos três principais motores de indignação, evidentes sobretudo nos países modernos e economicamente desenvolvidos. Os motores em si são conhecidos: a indignação das pessoas com instituições e lideranças em geral se origina de uma combinação qualquer de desesperança em relação ao futuro (nossas instituições e lideranças são incapazes de melhorar nossas vidas), sentimento de injustiça ou exclusão anteriores (nossas instituições e lideranças foram injustas conosco), e crença num "outro" qualquer, hostil e diferente, sobre quem recai a culpa por nossa situação desfavorável (porque nossas instituições e lideranças favorecem esse outro).

Ao longo da história, muita gente já sentiu essas emoções e reagiu a elas, por vezes com consequências violentas, embora a maioria dessas manifestações sejam localizadas e contidas. Com menos frequência, vemos gente reunida em torno de um sentimento comum de desespero e exclusão com o objetivo de derrubar um status quo considerado distante, insensível e remoto. Penso que, nas economias ocidentais modernas desenvolvidas, estamos vivendo um período assim. Muitas pessoas nos EUA, e no mundo ocidental de modo geral, sentem medo de um futuro incerto, pior do que o presente; nutrem profundo ressentimento em relação a decisões de governança tomadas no passado recente e distante, e são tomadas por uma persistente sensação de que as culturas tradicionais estão sob ataque, tudo isso amplificado pelas plataformas das redes sociais, que permitem que os indignados se encontrem e retroalimentem esse sentimento compartilhado de desespero, exclusão e isolamento.

As consequências potenciais dessa dinâmica são graves: no passado, quando tempestades assim ocorreram, elas muitas vezes desencadearam guerras globais ou civis e uma devastação de grandes proporções, e hoje há muitos motivos para temer desfechos semelhantes, talvez ainda mais nefastos.

Mas história não é destino, e acredito que lideranças e instituições tenham como atravessar essa era da indignação. Proponho uma estrutura para que indivíduos ou organizações consigam sair do impasse e, com sorte, evitem violências catastróficas. Ao trilhar essa rota, lideranças em ação ou aspirantes podem ir além das costumeiras posturas e abordagens retóricas, empregadas para ganhar tempo, e criar espaço para conversas entre partes hostis umas às outras. Mais importante ainda, ofereço aos dirigentes um caminho para fazer a diferença num mundo dividido.

Construí minha estrutura de modo indutivo a partir de uma série de estudos de caso sobre organizações tanto do setor público quanto privado, entre elas a IKEA, a Polícia Metropolitana de Londres, a Nestlé e a rede de hospitais da Universidade de Oxford. Outros cases se inspiram em lições de gestão nesses tempos turbulentos em ambientes extremamente diversos, como as tentativas do Conselho Nacional de Educação (CNE) do Brasil de proteger as minorias de gênero na era de políticos como o ex-presidente Jair Bolsonaro; as tentativas da procuradoria federal do Distrito Sul de Nova York (SDNY) de identificar e admitir profissionais talentosos e manter a independência jurídica num sistema legal politizado; as tentativas do Ministério das Finanças da Colômbia de aprovar reformas tributárias urgentes diante de protestos populistas; as tentativas da Comissão de Paz do estado de Kaduna, na Nigéria, de promover entendimento entre partes adversárias em vista de massacres étnicos cada vez mais frequentes; e até as tentativas do Vaticano de combater a corrupção em seus altos escalões na esteira de escândalos de abuso sexual.[2]

Todos esses cases têm em comum a necessidade de não só fazer face a uma crise imediata que exige boas táticas de relações públicas, mas sobretudo recorrer a uma nova abordagem de gestão, durável, que reconheça e trate a quebra de confiança generalizada nas sociedades e *stakeholders*. Para aprender com esses estudos de caso, apoiei-me em análises de disciplinas tão variadas quanto a ciência da agressão e a crítica literária, a economia gerencial, o comportamento organizacional e a filosofia política (embora deva alertar que não pretendo fazer uma revisão exaustiva dessa bibliografia, mas destacar estudos que tenham a ver com meu trabalho com gestores).

A estrutura que desenvolvi não pretende substituir conversas essenciais sobre estratégias ou valores da organização, ou seja, questões sobre *o que* fazer no longo prazo, mas criar espaço para que essas conversas aflorem como parte de seus checklists, e seu foco principal é administrativo, ou seja, ele se detém em questões sobre *como* operar no médio prazo. Nesse sentido, o que digo aqui talvez decepcione quem estiver em busca de mudanças revolucionárias na maneira como o mundo funciona. Não que eu exclua essas pessoas, mas mudanças rápidas e sistemáticas em épocas de profunda polarização muitas vezes geram violência. Espero apresentar um caminho mais ponderado, mais duradouro para a eficiência pessoal e organizacional nessa era tão singular.

Este é, portanto, um livro para lideranças que operam no âmbito de organizações e sistemas e que não precisam estar no topo da hierarquia para se beneficiar das mensagens aqui contidas: liderar é um estado de espírito de servir a outros para tornar as situações melhores do que estavam quando as encontramos, e é possível fazê-lo a partir de qualquer nível numa organização. A estrutura que apresento é de natureza *gerencial*, ou seja, envolve etapas e processos que podem ser adotados de maneira sistemática; na realidade, sustento que liderar na era da indignação requer um espírito e uma disciplina gerenciais.

São sete os capítulos: uma introdução (capítulo 1), cinco capítulos sobre as etapas do processo, e uma conclusão (capítulo 7). No capítulo introdutório, apresento o processo como um todo, então mergulho nos motores socioeconômicos da era da indignação procurando demonstrar por que eles se tornaram mais evidentes em muitas partes do mundo e como estão se reforçando mutuamente. Argumento que a indignação passou a ser um problema estrutural para as organizações, exigindo delas um sistema de práticas e princípios para dar conta do problema. Compreender os motores é essencial, uma vez que conhecer as raízes da indignação é o segredo para gerenciá-la.

No segundo capítulo, me concentro no nível individual; descrevo primeiro o modelo geral da agressão, uma teoria comportamental unificada sobre o desenvolvimento da indignação nos níveis humano e neurobiológico. O modelo se baseia em diversas correntes de pesquisa e fornece orientações acerca do que os indivíduos podem fazer para "baixar a temperatura" diante da raiva e da agressão. Em seguida discuto um conjunto de práticas e protocolos fundamentais que proporcionam uma base sobre a qual gestores podem aplicar o restante da minha estrutura, ilustrando-a com uma descrição de como o estado nigeriano de Kaduna enfrenta o problema endêmico dos conflitos religiosos e étnicos numa região fortemente dividida, e como a gigante das redes sociais Meta (ex-Facebook) lida com discussões sobre conteúdos que incitam a indignação.

No terceiro capítulo, retomo os motores da indignação ao descrever o que uma liderança, diante de uma crise imediata, precisa fazer para compreender suas causas e bolar um jeito de gerenciar conversas que possam conduzir a um consenso operacional. O nível coletivo é o foco desse capítulo, que busca identificar possíveis caminhos para que líderes possam criar algum tipo (intermediário) de mitigação da crise que permita à organização seguir operando e crescendo. Como exemplo, analiso o caso da Polícia Metropolitana de Londres (a Met) quando confrontada à indignação das comunidades minoritárias em relação a uma de suas mais importantes políticas de segurança pública: as abordagens com revista (*stop-and-search*). A título de comparação, revisito o estudo de caso de Kaduna. O desafio-chave dessa etapa é criar uma plataforma para discussão, caso nenhuma exista. Isso implica identificar a pessoa adequada para liderar o processo, expor as narrativas e a experiência vivida das partes envolvidas e entender quais seriam os canais para avançar. O processo exige a participação de representantes escolhidos a dedo pelos principais *stakeholders*, o que por sua vez demanda uma cuidadosa moderação.

No quarto capítulo, passamos da compreensão do contexto e das motivações da indignação para a formulação de uma resposta. O que implica, para além das análises individual e coletiva, uma consciência dos limites da organização no âmbito de um sistema mais amplo. Esse passo é um exercício mais focado, muitas vezes interno à organização e sua equipe de liderança: o grupo de *stakeholders* mais amplo examinado no capítulo anterior cumpriu seu papel, e agora cabe a um grupo menor de executivos desenvolver e recomendar um plano de ação específico para o indivíduo responsável por decidir o que a organização irá fazer. Os integrantes desse grupo executivo podem muito bem incluir quem tomará a decisão, e parte do grupo, quando não todo ele, deverá ter participado do primeiro processo e escutado, em primeira mão, os discursos das outras partes interessadas. O grupo deve refletir sobre dois conjuntos de questões. Em primeiro lugar, com os recursos e o know-how de que dispõe, discutir em que medida a organização é capaz de responder à indignação em níveis mais profundos, como atenuar os temores das pessoas quanto ao futuro e seu sentimento de injustiça em relação ao passado. Em segundo lugar, se a organização estiver cogitando novo compromisso, refletir se ela pode honrá-lo sem comprometer acordos anteriores. Por exemplo, se as expectativas das partes em relação aos compromissos morais anteriores da organização tiverem evoluído, pensar como essas mudanças afetam os compromissos atualmente contemplados. Examino como as organizações podem responder a esses dois conjuntos de questões apoiado em exemplos de empresas como Nestlé, Johnson & Johnson e IKEA.

O quinto capítulo passa à implementação, o que, numa era de indignação, exige destrinchar as dinâmicas de poder das tomadas de decisões, visando identificar que tipo de poder alguém em posição de liderança exerce, tanto interna quanto externamente, e por meio de que canais. Apresento um caminho para ajudar pessoas em posições de liderança a fazer exatamente isso, ilustrando, a partir de estudos de caso, abordagens de crises adotadas pela diretora de medicina da rede de hospitais universitários de Oxford durante a pandemia de covid-19 e pelo diretor responsável pela supervisão fiscal e financeira do Vaticano; a bem dizer, da Igreja católica. Concluo discutindo quais considerações devem influenciar a implementação e os riscos que os encarregados de tomar decisões podem correr: pessoas em posição de liderança na era da indignação provavelmente jamais alcançarão plenamente seus objetivos, e podem ter de pagar um preço por tomar as melhores decisões para suas organizações. Veremos também que, em suas deliberações, as lideranças devem olhar para o futuro que desejam, em vez de tratar o desafio que têm diante de si como um exercício de apagar incêndios de curto prazo.

No sexto capítulo, abandono a comunicação, análise e tomada de decisões e me volto para a compreensão da cultura e dos comportamentos da organização e das pessoas mais capazes de sobreviver (e talvez até prosperar) nessa era. Lidar com uma indignação constante é exaustivo para a organização como um todo e seus integrantes. Nesse capítulo, exploro o que os torna resilientes. No nível organizacional, examino o conceito de contratos relacionais, exemplificado pela cultura do local de trabalho da fabricante de carros japonesa Toyota. E discorro sobre as qualidades necessárias às lideranças de organizações resilientes a partir da diretora da rede de hospitais da Universidade de Oxford, Meghana Pandit, que entendeu que poderia fortalecer uma organização deixando outras pessoas tomarem as decisões. Também discuto o caso da procuradoria federal do SDNY, organização incomum que aprendeu a garantir lideranças fortemente imbuídas dos valores de independência jurídica da empresa, além de ter uma carreira altamente diversa e variada. Concluo examinando o mindset e a filosofia estoica de muitas lideranças resilientes para entender o que as torna capazes de suportar e se recuperar dos revezes, baseando-me na experiência do almirante James Stockdale, sobrevivente do cativeiro no Vietnã, e de Chris

Liddell, executivo de alto escalão que conseguiu atravessar quatro tumultuados anos próximo ao topo da Casa Branca trumpista.

No sétimo e último capítulo, sugiro que essa estrutura, ou algo semelhante a ela, pode muito bem representar uma transformação no modo como as organizações constroem a cumplicidade de seus membros. A abordagem tradicional desse desafio costuma exigir que a liderança reúna pessoas diversas em torno de um valor ou aspiração comuns e bem articulados, em geral difíceis de definir ou mesmo realizar, motivo pelo qual costumam ser considerados uma "nobre mentira". O conceito do sonho americano é paradigmático. Em nossa era da indignação, porém, tornou-se cada vez mais difícil construir convicções compartilhadas ou até valores mais genéricos, sobretudo se os interesses da liderança forem questionados. Nesse contexto, minha estrutura pode facilitar o diálogo necessário à consolidação de uma nova visão de consenso, gradual e de baixo para cima, cooptando de modo eficaz as partes interessadas em construir uma aspiração ou valor compartilhados, porém aos poucos, em vez de viver uma grande mentira nobre. Nessa transição é necessário se afastar da liderança tradicional aristotélica, de retórica arrebatadora, rumo a um novo modelo em que a liderança se caracteriza por outra virtude clássica muitas vezes negligenciada: a *temperança*.

E com isso convido vocês a ler o capítulo 1.

1. A era da indignação

Entre fevereiro e março de 2022, a Assembleia Legislativa da Flórida, o Senado estadunidense e o governador do estado aprovaram um projeto de lei que impedia as escolas públicas estaduais de promover debates sobre orientação sexual e identidade de gênero "de um modo não adequado para a idade". Enquanto o projeto transitava pelas etapas de aprovação, a imprensa noticiou que a Walt Disney Company tinha feito doações para seus principais defensores.[1]

A questão provocou uma tempestade de críticas dentro da Disney, com vários prestadores de serviço afiliados e funcionários comentando que o apoio contradizia os valores e aspirações que a empresa afirmava ter. A Disney havia tentado se aproveitar de uma imagem progressista, diziam, organizando "Gay Days" extraoficiais em seu parque temático de Orlando, por exemplo, enquanto tentava manter um pé em cada lado da vala aberta pelas guerras culturais dos EUA.

O então CEO da empresa, Bob Chapek, de início ficou na defensiva, argumentando que eles não iriam apoiar nem condenar o novo projeto de lei, que passou a ser conhecido como "Don't Say Gay" [Não diga "gay"]. Ele logo cedeu, oferecendo uma doação de 5 milhões de dólares para a principal organização de defesa da população LGBT+ dos Estados Unidos, a Human Rights Campaign — valor cerca de 25 vezes maior que a contribuição original da empresa para os apoiadores do projeto de lei —; no entanto, a Human Rights Campaign a recusou. O estrago estava feito.

Como potência cultural dos Estados Unidos, a Disney, uma empresa que por meio de suas ações (ou inações) molda a longo prazo os valores do país, parece especialmente vulnerável nessa era da indignação. O que suas princesas e príncipes fictícios fazem hoje molda os valores sociais de amanhã. Pais e mães, ativistas e políticos de todo o espectro entendem essa realidade, e por isso a empresa é alvo de todos eles.

Mas numa época em que os Estados Unidos, e boa parte do resto do mundo, parecem se dilacerar em torno de questões como mudança climática, transições demográficas, salários estagnados, desigualdades intergeracionais e racismo — sem falar nos direitos LGBT+ —, o que uma empresa como a Disney deve fazer? Como manter sua imagem e atenção focadas em seu objetivo principal, que é entregar um entretenimento saudável? Quando ela deve levantar a bandeira de seus valores? Quando deve se curvar ao pragmatismo? E onde termina o pragmatismo e começa a hipocrisia? Em quem a empresa pode confiar para obter conselhos e análises, interna e externamente, para lidar com essas questões? E como ela pode não exaurir seus funcionários e lideranças no que parece ser uma litania interminável de manifestações iradas?

A Disney com certeza não é a única a enfrentar essas questões. Além das empresas, as ONGs e agências governamentais também precisam atravessar a era da indignação. Quais são as lições a serem aprendidas com aqueles que conseguem administrar com sucesso esse período, e até mesmo com aqueles que estão apenas sobrevivendo?

UMA ESTRUTURA PRÁTICA PARA GERENCIAR NA ERA DA INDIGNAÇÃO

A estrutura que apresento neste livro oferece uma saída por meio da qual as lideranças obrigadas a enfrentar *stakeholders* irados podem compreender a cólera com a qual se veem confrontadas, trabalhar com os interlocutores para conseguir avançar e talvez até sair fortalecidas. Como mostra a figura 1.1, o núcleo da estrutura consiste numa abordagem para "baixar a temperatura" no momento, possibilitando discussão, análise e uma melhor tomada de decisão. Essa abordagem, que tem por base uma teoria comportamental (conhecida como modelo geral da agressão) e um conjunto correlato de protocolos gerenciais, sustenta quatro outros processos que as lideranças deveriam implementar

FIGURA 1.1

Uma estrutura para gerenciar na era da indignação

No centro da estrutura está a plataforma que ajuda as lideranças a reverter uma situação de agressão. A partir daí, a estrutura envolve quatro etapas, cada qual informando e sendo informada pela plataforma. A depender da situação, as lideranças podem adotar essa estrutura em qualquer etapa, mas, uma vez no sistema, o progresso será obtido percorrendo cada etapa até a situação estar sob controle, de modo que a organização possa se equilibrar ou mesmo prosperar.

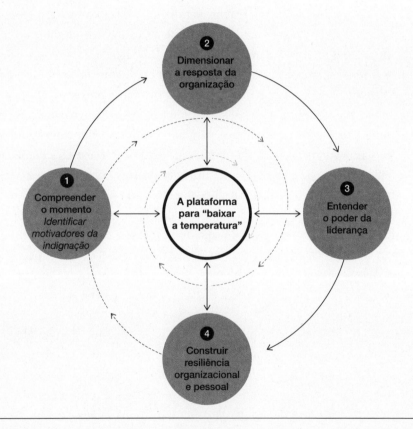

para conciliar as deliberações da organização e a era da indignação com a qual se deparam: (1) uma análise das causas profundas e dos catalisadores da crise atual (isto é, compreender a indignação); (2) o escopo e a abrangência das respostas da organização; (3) a identificação de táticas para avançar e passar à ação (isto é, a arte da implementação); e (4) a construção e renovação da resiliência individual e organizacional.

Para dar vida a essa estrutura, retomemos o caso da Disney. O mais importante, na tentativa do CEO Chapek de gerenciar as consequências do projeto de lei "Don't Say Gay", era esfriar os ânimos — o dele e também o dos ativistas, políticos, funcionários, clientes e investidores de todo o espectro político. Sem um protocolo para acalmar o ambiente, qualquer confronto só pioraria o que já estava ruim. Depois, ele precisava entender o que motivava a indignação na Disney, considerando o que podia ou não controlar. Só então seria possível formular uma resposta condizente com os princípios da empresa e duradouro a médio prazo. Para os dois primeiros passos, ele necessitava de um time de confiança de pessoas internas e externas à empresa. Em seguida, era preciso decidir como transformar suas decisões em ação de um modo que lhe permitisse pelo menos manter, senão construir, uma atitude positiva para a próxima (e inevitável) crise. E, por fim, ao reconhecer o quanto tudo isso era exaustivo para ele e para sua equipe, precisava criar condições para uma renovação emocional durável.

Como indicado pelas setas da figura, uma organização e seus *stakeholders* podem ingressar em qualquer um dos estágios ou processos, mas, uma vez dentro do sistema, o progresso é sequencial e pode muito bem exigir repetições de todas as atividades envolvidas. A plataforma central de baixar a temperatura influencia e é influenciada pelos resultados dos quatro processos, e sua principal função é manter uma atmosfera emocional moderada durante os quatro processos à medida que as pessoas se envolvem neles para superar eventos de indignação.

A fim de aplicar com eficiência a estrutura, antes de mais nada as lideranças precisam entender o que está motivando e intensificando a agressão que vivenciam. Conhecer e reconhecer as bases socioeconômicas e tecnológicas das pessoas indignadas será muito útil. Assim, embora neste livro eu apresente substancialmente um guia de gerenciamento, analisando os conceitos, processos e competências exigidos para liderar numa era como a de hoje, vou discutir os motivadores de indignação com o qual nos vemos confrontados.

OS MOTIVADORES DA ERA DA INDIGNAÇÃO

A indignação pode ter múltiplas causas, e me pareceu conveniente generalizá-las dividindo-as em três grupos. Em alguns casos, conforme observei no prefácio, uma decisão afeta as perspectivas econômicas e sociais de determinada parte, talvez privando-a de um futuro que ela tomava como certo. Em outros, a indignação vem de uma queixa histórica que faz a parte interessada desconfiar das motivações de quem toma as decisões. Um terceiro fator é a percepção de que quem toma as decisões está em certo sentido distante ou isolado da parte interessada, no que diz respeito a valores ou interesses, e aliado a algum outro grupo de *stakeholders*.

Pode-se argumentar que a indignação sempre existiu, e que de modo geral resulta das mesmas causas de sempre. No início do século XX, por exemplo, com o surgimento dos sindicatos, as lideranças empresariais tiveram de enfrentar surtos de indignação parecidos diante de decisões até então fáceis. Recuando mais ainda, a Companhia das Índias Orientais Britânicas, talvez uma das empresas mais lucrativas da história, faliu em meados do século XIX devido a uma condenação popular que forçou o governo britânico a agir. As lideranças precisam entender qual é a diferença da indignação atual. Defendo que essa diferença pode advir da excepcional relevância das três fontes tradicionais de indignação. Hoje, mais gente — desde antes da Segunda Guerra Mundial — compartilha uma desesperança crescente quanto ao futuro. Enquanto isso, transborda a raiva de grupos cada vez maiores diante do que julgam parcialidades e dos legados de deliberações anteriores. A intensificação da migração que cruza as fronteiras está reunindo grupos rivais com valores distintos, enquanto o legado das políticas educativas e sociais incentiva (às vezes de forma justa) a emergência de grupos cujos valores ofendem as sensibilidades tradicionais. Todos esses fatores são amplificados pelas tecnologias de comunicação, em especial pelas redes sociais, que permitem a pessoas com ideias e objetivos compartilhados formar bolhas de informação e reforçar mutuamente seus medos, suas queixas e suas identidades.

Assim, diante de uma crise, alguém em posição de liderança precisa se perguntar se ela vem do medo do futuro, de uma experiência de injustiça anterior ou de uma hostilidade intrínseca em relação a alguma outra parte interessada — ou ainda de uma combinação das três. Só depois de entender que motivadores estão em campo, e como eles estão interagindo, é que a liderança de uma organização pode identificar os possíveis caminhos para avançar e se eles são alternativas realistas para a organização.

Comecemos examinando o que existe por trás de nossos medos quanto ao futuro.

Medo do futuro

Em 1992, o célebre cientista político Francis Fukuyama publicou *O fim da história e o último homem*, argumentando que o triunfo do capitalismo democrático durante a Guerra Fria havia criado um equilíbrio estável na economia política, deixando para trás os conflitos de ideologia que haviam assolado o século XX. Com a rapidez das inovações, a população mundial iria viver mais, gozar de mais liberdade e se beneficiar de uma riqueza ainda maior criada pelo engenho humano.

No início do novo milênio, aquela argumentação parecia plenamente corroborada: o mundo era em grande parte um lugar de otimismo. Os bastiões tradicionais da democracia e do capitalismo — os Estados Unidos e os países da Europa Ocidental, muitos dos quais haviam acabado de aderir a uma moeda única — estavam firmes, e o país de grande porte de crescimento mais rápido do mundo, a China, estava prestes a adentrar um período de liberalização política para acompanhar sua aparente aceitação dos livres mercados.

Duas décadas depois, contudo, os alarmes dispararam em relação ao impacto do consumismo sobre o clima do planeta. Ao mesmo tempo, as mudanças demográficas já estão criando as condições para uma era de migração da África e Ásia para a Europa e os EUA, o que vai impor imensas pressões financeiras e sociais para ambos os lados. Para coroar tudo isso, a crise financeira de 2008-9, quase comparável ao grande crash de 1929, parece ter minado, em boa parte da população mundial, a confiança de que os países democráticos conseguirão dar os saltos tecnológicos da inteligência artificial (IA) e ainda assim gozar de um futuro mais saudável e mais próspero.

UM PLANETA MAIS QUENTE E MAIS SUJO

A preocupação com a mudança climática provocou alguma reação global, com acordos assinados na COP23 e subsequentes cúpulas do clima comprometidas com metas para frear as emissões de carbono. Na Europa, o investimento em energia eólica e solar aumentou, e também em energia nuclear, após o início da guerra na Ucrânia, mas o avanço ainda está longe de ser suficiente para impedir o planeta de alcançar um ponto de não retorno em relação ao clima. Poucos países signatários da COP23 parecem aptos a chegar perto das reduções nas emissões de carbono necessárias para limitar o aumento da temperatura global a níveis que não acarretem uma mudança climática irreversível.[2] Cada vez mais, as pessoas estão se conscientizando de que deixaremos para nossos filhos um planeta mais quente e com um clima mais violento, a ponto de impor mudanças radicais quanto ao local onde podemos viver (espera-se que as linhas costeiras mudem, deslocando as populações que hoje vivem nelas) e à forma como nos alimentamos.

Especialistas e ativistas já previram há tempos esses desdobramentos, mas as preocupações públicas se intensificaram na esteira de vários incidentes climáticos extremos, entre eles grandes enchentes na Europa e furacões de grande intensidade nos EUA. Um estudo recente da Pew Foundation revelou que, em média, cerca de três quartos das pessoas pesquisadas em dezenove países consideravam as mudanças climáticas uma das cinco maiores ameaças globais. Em todos os países europeus pesquisados, essa foi a maior ou a segunda maior preocupação, e apenas em três (Estados Unidos, Malásia e Cingapura) o meio ambiente foi considerado a ameaça menos grave das cinco.[3]

As mudanças climáticas não são a única questão ambiental que contribui para o medo do futuro. Existe uma preocupação crescente com o impacto da poluição causada pelos plásticos. Sua manifestação mais visível é a Grande Ilha de Lixo do Pacífico, uma área com cerca de 1,6 quilômetro quadrado formada tanto por minúsculas partículas de plástico quanto por objetos plásticos relativamente grandes que não se degradaram. Ilhas semelhantes, ainda que menores, podem ser vistas nos oceanos Atlântico e Índico, e elas crescem a um ritmo cada vez mais rápido tanto em área quanto em conteúdo: segundo uma das estimativas, a concentração de massa de plástico (em kg/km^2) da ilha do Pacífico mais do que triplicou em quarenta anos.[4]

A TECNOLOGIA E SEUS DESCONTENTES

Com a informatização e a robótica desempenhando um papel cada vez mais central tanto na produção quanto nas operações — e também na criação, a julgar pela atuação da IA nos últimos tempos —, muitos empregos estão ameaçados, e as pessoas parecem entender (e temer) essa realidade. Um estudo recente de meus colegas de Oxford (Carl Frey, Craig Holmes e Michael Osborne) revelou que cerca de 47% dos empregos da economia estadunidense estarão vulneráveis à informatização na próxima década, número que cresce em muitas economias em desenvolvimento: na China, avalia-se que 77% dos empregos estejam em risco.[5]

Até o momento, a maioria das tarefas automatizadas são aquelas que demandam a aplicação de rotinas facilmente definíveis, como operações de chão de fábrica e tarefas que seguem fórmulas. Mas a tecnologia está fazendo a automação escalar a cadeia de conhecimento. Com um smartphone e aplicativos de mapas, qualquer um pode ser taxista em Londres: os meses de estudo para se tornar um *black cabbie* parecem hoje tão esdrúxulos quanto navegadores de voo baseados em mapas e no céu, nesse mundo de geolocalização instantânea e AirTags onipresentes. Além disso, como muitos trabalhadores autônomos já sabem, programas de contabilidade e impostos podem substituir muito bem contadores e consultores fiscais de carne e osso.

Cada vez mais, as tecnologias de inteligência artificial e *machine learning* também estão pondo em risco empregos de nível mais alto; o caso mais óbvio talvez seja a medicina, na qual computadores pelo visto são capazes de diagnosticar anomalias em exames de imagem e fazer outras observações médicas com mais precisão do que radiologistas com anos de especialização. Em 2023, provas escolares e universitárias do mundo inteiro foram abruptamente perturbadas pela chegada do ChatGPT, que da noite para o dia eliminou avaliações feitas em casa e impôs a reintrodução das provas presenciais supervisionadas que haviam sido progressivamente abandonadas durante a pandemia de covid-19. A *Harvard Business Review* chegou a noticiar que a IA atuou como consultora de estratégia para startups.[6] Resumindo: trabalhos que exigiam profissionais bem-formados podem hoje ser realizados por máquinas. O que tudo isso significa para as perspectivas de emprego das crianças que ingressam no ensino médio ou na universidade?

Ninguém espera, é claro, que os seres humanos sejam totalmente substituídos pela automação e pela IA. Como disse o entusiasta da tecnologia e bilionário Elon Musk, "os seres humanos são subestimados".[7] O relatório de Frey e colegas, de Oxford, também observa que as máquinas estão longe de poder operar fisicamente em ambientes desestruturados e complexos (como dirigir carros em cidades superlotadas ou até limpar uma casa). Mas há outros contextos em que a tecnologia está se revelando altamente eficaz. Assistentes de compras virtuais, gerentes de banco virtuais e até blogueiros virtuais já estão interagindo com sucesso com seres humanos, e seu ingresso na força de trabalho irá complicar as perspectivas de emprego de muita gente.[8]

Um efeito rebote desses desdobramentos já é perceptível. Os taxistas oficiais do mundo inteiro, por exemplo, não aguentaram quietinhos a ameaça do Uber e seus concorrentes: em 2015, taxistas de cidades da França inteira protagonizaram protestos violentos cobertos pela imprensa internacional. Também na França, em 2019, funcionários de supermercados protestaram contra a abertura dos hipermercados depois do horário de almoço aos domingos usando quiosques de pagamento automático: as leis trabalhistas francesas, com o apoio de muitos sindicatos de supermercados, impedem os funcionários de trabalhar nesse horário. "As pessoas não precisam de meio dia a mais para fazer compras", observou um representante sindical.[9]

Enquanto isso, nos EUA, com a inauguração da primeira filial automatizada das lanchonetes McDonald's no final de 2022, alguns clientes irados foram às redes sociais reclamar que a iniciativa custaria "milhões de empregos", e um deles comentou: "Sinceramente, se eles continuarem com isso, eu vou boicotar o McDonald's. De qualquer modo, a comida deles é no máximo mediana".[10]

A DEMOGRAFIA E SEUS DESCONTENTES

Em 2025, o continente africano terá metade de todos os jovens do planeta, que de modo geral terá experimentado um envelhecimento acelerado.[11] Isso mudará por completo o aspecto do mundo, e há pessoas nem um pouco contentes com essa perspectiva. Como observa meu colega Ian Goldin, de Oxford, esse tipo de estatística é um dos principais indicadores de uma queda acentuada da força de trabalho, não apenas no mundo desenvolvido, mas também nas superpotências econômicas emergentes da China, que alguns defendem estar à beira de um precipício demográfico, e da Índia, onde as taxas de natalidade já se encontram abaixo da taxa de reposição.[12] A Organização para Cooperação e Desenvolvimento Econômico (OCDE) prevê um declínio generalizado de cerca de 25% da mão de obra mundial ao longo dos próximos trinta anos.[13] Esse colapso vai repercutir nas receitas públicas, num momento em que os governos precisarão prestar mais serviços à sua população idosa, não menos.

Por sua vez, muitas nações africanas não têm muito a oferecer hoje aos milhões de jovens que constituem sua demografia, já que a tecnologia está automatizando os tipos de emprego que trinta anos atrás eram exportados para as economias emergentes da Ásia. À medida que tarefas rotineiras forem assumidas por máquinas, também é quase certo que quaisquer empregos para os jovens de amanhã exigirão um grau mais alto de adaptabilidade cognitiva, sofisticação emocional e competências em matéria de comunicação. Prepará-los para esse futuro implicará reconfigurar a educação básica, que vai exigir investimentos maciços. E isso antes mesmo de se chegar ao problema de como alimentar, abrigar e cuidar da saúde de uma população em crescimento acelerado, tudo isso num contexto de desafios climáticos cada vez maiores. O histórico das nações africanas não é animador: em 2022, dois terços dos trinta países no topo do Índice de Estados Frágeis (Fragile States Index) ficavam na África, e apenas um país do continente (Botswana) não registrou um "aviso" ou "alerta" nessa lista.[14]

A resposta evidente, pelo menos para as gerações mais novas de muitos países menos desenvolvidos, é migrar para nações mais ricas, onde os serviços públicos essenciais serão prestados e ainda haverá os poucos bons empregos. Como solução de longo prazo para os desafios demográficos, a migração faz algum sentido: o mundo desenvolvido possui infraestrutura e capital para investir na educação dos imigrantes, e suas populações cada vez mais envelhecidas precisarão de mais apoio de serviços. No entanto, com a chegada dessas pessoas e de suas práticas culturais, os ajustes para que as sociedades se transformem serão intensamente sentidos. Como discuto adiante, muitos europeus em idade ativa já se sentem ameaçados por imigrantes com valores diferentes dispostos a trabalhar por menos dinheiro num contexto de empregos não qualificados cada vez mais escasso.

Isso me faz chegar ao segundo motor da indignação: enquanto aumentam os temores quanto ao futuro, aumenta também, em muitos contextos, o sentimento de que as lideranças mundiais não são dignas de confiança para salvaguardar esse futuro.

A injustiça

Em 2013, o economista francês Thomas Piketty publicou um catatau de seiscentas páginas com uma extraordinária quantidade de dados. O livro surpreendeu ao se tornar um sucesso de vendas, fez do autor um nome conhecido e gerou um debate que continua desde então. O título, *O capital no século XXI*, era uma brincadeira e uma aparente atualização do epônimo *Das Kapital*, de Karl Marx. Piketty propunha que, no ambiente econômico crescentemente liberal do final do século XX e início do XXI, as desigualdades de renda não pararam de aumentar e, na ausência de reformas, continuariam essa escalada. A ideia ganhou impulso na esteira da crise financeira de 2008-9, amplamente apresentada como uma falha de governança: o establishment político fora cooptado pela ganância e pelo autoenriquecimento às custas de trabalhadores e eleitores comuns.

Embora seja quase verdade que o liberalismo abasteceu o crescimento e proporcionou um acesso jamais visto a bens e serviços tanto para consumidores ricos quanto pobres, um exame dos dados sugere que essa maré crescente de geração de riqueza global não é mais capaz de suportar todas as embarcações. Para começar, o nível de endividamento das famílias bateu recordes e representa hoje um potencial freio para economias tradicionalmente movidas pelos gastos de consumo.[15] Em certa medida, as baixas taxas de juros durante a Grande Recessão e a pandemia de covid-19 foram um alívio, mas com a volta da inflação e uma incerteza geopolítica cada vez maior, as perspectivas para o crescimento puxado pelo consumo são questionáveis, pelo menos no médio prazo. A dívida e a inflação, porém, podem não ser as preocupações mais graves, e elas tampouco alimentam necessariamente um descontentamento existencial em relação a um sistema de livre mercado: em muitos casos, os níveis de endividamento são produto de escolhas pessoais, e as pessoas em geral não culpam líderes políticos ou grandes empresários por terem dívidas. Para compreender o ressentimento contra aqueles que se beneficiaram mais explicitamente dos livres mercados, é preciso procurar em outro lugar.

OS DEIXADOS PARA TRÁS

Em 2020, num ensaio para a *American Interest*, apresentei indícios, com base em pesquisas conduzidas com meu então assistente Timon Forster, que oferecem uma explicação possível. O ensaio, que constitui em parte o núcleo deste capítulo, examinava a evolução dos rendimentos do capital humano nos EUA.[16] Com a repartição muito desigual do capital financeiro, tudo de que a maioria das pessoas do mundo dispõe (e tudo que elas de fato valorizam) é seu capital humano: ele é sua principal fonte de renda potencial e de autoestima. Se acreditarem que o sistema está, ao longo do tempo, melhorando o retorno de seu capital humano, elas têm uma probabilidade maior de confiar nele. Se sentirem que ele subvaloriza seu capital humano e favorece estruturalmente outras pessoas às suas custas, elas perderão a confiança nele e buscarão compensação em outros lugares, como em outsiders e radicais políticos. O sistema estadunidense de fato parece estar favorecendo alguns setores da sociedade em detrimento de outros.

Duas fontes fornecem dados para medir os retornos do capital humano nos EUA. A primeira é o censo, com informações detalhadas sobre quem faz o quê em determinado momento. Os censos (uma exigência constitucional nos EUA) são realizados a cada dez anos e proporcionam uma série de instantâneos sobre as atividades das pessoas ao longo do tempo. Medir o capital humano exigido pelos diversos empregos era uma demanda mais desafiadora: é muito mais fácil e menos controverso medir capital financeiro do que capital humano, e talvez por isso o debate sobre desigualdade tenha se concentrado sobretudo no primeiro. Sendo assim, em segundo lugar, baseei nossas medições de capital humano em avaliações da intensidade cognitiva de cada ocupação na força de trabalho estadunidense, segundo o Departamento de Trabalho do país.

Combinando esses dados, criamos percentis de habilidades cognitivas para a população ativa estadunidense. Ocupações do primeiro percentil têm algumas das menores demandas de competência cognitiva segundo o Departamento de Trabalho (faxineiras, por exemplo), e aquelas do nonagésimo nono percentil têm algumas das demandas de competências cognitivas mais altas (engenheiros aeronáuticos, por exemplo). Usar as competências cognitivas exigidas pela ocupação para medir capital humano tem suas próprias limitações, claro. O capital humano se manifesta de outras formas que não as competências cognitivas, talvez mais notavelmente nas competências físicas, como as que permitem que alguém seja tenista profissional. No entanto, as competências ocupacionais físicas, conforme avaliadas pelo Departamento de Trabalho estadunidense, são em média inversamente proporcionais às competências cognitivas, e com poucas exceções, como os atletas de nicho numa economia industrializada, as competências físicas têm uma demanda menor do que as cognitivas. Essa conclusão é corroborada com dados adicionais da Universidade de Chicago sobre o "prestígio social" das ocupações: nossa pesquisa sugere que o prestígio social está fortemente associado às competências cognitivas e inversamente relacionado às físicas.

Após estabelecer nossa distribuição das competências cognitivas pela força de trabalho estadunidense, nós acompanhamos as tendências salariais corrigidas pela inflação para cada percentil, conforme mostra a figura 1.2, que compara os salários de 1980 com os de 2017. O resultado não é tranquilizador. Embora os assalariados dos dois terços superiores (aqueles com empregos mais exigentes do ponto de vista cognitivo) tenham visto alguma melhora nos salários corrigidos pela inflação, aqueles no terço mais baixo da distribuição cognitiva viram sua remuneração estagnar ou mesmo declinar desde 1980. Além disso, a maior parte das melhorias salariais ocorre no extremo superior das competências cognitivas. E essas tendências não levam em conta benefícios extrassalariais como seguro-saúde ou outras vantagens que, quando aumentaram ao longo do tempo, tendem a ter aumentado mais generosamente na parte superior da distribuição.

Com efeito, os vencedores do jogo do capital humano, determinado em grande medida pelo grau de exigência cognitiva de suas ocupações, saíram-se bem nos EUA ao longo do tempo; aqueles com ocupações menos exigentes do ponto de vista cognitivo estão em situação pior do que teriam estado quase quatro décadas atrás.

Consideremos o caso de Joe, um típico operador de carga em 1980, em meio de carreira. À época, sua ocupação o teria situado no nono percentil de competências cognitivas da população do país, e ele poderia ter esperado ganhar 17,27 dólares por hora na cotação de 2017. Seu salário em 1980 representava cerca de 60% do salário daqueles situados no nonagésimo quinto percentil de competências cognitivas nos EUA, como físicos ou astrônomos. Se o operador de carga Joe por acaso estivesse em meio de carreira em 2017, sua posição teria sido menos favorável. Embora sua ocupação ainda o situasse no nono percentil nacional de competências cognitivas, seu salário real teria caído para 14,57 dólares por hora, e representaria apenas cerca de 40% do salário dos profissionais situados no nonagésimo quinto percentil.

E não é só a remuneração de Joe que está em jogo: sua esperança de vida também declinou em relação à daqueles acima dele na hierarquia de competências. Em 2020, os economistas Anne Case e Angus Deaton, este último vencedor do Nobel, publicaram um livro em parte baseado em sua seminal análise das taxas de mortalidade na população estadunidense em idade ativa.

FIGURA 1.2

Retornos salariais do capital humano

O gráfico apresenta o salário médio por hora, ajustado pelo valor do dólar em 2017, da mão de obra dos EUA dividida em percentis segundo a intensidade cognitiva de suas ocupações (conforme definido pelo Departamento de Trabalho do país). Os dados — referentes a 1980 e 2017, de modo a mostrar como os retornos salariais do capital humano mudaram com o tempo — sugerem que boa parte dos primeiros quarenta percentis da população ativa estadunidense tinha uma vida melhor em 1980 do que em 2017.

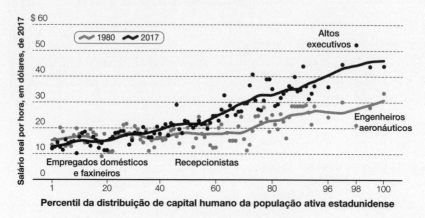

Fonte: US Current Population Survey, CEPR ORG Trecho 2.3, 20, 2017; O*NET, 2017

The Deaths of Despair and the Future of Capitalism [Mortes por desespero e o futuro do capitalismo] pintava um quadro muito diferente daquele sugerido por Fukuyama. Entre seus achados estava a assustadora compreensão de que "se a taxa de mortalidade de brancos entre 45 e 54 anos tivesse se mantido no mesmo patamar de 1998, 96 mil mortes poderiam ter sido evitadas entre 1999 e 2013 [...]. Se tivesse continuado a declinar no mesmo ritmo anterior (1979-98), meio milhão de mortes poderiam ter sido evitadas".[17] Tal tendência estava intimamente relacionada aos níveis de educação: embora o abismo racial em termos de taxa de mortalidade "tivesse diminuído em 70% entre 1990 e 2018", o abismo educacional tinha "mais do que dobrado" as taxas de mortalidade tanto entre negros quanto entre brancos.[18] Em outras palavras, embora ter formação superior faça uma diferença cada vez maior na esperança de vida, isso hoje se deve em grande parte à diminuição da esperança de vida para desfavorecidos como Joe, nosso hipotético operador de carga.

Falando de forma clara: os estadunidenses têm vivenciado um sistema econômico que, no decorrer de um período razoavelmente longo, deixou pelo menos um terço da população em situação pior. Desconfio que até mesmo Milton Friedman, o arquidefensor do liberalismo econômico, que não tinha nenhuma preocupação com a desigualdade contanto que o crescimento estivesse sustentando todas ou a maioria das embarcações, ficaria perturbado com esse cenário. Aqueles deixados para trás têm pouca motivação para apoiar líderes políticos associados a políticas de livre mercado que proporcionam um crescimento tão desigual. (Nossa pesquisa sobre a distribuição dos retornos do capital humano não se limitou aos EUA: ver o quadro "Otimismo numa Índia desigual" a seguir.)

LIVRES MERCADOS — OU A CLASSE TRABALHADORA ENGANADA?

Dizem que o renomado físico Stanislaw Ulam desafiou Paul Samuelson — talvez o economista mais respeitado do século XX — a identificar, dentre todas as ciências sociais, qual era ao mesmo tempo não trivial e verdadeira.[19] Samuelson demorou para elaborar uma resposta (anos, segundo ele mesmo), mas enfim propôs a teoria da vantagem comparativa no comércio internacional de David Ricardo. Em termos simples, ela defende que o comércio beneficia todos os países, uma vez que promove eficiência incentivando-os a se concentrar nas vantagens relativas e não nas absolutas. Esse resultado não intuitivo tem sido a espinha dorsal intelectual das políticas públicas que têm guiado a globalização, que por sua vez encorajou muitas empresas ocidentais a transferir grandes partes da cadeia de fornecimento para países onde o custo da mão de obra é baixo.

Como assinalei no ensaio para a *American Interest*, o problema é que, em 1980, os empregos mais vulneráveis a serem deslocalizados em geral se situavam abaixo do quinto percentil de distribuição de capital humano da força de trabalho estadunidense, justamente aqueles deixados para trás pelo crescimento promovido pelo livre mercado. Mas a história não termina aí. A deslocalização de trabalhos de manufatura significou uma demanda maior, e uma vantagem salarial, para competências de serviço que permitem a deslocalização: competências de TI, *back office* financeiro, logística, e assim por diante. As vantagens salariais desses empregos ajudaram a impulsionar o boom de serviços do

Otimismo numa Índia desigual

Nem todos os países têm a mesma experiência dos EUA, com os retornos do capital humano estagnados em grandes fatias da sociedade. Como parte de minha pesquisa nessa área, nosso time examinou outros países, e um caso em especial me impressionou: o da Índia.

Num final de manhã ensolarado e fresco de novembro, antes da crise da covid-19, foram me buscar no aeroporto de uma pequena cidade indiana do estado de Punjab, próxima à fronteira com o Paquistão (cerca de 1 milhão de habitantes). Eu estava lá como consultor remunerado para visitar a Lovely Professional University (LPU), ao que tudo indica o maior campus universitário do mundo. Em meio ao caos e agitação característicos de qualquer aglomeração urbana da Índia, esse campus de nome um tanto curioso é um espantoso contraste em relação a seu entorno. Um oásis de calma, com gramados muito bem-cuidados e ruas largas com calçadas espaçosas a rodear prédios imponentes que ensinam e alojam milhares de estudantes.

O campus da LPU é objeto de desejo seja para quem está dentro de seus muros, seja para quem está fora. Seus alunos provêm em grande parte da classe profissional emergente, filhos daqueles que acabaram de quebrar o ciclo de precariedade econômica na esteira das reformas liberalizante iniciadas na década de 1990. Eles almejam ser a nova classe média alta e a nova classe alta do país. Nem todos conseguirão, mas o fato de tantos estarem dispostos a pagar a anuidade — uma pequena fortuna para os padrões locais, onde grande parte do ensino superior tem basicamente um pesado subsídio estatal — é por si só testemunha de seu otimismo em relação ao futuro da Índia.

É raro que um campus fora dos cinturões de ferrugem do Ocidente seja tão vibrante quanto o da LPU: o ânimo empreendedor palpável em universidades e parques empresariais da China, Índia e outras economias de crescimento acelerado gera sua própria forma de energia infecciosa e suas próprias oportunidades econômicas.

O interessante em relação à Índia é que, embora as desigualdades sejam bem maiores do que nos EUA, a maré alta no país sustentou a maioria das embarcações, como mostra a figura 1.3. E os indianos são bem mais esperançosos quanto ao futuro do que os estadunidenses, conforme sugerem as pesquisas do Edelman Trust Barometer. A população indiana sente que o contrato social está em grande medida funcionado. Isso talvez explique por que, apesar da enxurrada de notícias negativas sobre a vida no país publicadas na imprensa ocidental, a liberalização econômica se mostrou bastante popular.

FIGURA 1.3

Retorno salarial do capital humano na Índia

O gráfico apresenta o salário semanal médio, ajustado pelo valor do dólar em 2017, da força de trabalho indiana (exceto ocupações agrícolas), dividida em percentis segundo a intensidade cognitiva de seus cargos. São apresentados dados de dois anos — 1983 e 2012 — para mostrar como os retornos salariais do capital humano na Índia mudaram ao longo do tempo. Os dados sugerem que a maior parte da população ativa indiana estava numa situação melhor em 2012 do que em 1983.

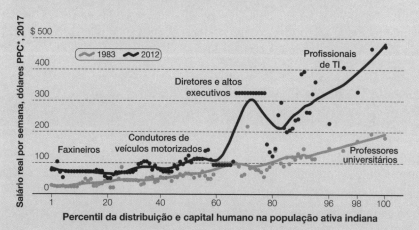

* PPC — Paridade do Poder de Compra
Nota: A população ativa exclui cultivadores, agricultores e trabalhadores agrícolas.
Fonte: IPUMS, 2017; National Sample Survey, 2017

final da década de 1990. No entanto, elas também estimularam a criação de novos processos de trabalho que permitiriam a deslocalização desses mesmos empregos. Mais uma vez, as políticas de livre-comércio saíram vencedoras. Desde o fim da década de 1990, a globalização foi aos poucos deslocando os empregados de escritório, em especial aqueles cujas competências podem ser facilmente catalogadas e replicadas em outros lugares em troca de salários mais baixos (por exemplo, competências nas quais o conhecimento tácito ou implícito seja menos relevante).

O resultado é que os benefícios das políticas de livre mercado, que até pouco tempo atrás o establishment político ocidental abraçava, parecem ter contemplado em grande medida trabalhadores muito qualificados, investidores e donos de empresas, o que cria um abismo ainda maior em relação às populações de classe média. Da perspectiva desses trabalhadores, é plausível que as políticas de deslocalização do livre mercado (e a imigração de trabalhadores menos qualificados) podem advir do conluio entre líderes políticos e outras elites em benefício próprio, como defendem populistas como Donald Trump. Essa percepção tem polarizado a política estadunidense a ponto de estar ficando cada vez mais difícil chegar a um consenso, o que me leva ao próximo argumento: na ausência de confiança no sistema político, o desenvolvimento social e econômico que poderia beneficiar quem ficou para trás se torna praticamente impossível de alcançar.

QUEBRA DE CONFIANÇA E RUPTURA DE SISTEMAS

Os Estados Unidos não são o único país caracterizado por uma desconfiança crescente em relação ao establishment político, e a experiência recente do presidente colombiano Iván Duque e seu Ministério da Fazenda oferece um exemplo instrutivo, num tipo muito diferente de país, de como um sentimento generalizado de exclusão solapa mesmo tentativas bem-intencionadas de reforma. Em 2021, a Colômbia estava no auge da pandemia de covid-19 e encarava a perspectiva de um colapso fiscal iminente devido à escala dos gastos públicos gerados por essa crise. Duque entendeu que, se o país quisesse manter seu grau de investimento da dívida pública conquistado a duras penas, seria preciso reformar o regime tributário. Supervisionei um estudo de caso sobre essa experiência na Blavatnik School (com coautoria de meus colegas İrem Güçery, Clare Leaver e Oenone Kubie), que serviu de base para a argumentação a seguir.[20]

O problema da Colômbia era que, mais ainda do que a maioria dos outros países latino-americanos, suas rendas tributárias provêm em grande parte de taxação indireta — sobretudo de impostos sobre a venda, como o Imposto sobre Valor Agregado (IVA) — e não de impostos diretos (como imposto de renda, tributos pagos por empresas ou taxas imobiliárias). Isso significa que o sistema já é regressivo: impostos indiretos sobre o consumo em geral impactam mais os consumidores pobres do que os ricos. Lá, a situação era agravada devido à facilidade com que interesses particulares encontravam brechas. A importação de salmão defumado escocês, por exemplo, que não chega a ser um item da cesta básica, era isenta de IVA.

Duque consultou vários economistas de todas as tendências políticas, tanto na Colômbia quanto no FMI e no Banco Mundial, para decidir por onde começar. Todos lhe recomendaram primeiro consertar o sistema do IVA, que tinha nada menos de quatro alíquotas fiscais distintas: itens plenamente taxáveis, sobre os quais era cobrada uma taxa de 19%; itens preferenciais, taxados em 5%; itens isentos com taxa de 0%, e que permitiam inclusive aos vendedores pedir compensação do IVA pago a fornecedores; e itens excluídos, sobre os quais não era cobrado IVA, mas para os quais os vendedores não podiam requisitar compensação do IVA pago. Com o tempo, cada vez mais categorias de mercadorias haviam sido agrupadas nas alíquotas de isentos e de excluídos, sobretudo por meio de acordos políticos feitos por governos sucessivos. Além do salmão escocês, os chocolates, o turismo e mesmo as revistas pornográficas faziam parte da lista de itens isentos. As passagens aéreas também pagavam pouco IVA, uma vez que estavam classificadas na categoria preferencial. Enquanto isso, a categoria dos itens excluídos incluía iPhones, cirurgias plásticas, ingressos de futebol e locações para filmagens. Era evidente que a correção do IVA oferecia muitos frutos fiscais de baixo custo para o governo, além de reparar a taxação regressiva perversa.

Duque montou uma proposta sensata: a categoria preferencial incluiria apenas itens essenciais, como alimentos da cesta básica; a isenta ficaria reservada a itens de exportação, e a dos excluídos se limitaria a itens que tivessem um valor para a sociedade de modo geral, como mercadorias e serviços relacionados à educação e à saúde. Em maio de 2021 ele apresentou ao legislativo esse novo pacote, o qual gerou uivos de protesto, pois no esforço genuíno de limpar o sistema, Duque desfazia décadas de acordos políticos. E, mais importante: o povo já tinha perdido a confiança de que o governo faria a coisa certa. A reforma tributária integrava a plataforma de quase todos os governos havia décadas, e uma piada recorrente na imprensa era que, segundo os políticos colombianos, o país precisava de um reset tributário geracional a cada dois anos. Em governos anteriores, porém, reformar o sistema tributário nunca tinha sido um objetivo, mas apenas uma encenação política cujo verdadeiro objetivo era recompensar a base de poder do político que tivesse vencido a última eleição. Duque constatou que introduzir uma verdadeira reforma significava pisar no calo de interesses velados fortemente entrincheirados, e que isso, por sua vez, exigiria conquistar a confiança de todo um segmento descontente.

Os muitos e variados grupos que tinham a perder com a reforma reagiram, alegando que Duque era apenas a fachada de uma elite tecnocrática que desejava ganhar mais dinheiro às custas deles. E essa argumentação era muito crível, uma vez que era nisso que quase todas as outras reformas tributárias haviam se transformado. Os políticos colombianos simplesmente não tinham credibilidade para vender uma reforma genuína. Na esteira de protestos de rua, o Ministério da Fazenda foi obrigado a voltar à estaca zero e inventar algo que pudesse vender com credibilidade. Uma reforma acabou sendo aprovada, infelizmente muito aquém da visão original de Duque.

A experiência da Colômbia ilustra uma importante fraqueza na situação atual de muitas democracias: o processo político de qualquer mudança com frequência se reduz a uma barganha entre interesses particulares. Embora a negociação e a conciliação sejam sempre essenciais para o progresso político, se os cidadãos passarem a ver os políticos como representantes de interesses de elites, eles inevitavelmente perdem a fé no sistema.

E isso me faz chegar ao terceiro principal motor de indignação.

Ideologias de alterização

A expressão "alterização" que emprego para descrever o terceiro motor de indignação busca capturar o grau crescente com o qual diferentes grupos sociais culpam uns aos outros pelo declínio de suas perspectivas econômicas e sociais e por aquilo que percebem como injustiças históricas. A intensidade desse jogo reflete várias mudanças importantes.

Em primeiro lugar, como já observei, os avanços tecnológicos recentes, em especial nas áreas da informática e da IA, podem muito bem estar enfraquecendo o elo que o establishment sempre considerou firme entre os valores iluministas ocidentais e o progresso econômico em geral. Sob muitos aspectos, os valores iluministas, que apoiavam a pesquisa científica, estavam em sintonia com a industrialização, ela mesma fruto dessas pesquisas, gerando empregos e prosperidade. Uma sociedade esclarecida, portanto, era uma sociedade industrial e próspera. À medida que a tecnologia enfraquece esse elo, porém, a crença nos valores do Iluminismo parece se esgarçar tanto no Ocidente, que está testemunhando um efeito rebote em relação ao liberalismo social inerente a esses valores, quanto fora do Ocidente, à medida que outros países, em especial a China, diminuem a diferença econômica e confiam mais em suas peculiaridades culturais. Cada vez mais, portanto, muita gente, por motivos distintos, deixou de associar o liberalismo social que vinha dominando as democracias ocidentais ao empoderamento e à prosperidade, considerando-o até mesmo contrário a eles.

Esse descontentamento vem sendo amplificado pelas mudanças no modo como as pessoas obtêm e compartilham informações, com as redes sociais baseadas em assinaturas substituindo as redes de televisão e jornais tradicionalmente controlados por integrantes remunerados do establishment. Essas novas mídias permitem que pessoas com preocupações e convicções comuns se agrupem, em muitos casos reforçando seu sentimento de insatisfação e facilitando sua mobilização num protesto ativo contra aquilo que percebem como um elitismo dos valores iluministas.

Para destrinchar as origens dessa raiva, examino uma obra que saiu nos anos 1990.

A HISTÓRIA CONTRA-ATACA

Em 1996, Samuel Huntington publicou *O choque de civilizações e a recomposição da ordem mundial*,[21] livro que respondia à argumentação de seu ex-aluno Francis Fukuyama, segundo o qual, com o fracasso econômico do experimento comunista, o capitalismo democrático do Ocidente havia emergido como o modelo socioeconômico dominante. A despeito de suas muitas falhas, o contra-argumento foi de uma presciência extraordinária num nível macro, societal.

Para o autor, o triunfo econômico e social dos valores iluministas do capitalismo democrático não prenunciava o fim da história, mas um retorno a ela. Seu argumento se baseava na teoria de que o mundo é incontornavelmente dividido em várias "civilizações", segundo critérios geográficos. Ele define uma civilização como o nível mais amplo de identidade cultural específica que os seres humanos podem ter. Uma italiana moradora de Roma terá várias identidades culturais: ela pode se identificar como romana, como italiana, como europeia ou como católica. Essas identidades podem incluir diferentes pessoas (nem todos os nativos de Roma são necessariamente italianos ou católicos), e sobretudo números variáveis de pessoas. O grupo mais amplo, porém, com o qual é provável que essa mulher se identifique, é o dos ocidentais, basicamente pessoas que vivem ou têm raízes na Europa Ocidental, e que portanto, de modo geral, se identificam com um conjunto de valores comuns enraizados na história religiosa, ética e filosófica da região. Huntington identifica sete outras "civilizações" bem definíveis: o mundo islâmico, o mundo cristão ortodoxo (as nações eslavas em sua maioria), os confucianos, os japoneses, os hindus, os latino-americanos e os africanos (subsaarianos).

Segundo Huntington, os crescentes engajamento econômico e migração das populações em rápido crescimento dos países menos desenvolvidos causariam cada vez mais conflitos, em particular entre as civilizações islâmica e ocidental, cujas religiões, ambas missionárias, se dizem a única verdade e compartilham muitas fronteiras geográficas problemáticas. O desenvolvimento econômico dos países asiáticos, que não comungam dos valores políticos e sociais do Ocidente, também poderia levar a conflitos geopolíticos, já que a China busca substituir os Estados Unidos como superpotência mundial dominante, atraindo outros países asiáticos para sua esfera de influência. Muitos dos conflitos que eclodiram desde a queda do Muro de Berlim podem ser explicados por essa teoria. A guerra na Ucrânia, por exemplo, seria uma tentativa previsível da Rússia ortodoxa de reivindicar a Ucrânia como parte de seu "Russkiy Mir" (Mundo Russo) ortodoxo e pan-eslavo, tirando-a das garras de um Ocidente culturalmente hostil.

Esses conflitos culturais, porém, são mais que uma fonte de conflitos geopolíticos quanto a fronteiras e territórios: eles se refletem dentro dos próprios países. Como vimos, o sucesso econômico do modelo de capitalismo democrático da civilização ocidental transformou os países ocidentais num ímã para imigrantes dos mundos islâmico, asiático, latino-americano e africano que muitas vezes se deparam com uma acolhida inamistosa por parte dos locais, para quem eles são não apenas competidores no mercado de trabalho, mas também estranhos a suas tradições religiosas ou sociais. Nesse contexto, as diferenças culturais se tornam um para-raios da raiva dirigida tanto aos imigrantes quanto a uma elite liberal vista como fomentadora da imigração com o intuito de baixar os custos salariais das grandes empresas. Os imigrantes, por sua vez, desenvolvem um ressentimento galopante contra os países anfitriões dos quais se sentem excluídos, o que os torna propensos a abraçar movimentos fundamentalistas, em guerra contra aquilo que consideram um mundo cristão hostil.

Tudo isso já parece bastante deprimente, e, apesar de seus defeitos, a teoria de Huntington oferece uma explicação plausível para parte da raiva e dos conflitos que estamos testemunhando. No entanto, nem todos os conflitos e ressentimentos têm por raiz tais fricções civilizatórias. Um estivador protestante desempregado do leste de Belfast é tão ocidental e inclusive tão irlandês quanto seu equivalente católico, e no entanto o conflito sectário entre os dois segue definindo a história da ilha que ambos compartilham. A afirmação de que a "alterização" é particularmente relevante hoje não pode depender totalmente da interação entre conceitos de nível macro. Um outro ingrediente ausente da teoria é a tecnologia, em especial as altamente acessíveis plataformas das redes sociais que dominam a vida cotidiana e favorecem em muito a capacidade dos indivíduos de construir comunidades em torno de suas identidades individuais.

REDES SOCIAIS

Os seres humanos são criaturas naturalmente sociais. Somos ligeiros em formar comunidades e nelas encontrar nossa identidade. Além disso, como observou Huntington, todos temos múltiplas identidades, o que nos permite pertencer a todo tipo de grupo. O que o autor deixou de mencionar, porém, foi que formamos novas identidades rápido demais em resposta a determinado contexto social.

É claro que sabemos da construção de identidades há décadas, se não mais. Montanhas de dólares são investidas em marketing para as empresas criarem identidades das quais tirarão proveito. O Harley Owners Group (HOG), que reúne proprietários de motocicletas Harley-Davidson, é um exemplo clássico.[22] A multinacional de consultoria McKinsey vem utilizando há tempos sua rede de ex-funcionários, os quais regularmente trazem novos clientes para a empresa.[23] A novidade é que as novas tecnologias das redes sociais e de busca agigantaram o potencial de construção e reforço de identidades sociais sem demandar engajamento físico. Construímos identidades sem sair de casa: basta uma conexão de internet e um smartphone.

Graças à tecnologia, podemos inclusive identificar e mirar pessoas com as quais pensamos nos identificar. Sob muitos aspectos, isso tem sido vantajoso: quem sofre de determinada doença, por exemplo, pode participar de grupos on-line e receber apoio moral e conselhos práticos. Mas nem sempre a tecnologia atua para o bem. Homens jovens que se sentem rejeitados por mulheres também podem receber conselhos de outros homens rejeitados, ou que pelo menos assim o julgam. E vai saber o que eles recomendam...

Esse problema das redes sociais decorre em parte da natureza dos algoritmos usados pelas plataformas para gerar tráfego em seus sites. Pesquisar um assunto gera recomendações sobre esse assunto e leva a conteúdos semelhantes. Embora quem navegue na internet entenda essa dinâmica em algum nível, a exposição repetida a determinados conteúdos pode predispor as pessoas a pensar de maneira acrítica, em especial se forem jovens e vulneráveis a esse tipo de mensagem, fenômeno denominado contágio emocional.[24] Consequentemente, o volume de informações parciais ou mentirosas tem uma boa probabilidade de sufocar conteúdos contraditórios e imparciais, provocando uma espiral descontrolada de viés da confirmação.[25] É claro que, se a exposição a esse material não levar a lugar nenhum, os danos serão relativamente poucos. Mas há indícios de que a exposição repetida, por exemplo, à masculinidade tóxica, pode muito bem fazer com que a pessoa busque concretizar suas fantasias no mundo real, numa tentativa de provar seu valor e obter a aprovação de seu modelo perverso.[26]

Enfim, a tecnologia das redes sociais encoraja a rápida formação de grupos sociais, muitos deles inofensivos ou até úteis, mas que podem ser nefastos. Quando a criação de grupos sociais exigia uma presença física, era mais difícil formar grupos tóxicos, pois as pessoas não podiam manter em segredo sua identidade. Para socializar, precisavam estabelecer conexões com pessoas com as quais talvez não concordassem, e encontrar um terreno comum. Já nos fóruns da internet, que podem ser acessados de qualquer lugar, elas podem permanecer anônimas, ou seja, podem encontrar e se misturar com pessoas que espelham e reforçam suas opiniões, por mais ofensivas que sejam. Nas redes sociais, em vez de negociar e conviver com os desacordos, as pessoas simplesmente saem (ou são excluídas) dos grupos.

O resultado dessa dinâmica é que pessoas com visões tóxicas podem entrar em grupos, inflá-los e liderá-los para adotar posições ainda mais extremas com pouco ou nenhum risco para a sua reputação, enquanto os algoritmos das empresas de redes sociais enviesam mais ainda o fluxo de informações. É uma receita para os conflitos de indignação.

UMA TEMPESTADE PERFEITA

Como espero já ter deixado claro, a era da indignação é uma interação complexa de muitos fatores. O que no início os gestores podem tomar por uma simples crise de curto prazo, na qual o departamento de relações públicas pode dar um jeito logo — lembremos o caso da Disney e a doação de 5 milhões do CEO Chapek para a Human Rights Campaign após a aprovação da lei "Don't Say Gay" —, provavelmente será algo mais profundo, que exige da organização novas competências e a implementação de processos durante um longo período. A indignação e sua gestão não são tão preto no branco quanto se poderia pensar à primeira vista.

Muitas das questões que desencadeiam surtos de indignação são convicções fundamentais sobre, por exemplo, o papel dos homens e das mulheres na sociedade: que convicções e princípios devemos seguir ao educar nossos filhos? Como definir casamento e família? Essas são perguntas básicas, sobre as quais diferentes civilizações ou comunidades podem ter diferenças consideráveis. Ao longo da maior parte dos últimos cinquenta anos, elas passaram para um segundo plano em relação ao debate ideológico entre capitalismo democrático e comunismo, com foco nos direitos políticos e econômicos por oposição aos direitos religiosos e morais.

No entanto, conforme um grande grupo de pessoas se dá conta de que não só o sistema capitalista democrático é incapaz de entregar um futuro próspero diante de avanços como a IA, mas também que, em certo sentido, os defensores desse sistema se aliaram sistematicamente a outros interesses, essas pessoas começam a olhar para alternativas fundamentalistas. Para corroborar a visão de Francis Fukuyama, as pessoas precisam estar mais ou menos no mesmo ponto em termos de narrativa. No mundo de Huntington, porém, uma vez que as experiências com o sistema divergem e as pessoas vão ficando mais temerosas, elas procuram explicar a própria condição com base nas diferenças que as separam dos outros.

A ruptura é mais que um embate entre os grupos muito grosseiramente definidos que Huntington descreveu. As redes sociais estão estilhaçando essas "civilizações" em grupos menores, com frequência profundamente hostis a outras comunidades mesmo no interior das fronteiras de uma mesma nação. Segundo essa lógica, grupos desfavorecidos — como brancos pobres com uma expectativa de vida em declínio — culpam uma elite progressista e "desconstruída" que, segundo eles, se alia a imigrantes e países estrangeiros mais do que a seus conterrâneos. Ao mesmo tempo, encontram aliados improváveis em outros grupos com temores parecidos. Um operador de carga demitido em Ohio pode constatar ter mais em comum com partidários de Vladimir Putin ou Viktor Orbán do que com os pós-graduandos de Harvard ou Oxford que ocupam posições de poder no "Estado profundo" dos países ocidentais. Num comício recente do Partido Republicano em março de 2022, na esteira da invasão da Ucrânia, os participantes entoaram "Putin! Putin!".[27] Algo assim teria sido impensável vinte anos atrás em qualquer lugar dos EUA, muito menos em comícios do partido político que tradicionalmente considerava a Rússia *a* ameaça ao modo de vida estadunidense.

Vamos ver como as lideranças de organizações podem navegar essas águas revoltas, em que grande parcela da população se sente à beira de uma guerra.

LIDERAR EM UM MUNDO POLARIZADO

Hoje, a maioria dos indivíduos e organizações lida com a hostilidade num esquema ad hoc, como um exercício de gerenciamento de crise. Se a indignação fosse uma ocorrência relativamente idiossincrática, tudo bem. Mas, uma vez aceita a suposição de que atravessamos um período em que ela é sistemática, então indivíduos e organizações precisam recorrer a uma abordagem mais estruturada. Assim como os governos dispõem de sistemas para administrar eventos climáticos adversos recorrentes — como nevascas, furacões ou tornados que ocorrem nos EUA —, as organizações e seus líderes precisam de um equivalente para dar conta das hostilidades das partes interessadas que hoje cercam quase todas as suas deliberações.

O objetivo de qualquer sistema de gerenciamento factível numa era de indignação deve ser indicar um caminho para avançar, o qual, no melhor dos casos, constitua a base do progresso em direção a um objetivo mutuamente aceitável, e, no pior, não cause mais estragos que possam exacerbar a indignação. Porém, para que alguém em posição de liderança tenha qualquer expectativa de alcançar esse objetivo, porém, é preciso aceitar dois axiomas básicos — os quais, assim como qualquer axioma, expressam verdades que parecem evidentes quando ditas. O primeiro: faça o que fizer, você jamais conseguirá responder plenamente às demandas que lhe foram delegadas. E o segundo: faça o que fizer, você será visto como parte do problema.

O primeiro axioma é razoavelmente intuitivo. Somos capazes de aceitar, em algum nível, a hipótese de que alguns problemas são, em essência, complexos e talvez nunca possam ser resolvidos a contento. Também é muito provável que as posições e poderes de ação das pessoas se modifiquem durante uma negociação. Um bom exemplo foi o processo de definição da Base Nacional Comum Curricular (BNCC) das escolas brasileiras na década de 2010, sobre o qual, junto com Anna Petherick e Oenone Kubie, escrevi um estudo de caso em Oxford.[28] A negociação da BNCC foi um processo longo e demorado, que sob muitos aspectos exemplifica a estrutura que vou descrever neste livro.

O ensino público no Brasil é altamente descentralizado em instâncias estaduais e municipais, com padrões e prioridades curriculares diversos que geraram, por sua vez, alguma variação qualitativa. Em 2014, após anos de deliberação, o Congresso Nacional autorizou um grupo de trabalho a esboçar uma base curricular comum para as escolas brasileiras, que seria adotada após aprovada pela autoridade civil responsável — o Conselho Nacional de Educação (CNE). Mais importante: a base curricular não estaria sujeita à votação no Congresso. Em 2017, o grupo de trabalho, integrado por um conjunto diversificado de servidores e especialistas em educação, liberou sua terceira (e, segundo torciam, última) versão da BNCC. Na última hora, porém, a bancada evangélica multipartidária do Congresso brasileiro declarou sua oposição ao projeto, em especial em razão das cláusulas que indicavam o respeito à identidade de gênero e à sexualidade, que haviam sido acordadas pelo grupo de trabalho e sobreviveram às duas versões abertas aos comentários do público (em 2015 e 2016), incluindo mais de 9 mil tentativas de emenda. A bancada evangélica não estava particularmente envolvida na época em que o processo começara, mas, quando a versão final foi apresentada, sua posição lhe permitia não apenas tirar o projeto inteiramente das mãos do grupo de trabalho e devolver para o Congresso, como também travar toda a pauta legislativa do governo, mesmo em temas não ligados à educação.

A líder do grupo de trabalho em 2017, Maria Helena Guimarães de Castro, acabou se valendo de sua autoridade — enfrentando a oposição de muitos, inclusive daqueles que haviam passado anos negociando um consenso — para retirar as cláusulas controversas, de modo a salvar o projeto e pelo menos chegar a uma versão que pudesse ser adotada sem exigir votação no Congresso. Muitos professores criticaram a decisão, que minava a credibilidade da reforma. No entanto, por mais parcial que seja, a adoção da BNCC ainda assim representa um passo gigantesco para o Brasil.

O segundo axioma — você será visto como parte do problema — tem por intuito fazer as lideranças entenderem que não podem nem devem se considerar a solução *toda*. No mínimo, isso seria contra os seus interesses, mas a pessoa também corre o risco de ser arrogante e imprudente. Mesmo que certos quadros se considerem defensores progressistas dos marginalizados, eles serão vistos como parte do problema em virtude de sua posição de poder. Trata-se de uma constatação difícil, mas útil, como aprendi com minha própria experiência, descrita no prefácio.

Juntos, os dois axiomas permitem não só sair de uma mentalidade contraproducente na qual o gerenciamento ou liderança aparecem como uma solução heroica, como reconhecer que sempre haverá trabalho a ser feito e desacordos em relação a determinadas questões críticas. As questões que magnetizam a indignação costumam ser abertas, e seu alcance pode evoluir conforme as circunstâncias e atitudes se modificam em função tanto do que acontece no sistema quanto de influências e acontecimentos externos. É devido a essas propriedades que as questões não se prestam a uma solução definitiva, mas exigem uma gestão progressiva e dinâmica. Isso, como nos lembra o axioma, não pode ser conquistado por meio da expertise ou da força de vontade de uma pessoa isolada, mas pelo exercício colaborativo no qual a liderança funciona como *um* dos facilitadores, e não seu motor geral — o que seria um caminho certeiro para a exaustão física, mental e emocional, sem falar no fracasso.

Reconheço que internalizar essas verdades pode ser um desafio para muitas lideranças, entre as quais me incluo. Essa internalização exige delas o reconhecimento de suas limitações, e isso contraria grande parte do que lhes foi ensinado e a própria intuição que muitas possuem, além de contrariar boa parte dos conselhos sobre as competências necessárias para se tornar líder — volto a esse ponto na conclusão. Agora é o momento de focar no processo de gerenciamento numa era de indignação, começando pelo próximo capítulo, centrado no indivíduo. Vou examinar alguns dados que sustentam a plataforma central da estrutura para baixar a temperatura, e em seguida discuto as práticas e os protocolos básicos capazes de pôr em prática esse conhecimento.

2. Baixar a temperatura

Em março de 2018, os jornais da Grã-Bretanha e dos EUA revelaram, graças a um delator, que o Facebook (hoje Meta) havia cooperado com uma empresa relativamente desconhecida, a Cambridge Analytica, para coletar dados de milhões de usuários da rede social com o intuito de identificar eleitores do pleito presidencial estadunidense de 2016. A Cambridge Analytica fora contratada pela campanha de Donald Trump, entre outros. Particularmente preocupante era o modo como a empresa havia usado a "seleção psicológica" para identificar eleitores indecisos, e em seguida lhes mostrar anúncios falsos acusando a adversária de Trump, Hillary Clinton, de corrupção, com o intuito de ao menos fazer esses eleitores ficarem em casa no dia da votação.[1] O Facebook foi acusado de "trair" seus usuários e tentar "manipular" o resultado da eleição visando o lucro.

Mesmo com a aceleração da crise, que resultou em audiências no Congresso e numa perda de mais de 100 bilhões de dólares em valor de mercado para o Facebook, as práticas da empresa tiveram seus defensores. Meghan McCain, por exemplo, filha do ex-candidato à presidência dos EUA John McCain (adversário de Barack Obama em 2008), argumentou que as práticas não diferiam muito das da campanha de Obama em 2012: "Isso aconteceu no governo Obama e foi elogiado pela imprensa como genial", ela disse.[2]

A cacofonia de reações políticas e sociais reflete as profundas divisões dos EUA na nova era da indignação. O Facebook precisava reagir, nem que fosse para impedir a sangria de seu valor de mercado, mas Trump, o suposto beneficiário de seus ilícitos, era agora o presidente, portanto a empresa não podia se dar ao luxo de reagir com exagero. Antes de mais nada, ela precisava baixar a temperatura, tanto interna, entre seus executivos e funcionários, quanto externa, pelo menos entre os interlocutores mais importantes.

Abrandar os ânimos com sucesso exige duas coisas: uma teoria sobre o desencadeamento da indignação no nível pessoal, e uma plataforma de competências e práticas que permita às lideranças pôr em prática essa teoria. Comecemos pela teoria.

O MODELO GERAL DA AGRESSÃO

Estruturas gerenciais sólidas se fundamentam em teorias acadêmicas, entre elas aquela que talvez seja a mais conhecida para a tomada de decisões estratégica: o modelo das cinco forças de Michael Porter, que se ancora e se inspira na organização industrial, o ramo da economia centrado em estruturas firmes e na dinâmica dos mercados e da concorrência. O modelo se vale do trabalho dos muitos pesquisadores que já contribuíram para a área. A estrutura também serve de tubo de ensaio, uma vez que aplicações repetidas do modelo revelam caminhos para novas pesquisas e desdobramentos.

Da mesma forma, a estrutura para gerenciar em nossa era se ancora e se inspira em trabalhos teóricos, e, nessa primeira etapa de baixar a temperatura, em obras de psicologia do comportamento, em especial aquelas que tratam das origens e da dinâmica do comportamento agressivo. Antes de embarcar numa descrição das práticas que minha estrutura propõe, finco os alicerces intelectuais básicos do modelo geral da agressão (GAM, na sigla em inglês), que sintetiza hipóteses sobre o que motiva a agressão e como ela se manifesta no comportamento das pessoas. Sob certos aspectos análogos ao modelo-padrão da física de partículas, o GAM foi proposto pela primeira vez pelos professores Craig Anderson e Brad Bushman, da Universidade Estadual de Iowa, e seu artigo de 2002 na *Annual Review of Psychology* fornece um excelente apanhado que fundamenta a discussão a seguir.[3]

Como se espera de um modelo geral, o GAM propõe uma definição flexível da agressão que cobre a maioria dos comportamentos agressivos: agressão é "qualquer comportamento direcionado a outro indivíduo com a intenção imediata de causar dano". Nessa definição, o "dano" não é necessariamente físico, mas se define de maneira mais ampla como algo que "não seja apenas" violar a humanidade e os direitos civis da vítima. A parte agressora também precisa acreditar que o comportamento será nocivo para a vítima e que esta desejará evitá-lo. Essa definição exclui situações perversas (masoquistas) nas quais há conluio entre agressor e vítima, e também permite que a agressão seja vista não só como uma reação imediata a uma situação (agressão hostil), mas também como uma ferramenta comportamental (agressão instrumental) na qual a ameaça crível de dano é feita para alcançar algum outro objetivo. Um assalto à mão armada seria um exemplo desse segundo tipo, quando o objetivo imediato de infligir dano serve para garantir o objetivo principal de se apossar dos bens da vítima. A agressão pode variar de violenta (que causa trauma físico) a passiva (que constrange psicologicamente a vítima).

No GAM, a agressão em geral é uma reação àquilo que em psicologia comportamental se denomina "situação aversiva" — um acontecimento, encontro social ou condição que uma pessoa considera estar pondo em risco seu bem-estar. Existem assim dois fatores que contribuem para a agressão: a pessoa que se vê diante da situação aversiva e as circunstâncias dessa situação. Comecemos pela pessoa.

A pessoa

Cada pessoa chega diante de uma situação aversiva com uma bagagem constituída das características físicas e psicológicas que motivam seu comportamento. Esses fatores não são independentes uns dos outros ou de fatores ambientais: características físicas, por exemplo, podem ser reforçadas (ou mitigadas) por características ambientais, e os limites que separam as características psicológicas das biológicas ficam borrados. Juntas, essas características se combinam para criar "estruturas de saber", ou roteiros codificados no cérebro que determinam, ao menos em parte, a reação de uma pessoa a situações aversivas. Por exemplo, se um acontecimento desencadear o acesso a uma estrutura de saber que contenha agressão, o resultado provável será um comportamento agressivo.

As características físicas incluem, talvez de maneira mais óbvia, o gênero: muitos estudos sugerem que homens têm uma predisposição maior à agressão, e que ao menos parte disso se deve a fatores hormonais, que também são parcialmente determinados pelo código genético. Há indícios de que acontecimentos aversivos têm um impacto distinto em homens e mulheres: eles têm uma reação mais violenta à infidelidade feminina, talvez porque esta possa comprometer a sobrevivência de seus genes. (Tal comportamento com certeza tem suas analogias no mundo animal: quando o macho alfa de uma alcateia de leões é deposto, sabe-se que o novo macho mata os filhotes do alfa anterior.)

Há também fatores psicológicos em jogo. Transtornos reconhecidos, como o transtorno da personalidade narcisista (que tem em si tanto origens ambientais quanto biológicas), podem desencadear reações agressivas. Uma criança acostumada a pais que atendem a seus desejos terá provavelmente uma noção de autoestima inflada, o que a torna suscetível a reagir de modo agressivo quando essa autoestima é ameaçada. Da mesma forma, pessoas com transtorno bipolar reagirão com agressividade maior ou menor dependendo do ponto em que esteja seu ciclo de humor. Transtornos autistas podem determinar como uma pessoa percebe ou reage a determinada situação.

De modo talvez mais importante, as predisposições comportamentais de uma pessoa podem ser aprendidas no ambiente. Os fatores ambientais fazem parte do modo como uma "situação" afeta o comportamento agressivo, que discuto a seguir. As pessoas se deparam com situações aversivas levando um conjunto de convicções, atitudes e valores que determinam se os comportamentos são ou não aceitáveis, com frequência produto da sociedade em que foram criadas e de seus pais. Pessoas que observaram que comportamentos agressivos geram resultados positivos para quem agride podem acreditar que a agressão é uma estratégia bem-sucedida, o que tem uma probabilidade maior de ocorrer em sociedades nas quais existem poucas restrições à agressão.

Atitudes específicas em relação a esse tipo de comportamento podem se desenvolver ao longo da criação do indivíduo: uma criança em cuja família o pai dominava com facilidade a mãe pode vir a acreditar que as mulheres em geral são submissas. Tais convicções e atitudes podem ser reforçadas por valores sociais ou religiosos (em muitos grupos religiosos conservadores, os homens têm direito a um status superior). As pessoas podem ter também objetivos sociais de longo prazo que funcionam como motivação para a agressão. Integrantes de gangues, por exemplo, manifestam violência para construir seu status e reputação num grupo em que a violência é tratada como um bem social.

Muitas, porém, se não a maioria das normas sociais (que são fatores dependentes da situação), inibem a agressão, porque os grupos sociais precisam colaborar uns com os outros para sobreviver. E a maioria das pessoas decidirá não agir com agressividade mesmo que a ocasião se apresente, pois sua noção de valor ou de autoestima depende em grande parte da conformidade com as normas. Quando agem agressivamente, elas com frequência tentam buscar uma justificação moral para tanto: podem por exemplo estar ensinando uma lição à vítima. Elas podem inclusive alegar que a vítima não é totalmente humana, e portanto não está protegida pelas normas sociais.[4]

A situação

A pessoa que vivencia uma situação aversiva vai agir conforme determinados aspectos. Algumas situações desencorajam a agressão. Um culto na igreja, por exemplo, onde há muitas testemunhas e regras específicas de não agressão, é um contexto desencorajador. Um bar de peões de rodeio num sábado à noite pode tranquilamente ser o cenário de uma reação agressiva, como assinalam Anderson e Bushman: "Muitos facilitadores da agressão estão presentes: bebida alcoólica, provocações agressivas, indivíduos com tendências agressivas, homens competindo pela atenção de mulheres e relativo anonimato". Pesquisas também revelaram que a percepção de que um agressor está armado pode provocar fortes reações em pessoas que já tenham sido expostas à violência armada, seja ela real ou artificial (como nos games). Os gatilhos para roteiros agressivos variam e podem ser difíceis de prever, mas costumam incluir provocações, algo especialmente eficiente quando o agressor conhece a vítima (nas discussões conjugais, por exemplo, se fala com frequência de "saber quais botões apertar").

Situações percebidas como passíveis de frustrar os objetivos ou aspirações de alguém também desencadeiam reações agressivas, mesmo em situações nas quais a causa da perturbação se justifica. Por exemplo: uma companhia aérea pode atrasar um voo para fazer uma vistoria de segurança. Embora isso faça sentido, muitos passageiros reagirão de forma agressiva com os funcionários da empresa aérea, temendo perder uma conexão ou reunião de trabalho. Aqui, a agressão muitas vezes é deslocada: a pessoa a caminho de uma reunião importante desconta sua frustração nos funcionários da empresa aérea por uma decisão pela qual estes não são responsáveis e por uma situação que não poderiam ter evitado (embora a pessoa que está agredindo pudesse ter pegado um voo mais cedo).

As circunstâncias físicas em que os acontecimentos aversivos ocorrem também são fatores-chave: pesquisas confirmam o papel da temperatura, do cheiro, do ruído e do espaço. Recintos quentes e malcheirosos lotados de gente falando alto têm grande probabilidade de desencadear agressão de alguém que recebe a notícia de que sua viagem sofrerá duas horas de atraso. Quanto mais acentuado o desconforto, mais forte a reação agressiva (alguém com dor extrema tem probabilidade maior de reagir agressivamente). Por isso, criar contextos "ambientais" positivos para debater situações aversivas — uma sala fresca, sem superlotação e com uma boa acústica — pode ajudar os interlocutores a interagir com as pessoas ou organizações que os estão deixando indignados.

As drogas também cumprem seu papel: quem tiver usado alguma droga ou estimulante (cafeína ou álcool) pode ter uma reação diferente da que teria caso a droga não estivesse envolvida.[5] Além de proporcionar um ambiente para debater questões relacionadas à indignação, pode ser aconselhável não oferecer substâncias intoxicantes aos participantes. A influência das drogas parece ser indireta e não direta: elas não aumentam a agressividade em si, mas exacerbam a frustração e os gatilhos negativos.

Por fim, as circunstâncias podem incentivar reações agressivas. Por exemplo: um guarda de fronteira afeito a cobrar "tarifas" para acelerar a entrada no território pode deixar algum dinheiro em cima de sua mesa para sinalizar à pessoa cujo ingresso ele está negando que pagar uma propina poderia resolver a situação. O gesto aponta uma solução e desencadeia um tipo de análise de custo-benefício. Ao ver o dinheiro, um viajante frustrado, porém abastado, pode muito bem engolir a própria indignação e enfiar alguns dólares dentro do passaporte, quando então ele voltará a apresentá-lo. Uma pequena propina pareceria um desfecho menos irritante e caro do que pegar um voo de volta.

Passemos agora ao exame de como, segundo a GAM, as características da pessoa e da situação aversiva se combinam para gerar uma reação agressiva.

Caminhos rumo à agressão

Os estímulos pessoais e situacionais que um indivíduo recebe quando confrontado a uma situação aversiva provocam uma reação agressiva a partir de três fatores interconectados: seu humor e emoção, suas decisões mais deliberadas ou cognitivas e as condições ambientais ou "estimuladoras". Para ver como funciona essa dinâmica, examinemos um acontecimento aversivo hipotético.

Suponhamos que, nos Estados Unidos, um motorista com uma bandeira confederada dê uma batida no carro da frente, conduzido por uma pessoa preta. Essa batida poderia afetar a vítima de diversas formas. O dia estava quente e seu ar-condicionado quebrado? O motorista atingido havia saído da academia após ter tomado um duplo expresso? Nesse caso, ele poderia estar mais propenso à agressão (devido a condições do entorno). Esses fatores predispõem a vítima a ter uma reação agressiva, motivada pela temperatura, pela atividade física e pela cafeína.[6]

Essa pessoa também poderia partir instintivamente do princípio de que o ocorrido fora um acidente até o momento em que visse a bandeira, que funciona como um gatilho para a raiva (uma reação emocional). Existe uma conexão particularmente forte entre raiva (uma emoção) e agressão (o tipo de reação). Estudiosos observaram que a raiva reduz o efeito de inibições geradas, digamos, pelas normas sociais contrárias à agressão, de tal modo que as pessoas buscam justificar seu comportamento; e a raiva pode inclusive enviesar a percepção cognitiva de alguém. Ela também ajuda aquele que responde com agressividade a sustentar sua reação sublinhando aspectos provocadores de uma situação (por exemplo, a bandeira confederada no carro), que o fizeram manter o estado interno que levou à reação agressiva. E "se a raiva for desencadeada numa situação social ambígua", ela com frequência oferece uma solução incitando o participante enfurecido a ter uma interpretação hostil da situação.[7]

A bandeira confederada poderia evocar também uma *análise* (ou reação cognitiva) no motorista preto de que o acidente foi uma violência racista proposital, desencadeando um roteiro de reação agressiva em vez de uma troca civilizada de dados do seguro. Isso tem uma probabilidade especial de acontecer se a vítima tiver sido repetidamente alvo de preconceito racial, o que condiciona suas estruturas de saber.

De fato, a cognição humana não é necessariamente um processo de análise lógico e imparcial. Há mais terminações nervosas ligando o cérebro ao olho do que o olho ao cérebro, ou seja, muito do que percebemos é na realidade produto do que está ocorrendo no cérebro, não no mundo real, e o estímulo visual serve menos como base para o que vemos do que como corroboração daquilo que *pensamos* estar vendo.⁸ Assim, a consciência humana é na verdade um estado de "alucinação controlada" (como descrevem o filósofo Andy Clark e o neurocientista Anil Seth), na qual confirmamos por meio de nossos sentidos se ela parece representar a realidade.⁹ A alucinação em si, porém, é em grande parte produto de nossas experiências, mais do que uma análise clínica imediata dos indícios. Por isso as estruturas de saber ou roteiros têm tanta importância. São elas que moldam aquilo que consideramos cognição e o que significa estar consciente. Os seres humanos são decerto capazes de uma análise racional, mas nossa capacidade de pô-la em prática pode ser facilmente subjugada. Se o cérebro estiver distraído processando um volume considerável de informações — como quando dirigimos num trânsito intenso, ou quando uma liderança sobrecarregada tenta solucionar uma crise —, nossas reações têm uma probabilidade maior de serem moldadas por uma combinação de roteiros e emoções idiossincráticas do que por uma análise lógica replicável.

Os desfechos

Aspectos pessoais e do entorno podem produzir um estado interno agressivo em alguém diante de uma situação aversiva. Mas são muitos os cenários que poderiam se desdobrar de modo plausível numa situação aversiva qualquer. Vejamos agora como, segundo o GAM de Anderson e Bushman, uma pessoa acaba tendo uma reação específica.

A primeira reação a qualquer situação é uma avaliação imediata e espontânea desta, que conduz a uma inferência situacional reflexiva. Se o motorista preto do nosso exemplo estivesse tendo pensamentos agressivos (talvez remoendo o fato de na noite anterior ter tido o carro parado pela polícia a troco de nada), provavelmente interpretaria a batida como um ato de agressão por parte do motorista branco. Por outro lado, se ele estivesse pensando numa boa ação que alguém tivesse lhe feito mais cedo no mesmo dia, provavelmente interpretaria a mesma batida como um acidente. Em outras palavras: o estado interno *no momento* do acontecimento aversivo "determina, em grande medida, o tipo de inferência automática gerada" e, consequentemente, o roteiro que será desencadeado.¹⁰

Uma avaliação imediata irá por si só desencadear emoções, identificar reações possíveis e propor uma intenção. Se o motorista preto estivesse pensando em injustiça racial, seu objetivo seria corrigir essa injustiça, e ele poderia confrontar o motorista branco de modo a obter alguma forma de compensação emocional. Já se ele estivesse pensando nas condições de tráfego ruins de modo mais geral, sua reação poderia ser de irritação com o transtorno, seu objetivo provavelmente seria agilizar a troca dos dados do seguro, e seus atos poderiam muito bem ser ligar o pisca-alerta e começar a preencher a papelada. O roteiro desencadeado depende muito do estado interno do motorista.

O que acontece depois da avaliação imediata ainda depende de o indivíduo possuir os recursos e competências necessários para alcançar imediatamente seu objetivo. Assim, se o motorista preto avaliar que a batida teve motivação racial, e se o motorista branco estiver sozinho, ele poderá muito bem optar por um confronto raivoso.

Mas e se no banco de trás do carro estiverem três ou quatro homens brancos grandes, sarados e cobertos de tatuagens? O motorista preto decerto irá reavaliar a situação, caso constate não possuir os recursos e competências necessários para alcançar os objetivos de sua avaliação imediata, ou seja, buscar reparação para um incidente com motivação racial. Ou, como formulam Bushman e Anderson, "a pessoa se esforçará mais para efetuar uma série de reavaliações".

A reavaliação implica se informar mais sobre a causa do acontecimento e identificar todos os aspectos. Ela pode passar por muitas versões à medida que interpretações alternativas forem consideradas: por exemplo, teria sido um bebê que ele viu dentro do outro carro? Esse acontecimento é semelhante a experiências anteriores? Se a reavaliação levar nosso motorista preto a crer que a batida foi proposital, ele pode decidir reagir de modo agressivo (agora como uma ação pensada, não mais emotiva), talvez assim desencorajando o motorista branco a repetir o ato no futuro. A depender das circunstâncias, a reavaliação poderia muito bem aumentar a raiva do motorista preto, conforme sua mente fosse conectando o incidente a outros aparentemente similares.

Codificar a interação

Uma vez decidida e posta em prática a reação, a interação é codificada nos roteiros das partes, acrescentando contribuições à próxima situação semelhante — a frequência com a qual as pessoas são expostas a determinadas situações aversivas condiciona o roteiro que elas possivelmente vão escolher no futuro. Se os desfechos forem com frequência reações agressivas, que de alguma forma são percebidas como bem-sucedidas, no sentido de forçarem a outra parte a acatar as preferências de quem agride, a agressão se torna mais fortemente codificada nos roteiros passíveis de serem desencadeados.

Anderson e Bushman mencionam pesquisas que parecem confirmar esse cenário: a repetida exposição de uma criança à violência física dos pais a predispõe a ser violenta com seus filhos no futuro;[11] meninos que presenciam o pai maltratar a mãe podem acabar por maltratar a esposa. Em outras palavras, a exposição repetida a um comportamento violento é por si só um fator condicionante para os indivíduos em suas interações sociais.

Há também efeitos indiretos. À medida que um indivíduo se torna conhecido por agir com agressividade, o universo de pessoas que interagem com ele pode mudar. Uma criança agressiva pode ser evitada por outras, e, conforme cresce, também pelos adultos, e pode acabar associada a pessoas que se sentem à vontade com a agressão ou mesmo a valorizam, o que por sua vez condiciona o conjunto de situações com as quais ela regularmente irá se deparar, tudo isso reforçando os efeitos diretos dos desfechos.

A psicologia da agressão é uma área vasta, e o GAM sintetiza apenas parte dos valiosos trabalhos produzidos por estudiosos de ciências comportamentais e do cérebro, mas ele dá conta da base teórica deste capítulo. Agora me debruço sobre o que constituiria a plataforma de um sistema para administrar essa agressão.

A PLATAFORMA

O objetivo da plataforma, representado na figura 2.1, é baixar a temperatura das trocas entre as lideranças e os *stakeholders* indignados (lembremos a reversão no exemplo do Facebook apresentado no início deste capítulo). Para obter esse "esfriamento", é importante que as condições do entorno do diálogo sejam favoráveis, que as regras sejam consensuais e que os participantes tenham autoridade e capacidade para falar em nome das partes envolvidas: a organização (potencialmente) ofensiva de um lado, e as partes indignadas de outro.

FIGURA 2.1

A plataforma para baixar a temperatura

Numa era de indignação, para baixar a temperatura em situações de crise, uma organização precisa de uma plataforma, que consiste num ambiente calmo que será palco das discussões, em regras de interação, e num grupo de trabalho previamente acordado. Tudo isso apoiado numa teoria comportamental robusta da agressão.

Um ambiente que induza à calma

Tendo em vista a importância das condições ambientais na criação de afetos negativos, o cenário no qual o diálogo irá ocorrer deve ser propício a uma conversa tranquila; o objetivo deve ser reduzir ao máximo possível os gatilhos de roteiros negativos e proporcionar tempo e espaço generosos o bastante para permitir uma reflexão genuína. Uma negociação de peso não deve se dar numa sala superlotada ou superaquecida. É preciso oferecer água para as pessoas, é claro, mas o café se restringirá ao intervalo. A sala deve ter cores neutras e luz natural. Deve-se escolher uma mesa adequada: uma retangular se presta à formação de hierarquias, o que, além de inibir alguns participantes, permite que os dois lados opostos se alinhem um de frente para o outro, facilitando uma eventual situação de confronto. As mesas redondas podem ser mais apropriadas.

Em muitas situações é aconselhável transferir a discussão para outro local, impedindo ainda mais que aflorem roteiros negativos ou agressivos. Por isso a maioria das negociações de paz ocorrem em terreno neutro. Para ilustrar, retomo as negociações da reforma do ensino público no Brasil.[12] Quando representantes da sociedade civil, da educação e do governo se reuniram pela primeira vez, em 2013, para debater a possibilidade de introduzir uma Base Nacional Comum Curricular, antes mesmo de o Congresso brasileiro aprovar o projeto, as discussões não ocorreram no Brasil, mas em locais cedidos pela Universidade Yale em New Haven, em Connecticut. Isso fazia sentido, pois a questão era uma batata quente do ponto de vista político.

Até então, eram os professores que determinavam se os alunos haviam tido um desempenho escolar satisfatório: os sindicatos (de esquerda) defendiam com unhas e dentes essa prerrogativa. Consequentemente, embora um padrão unificado fosse obrigatório pela Constituição, nenhum governo havia conseguido estabelecer nada muito significativo nos estatutos. Ao mesmo tempo,

> apesar de gastar cerca de 4,2% do PIB na educação básica [a média da OCDE era 3,3%], o Brasil ficara entre os 20% dos países com o pior desempenho no PISA [o programa de avaliação internacional de alunos da OCDE] em 2012 em todas as matérias avaliadas. Segundo testes conduzidos no Brasil, em 2011 apenas 40% dos alunos do quinto ano de ensino tinham um nível 'adequado' de português, e apenas 36% de matemática.[13]

Esses números conquistaram o apoio popular (sobretudo entre os eleitores de esquerda) para que uma base curricular nacional garantisse padrões unificados e níveis mínimos de competência acadêmica em todo o Brasil.

Se a primeira rodada de discussões tivesse ocorrido no país, militantes de ambos os lados (entre eles, professores e eleitores indignados) teriam podido se manifestar do lado de fora do local das reuniões. A ocorrência de protestos poderia ter representado uma ameaça aos participantes, mas, mesmo que não fosse o caso, os manifestantes teriam proporcionado às partes interessadas uma plateia que eventualmente seria usada para pressionar ou exacerbar a mensagem, ou mesmo mostrar às outras partes que o lado que levou os manifestantes dispunha de um contingente poderoso, o que lhe poderia dar forças para recusar qualquer concessão. Atuar diante de uma plateia também limitaria os níveis de liberdade dos representantes das partes: preocupados em manter a credibilidade junto a apoiadores, eles talvez se mostrassem menos inclinados a fazer acordos ou a reconhecer a legitimidade de outros interesses.

Devido à situação política instável depois de 2010, era grande a probabilidade de ocorrerem manifestações conflituosas caso os negociadores se reunissem em território nacional. A presidente de esquerda Dilma Rousseff, eleita para um primeiro mandato em 2011, sofreu impeachment pouco depois de reeleita e foi removida à força do cargo em 2016, sendo substituída pelo vice de direita Michel Temer, o qual, por sua vez, se viu envolvido em acusações de impeachment no âmbito de uma investigação sobre corrupção. À época, o Brasil não era um ambiente propício à negociação de uma questão sobre a qual havia tanta divergência. Ao transferir a primeira rodada de discussões para o exterior — as torres neogóticas de Yale —, os participantes poderiam ter mais espaço para sentir e pensar de outra forma, para considerar e explorar posições de consenso (favorecendo uma cognição mais racional), e mitigar a temperatura emocional e o ambiente negativo inevitavelmente criados com a presença de manifestantes enfurecidos.

Além de afastar os participantes de uma exposição a conflitos, também é desejável limitar o acesso à imprensa. O local das negociações não deve, portanto, ter televisores sintonizados em canais de notícias em tempo real. Os participantes tampouco devem acessar as redes sociais durante os debates, uma vez que elas podem prejudicar as conversas e sugerir roteiros negativos e agressivos. Por esse motivo, em Oxford, participantes de programas de construção de consenso às vezes precisam deixar o celular na entrada da sala: nosso objetivo é fazê-los conversar entre si, não com gente de fora.

É bem verdade que tudo isso é fácil: proporcionar condições propícias ao diálogo e tempo para refletir acerca dos emoções iniciais é relativamente simples. Mas o que se pode fazer em relação a roteiros divergentes? Como não se pode ter controle sobre as experiências que plasmaram o roteiro arraigado de um indivíduo, o melhor é evitar o confronto direto. Ainda que você não o considere legítimo, é pouco provável que venha a modificá-lo, e com certeza não o fará de primeira. Você pode, porém, criar um espaço confiável em que os interlocutores se sintam livres para compartilhar suas ideias sem se sentirem atacados, o que me leva ao elemento seguinte da plataforma.

As regras de interação

Uma de minhas responsabilidades no programa de MPP de Oxford tem sido reunir lideranças públicas atuais e aspirantes provenientes de mais de sessenta jurisdições (entre elas China e EUA, Índia e Paquistão, Israel e Palestina, e Rússia e Ucrânia) para construir coalizões em relação a questões divisivas como mudança climática, migração e desigualdade. Roteiros divergentes são endêmicos em nosso ambiente. Para manter nossa comunidade funcionando e evoluindo, combinamos previamente nossas próprias regras de interação. Isso é crucial, pois não é possível buscar legitimidade para um processo cujas regras já estão em curso. O administrador precisa identificar com calma as partes interessadas mais importantes e buscar o compromisso delas antes de entrar no modo de apagar incêndios. (De fato, foi isso que o Facebook fez desde o escândalo da Cambridge Analytica, como discuto mais adiante.)

As regras de nossa comunidade na Blavatnik School são simples: em primeiro lugar, *as pessoas precisam trazer para a mesa seu eu autêntico*, elas não devem se autocensurar. Se as crenças religiosas de um participante dificultarem sua aceitação da homossexualidade, por exemplo, ele deve se sentir livre para expressar essa posição, apesar de estar num grupo cujo moderador tem um casamento gay. Mas o corolário dessa regra é nossa segunda regra: *ninguém deve alegar que um roteiro é ofensivo demais para ser ouvido*. Como participante do grupo, eu sou livre para compartilhar minha experiência de ter um casamento gay. E isso me faz chegar à terceira regra, talvez a mais difícil: *todos devem se responsabilizar pela ressonância de suas palavras*. Essa terceira regra encoraja todo mundo a moderar sua fala, não com o intuito de se autocensurar, mas na esperança de gradualmente ajudar os outros a entender sua visão de mundo, o que não significa que eles precisam concordar com ela. Em outras palavras, defendo que o que caracteriza um gestor eficaz na era da indignação é sua capacidade de se responsabilizar pelo impacto de suas palavras no aprendizado de terceiros.

Essa responsabilidade vem acompanhada de uma consciência maior de si e de uma disposição para moderar o tom a fim de não ser mal-compreendido. E essa moderação pode, um tanto ironicamente, revelar o dogmatismo (e as fragilidades) da visão do próprio gestor em relação a um tema litigioso. Em outras palavras, a responsabilização pela ressonância de suas palavras ajuda a trazer à tona e até incentiva o reconhecimento mais livre dos próprios vieses ao compartilhar seus roteiros. Essa vulnerabilidade, se mantida por todos à mesa, tem por sua vez uma probabilidade maior de gerar decisões coletivas mais duráveis num contexto público dividido.

Quando adequadamente aplicadas, essas regras preparam os integrantes do grupo para liderar em busca de uma solução, em vez de serem meros debatedores. Essa distinção é importante, pois no processo político as duas coisas com frequência se confundem. No Reino Unido, por exemplo, os responsáveis por formular as políticas públicas não são formados para escutar ativamente e construir consensos ponderados. A Câmara dos Comuns é conhecida pela virulência de seus debates. Até mesmo a disposição física das bancadas do governo e da oposição é um convite ao confronto — uma de frente para a outra. Embora o cenário possa constituir um bom entretenimento, em geral o objetivo desses debates é subjugar a voz da oposição por meio da apresentação do próprio ponto de vista no intuito de ganhar votos — os indecisos apostam no debatedor mais eficaz. Sob alguns aspectos, o debate parlamentar na Grã-Bretanha é um exercício de machismo: debatedores tentando provar que são mais eficazes em frustrar a oposição e, por esse motivo, merecem ser líderes. As célebres Prime Minister's Questions semanais são mais um teste dos dons oratórios dos dois líderes partidários na Câmara do que um genuíno processo de investigação ou — muito menos — de aprendizado.

Enfim, as pessoas adotam com facilidade roteiros antagônicos ao debater questões complexas, a não ser que a discussão seja deliberadamente preparada para coibir isso, pois a estrutura padrão dessas discussões (mais semelhantes a um "debate") dificulta que as pessoas vejam uma questão de qualquer outra forma que não através da própria lente.

Um grupo de trabalho pré-acordado

Em muitos casos, nesses tempos em que vivemos, a indignação e o conflito entre partes são endêmicos. Pode ser que haja alguma questão pontual que desencadeie uma crise num momento específico, mas ela está potencialmente à espreita, porque as condições que sustentam a indignação vêm de muito tempo. Por exemplo, muitas regiões do mundo são assoladas por divisões étnicas e sectárias que podem refletir em desfechos econômicos. O estado nigeriano de Kaduna, sobre o qual escrevi um estudo de caso para a

Blavatnik School com meus colegas Thomas Simpson e Sarah McAra, é um bom exemplo.[14] Com uma área que se estende de um lado a outro do país, o estado reproduz num microcosmo muitas das divisões características de uma das maiores economias da África subsaariana. O norte é basicamente povoado por dois grupos étnicos, os hausa e os fulani, ambos muçulmanos, enquanto o Sul é ocupado por vários grupos étnicos que professam um grande leque de fés cristãs. Esses últimos com frequência são agricultores, ligados à terra, ao passo que os do norte costumam ser pastores, levando seu gado para pastar nos campos sem uso e assim fertilizando-os, mas às vezes causando estragos, e portanto gerando conflitos potenciais.

A antipatia entre muçulmanos e cristãos é profunda e remonta à época pré-colonial: os hausa e os fulani muitas vezes atacavam os grupos étnicos menores do sul e vendiam prisioneiros como escravos para mercadores árabes do norte e comerciantes europeus, que por sua vez os levavam para as Américas. Após a descolonização, a divisão entre grupos muçulmanos e cristãos foi se tornando cada vez mais violenta, exacerbada pelo surgimento de sindicatos do crime que o aparato estatal se mostrou incapaz de reprimir. Muita gente, de ambos os lados, não julgava mais o governo um intermediário honesto — dizia-se que os funcionários muçulmanos e cristãos favoreciam cada qual o próprio grupo —, e a polícia e até as forças armadas estavam subjugadas pelas facções, em geral mais bem armadas. A violência com frequência atingia o ápice durante as campanhas eleitorais, quase sempre muito polarizadas, que resultavam em soluções conciliatórias frágeis na disputa por cargos entre as partes etnopolíticas rivais.

De modo geral, estima-se que só em Kaduna mais de 20 mil pessoas tenham morrido em decorrência de violência étnica e sectária entre os anos 1980 e 2010. Sequestros, extorsões, estupros e crimes violentos eram moeda corrente, e a situação se agravava pela facilidade em obter armamentos, subproduto de uma guerra civil em curso nos estados do norte da Nigéria contra o Boko Haram, grupo muçulmano fundamentalista que pretende criar um Estado islâmico independente.

Foi nesse contexto que Priscilla Ankut aceitou o convite do governador de Kaduna, um muçulmano do norte, para chefiar uma comissão de paz que explorasse caminhos para combater a violência e as divisões no estado. Antes dessa nomeação, em 2017, a carreira de Ankut fora em grande parte dedicada a instituições tecnocráticas de desenvolvimento, como o Conselho Britânico, a Comissão Europeia e o Programa para o Desenvolvimento da ONU. Nascida numa família cristã do sul de Kaduna, mas com formação de advogada de direitos humanos no norte, ela viu na função uma oportunidade de devolver a seu estado natal o que havia aprendido na carreira de economia e desenvolvimento social. Muitos de seus amigos do sul, porém, a aconselharam a declinar do convite por desconfiarem de qualquer iniciativa do governo de liderança muçulmana, em geral percebido como hostil em relação aos cristãos. Mas Ankut foi em frente.

Uma de suas mais importantes iniciativas como chefe da comissão de paz foi a criação do que ela batizou de Casa da Família Kaduna, um grupo ecumênico composto de 22 respeitados e experientes líderes religiosos de todos os lados, escolhidos independentemente de suas tribos de origem. Em vez de recrutá-los junto aos grupos religiosos tradicionais — a Associação Cristã da Nigéria e o Jamaat al Islami, ambos fortemente identificados com alianças políticas específicas a ponto de cada um deles promover orações públicas pedindo o apoio de Deus para seus candidatos durante as eleições —, ela os escolheu de acordo com a avaliação de suas capacidades de liderança.

O nome do grupo tem certo simbolismo. Ankut o via como uma espécie de conselho familiar, eco talvez de um passado pré-colonial, no qual anciãos de tribos vindos de todos os lados solucionavam os conflitos intercomunitários. E, assim como uma família, Kaduna é um estado que tem conflitos e rivalidades internas. Sua ideia era que esse grupo poderia servir como um agente unificador quando uma crise ocorresse. Embora ela aceitasse que pouco poderia fazer num futuro previsível para reduzir, e muito menos acabar com os conflitos e com a violência, ela via o grupo como um mecanismo para sanar divisões. Por exemplo, parte de seu encargo era organizar encontros de oração ecumênicos e politicamente neutros durante o processo eleitoral, com a ideia de combater a força dos encontros tradicionais que atiçavam as emoções das pessoas nesses períodos, e, consequentemente, sua propensão à violência.

Não está claro se o grupo conseguiu avançar para diminuir a violência, mas ele pelo menos proporcionou um terreno comum espiritual e de liderança, e um fórum para baixar a temperatura, expor queixas e discutir como superá-las. É difícil criar um corpo reconciliatório na esteira imediata da violência, quando os ânimos estão muito exacerbados; portanto, a brilhante jogada de Ankut foi já ter um organizado, para poder assim dissipar as consequências de uma violência aparentemente inevitável.

A Casa da Família Kaduna com certeza não é o único organismo desse tipo. Na África do Sul, por exemplo, o Comitê de Verdade e Reconciliação do arcebispo Desmond Tutu exerceu função semelhante num contexto parecido, como parte do processo de cura subsequente ao fim do apartheid.[15] A ideia tampouco se limita à política. Muitas organizações profissionais que operam num contexto de divisão e indignação hoje já criaram grupos similares. Questões relacionadas ao abuso e à privacidade digitais são pontos comuns nos quais a indignação surge, como indica o exemplo do Facebook e a discussão sobre redes sociais.

De fato, a Meta, empresa-mãe do Facebook e do Instagram, hoje constitui um exemplo concreto. No final de 2018, por sugestão do professor de direito de Harvard Noah Feldman, o fundador do Facebook Mark Zuckerberg anunciou a criação de um conselho de supervisão para monitorar e tomar decisões relacionadas à moderação de conteúdo nas plataformas de redes sociais da empresa [Oversight Board]. O conselho prevê um processo de recurso para decisões sobre conteúdo, busca criar responsabilização quanto a tais decisões (que ele tem autoridade para derrubar), e fornece orientações para deliberações futuras. Inspirado em certa medida na Suprema Corte estadunidense, o conselho exerce um papel quase judicial. Na ocasião da redação deste livro, ele contava com vinte integrantes, entre os quais o ex-primeiro-ministro dinamarquês Helle Thorning-Schmidt, o ex-juiz da Corte Europeia de Direitos Humanos András Sajó, a diretora-executiva da Internet Sans Frontières Julie Owono, o ativista e vencedor do prêmio Nobel iemenita Tawakkol Karman, e um ex-editor-chefe do jornal *The Guardian*, Alan Rusbridger. As operações do conselho são dirigidas por Thomas Hughes, ex-CEO do Article 19 — grupo de direitos humanos com foco na liberdade de expressão —, que também ajudou a selecionar os demais integrantes.[16] Desde sua fundação, o conselho já tomou decisões sobre muitos assuntos contenciosos, entre eles a suspensão da conta do ex-presidente Donald Trump (mantida) e a retirada, por parte do Facebook, de imagens de seios nus como parte de um programa de conscientização sobre o câncer de mama (revertida).[17]

Além do conselho de supervisão, em 2018 a Meta lançou, em colaboração com a Universidade de Harvard, a Social Science One, uma iniciativa para permitir uma compreensão melhor da relação entre redes sociais e eleições. Resultado direto do escândalo da Cambridge Analytica, a instituição já apoiou pesquisas acadêmicas abarcando um conjunto de dados impressionante (cerca de 1 bilhão de gigabytes) sobre "todas as URLs públicas compartilhadas e clicadas por usuários do Facebook no mundo inteiro" e os metadados correspondentes, como as predisposições ideológicas dos usuários.[18]

Por fim, as competências das organizações quanto a negociação de conflitos também podem ser desenvolvidas com a ajuda de instituições de ensino, como minha própria Blavatnik School of Government (espero não soar parcial). Lideranças de organizações podem fazer cursos que aumentem sua consciência sobre a psicodinâmica da agressão, proporcionando assim conhecimento, vocabulário e competências para iniciar discussões produtivas e delas participar. Organizações com um quadro de gestores com essas competências podem usá-los conforme a necessidade para ajudar a administrar surtos de indignação. E mais: como vimos no contexto da reforma do ensino público brasileiro, as instituições podem ocasionalmente oferecer um lugar neutro para abrigar negociações e discussões e ser capazes de oferecer pessoas dotadas de conhecimentos tanto práticos quanto acadêmicos para administrar a indignação.

Agora que já apresentei a teoria do GAM e a plataforma para baixar a temperatura, podemos passar à exploração dos quatro processos que formam o restante da estrutura gerencial para a era da indignação. Primeiro, no capítulo 3, veremos em que consiste a construção e compreensão dos motores de uma crise específica que alguma liderança ou organização venha a enfrentar. Isso exige mudar o foco conceitual do indivíduo para a dinâmica de grupo.

3. Entender o momento

Iniciado o processo de baixar a temperatura com a criação de uma plataforma, o primeiro passo da minha estrutura é entender o momento de crise. Para tal, é preciso ter alguma ideia sobre o que está motivando a indignação. Os três motores — medo do futuro, injustiças passadas e alterização — estão em jogo? Algum mais do que os outros? Este capítulo fornece as ferramentas para obter os "roteiros" das pessoas, escutá-los e aprender com eles a identificar os motores em jogo. E embora no auge de uma crise não seja possível fazer muita coisa para lidar com os motores — quanto mais remediá-los ou eliminá-los —, é possível reconhecê-los e incluí-los na resposta da sua organização.

Mergulhemos fundo em como uma organização reagiu a uma indignação séria, e como ela poderia ter feito de outra forma.

A POLÍCIA METROPOLITANA DE LONDRES NO VERÃO DE 2020

Em junho de 2020, o jornal britânico *The Guardian* publicou uma matéria revelando que, no mês anterior, a Polícia Metropolitana de Londres, também conhecida como Met, garantidora da lei e da ordem na capital do Reino Unido, havia interpelado quase 44 mil pedestres e veículos usando seus poderes de fazer "abordagem com revista" (isto é, sem mandato, mas com base em "motivos razoáveis"). Esse número, os dados revelavam, era o maior em oito anos — e as pessoas pretas eram revistadas quatro vezes mais do que as brancas.

Com meus colegas Chris Stone e Sarah McAra, elaboramos um estudo de caso para Oxford sobre essa situação.[1] Enquanto tentávamos dar sentido a essa notícia chocante, percebi que aquilo não era nenhuma novidade. Preocupações com a longeva prática da abordagem com revista já haviam surgido desde no mínimo a década de 1980. Os agentes a viam como uma ferramenta valiosa para confirmar ou dissipar suspeitas sem precisar efetuar prisões. Alguns cidadãos concordavam com essa prática, e sentiam que ela coibia o porte de armas ou drogas. Mas os dados revelavam que a polícia vinha consistentemente interpelando indivíduos de etnias minoritárias (BAME, sigla do inglês *black, asian and minority ethnic*), em especial jovens pretos, numa taxa desproporcionalmente alta em comparação a seus pares brancos. Embora essa estatística perturbasse alguns, outros argumentavam que as comunidades BAME tinham uma probabilidade maior de empregar a violência, e que a abordagem com revista, como medida preventiva, devia mesmo ser mais efetuada naquelas comunidades. Os dados sugeriam também que a polícia não tinha uma probabilidade maior de encontrar qualquer motivo para prender indivíduos BAME após os terem revistado em comparação com indivíduos brancos. Críticos já vinham argumentando havia tempos que esses padrões, que se mantinham por décadas, eram um reflexo de discriminação racial, enquanto os defensores da abordagem com revista argumentavam que os padrões na realidade indicavam justiça por parte da polícia. Os críticos não se deixavam convencer: para eles, os agentes estavam conduzindo muitas dessas abordagens baseados em estereótipos raciais, não numa suspeita genuína de atividades ilegais. A prática não só era ofensiva para os indivíduos interpelados, como também — e alguns dos próprios agentes compartilhavam dessa preocupação — prejudicava a relação da Met com as comunidades das quais a corporação dependia para obter informações sobre atividades ilegais.

Levando em conta esse debate prolongado, a reação indignada de muitos londrinos à matéria do *The Guardian* pode ter sido uma surpresa. Por que esses dados havia muito conhecidos estavam gerando uma crise agora? Parte da resposta era que, em junho de 2020, o Reino Unido acabava de sair de um lockdown de três meses, que no início fora apresentado como um lockdown de três semanas. Os nervos estavam à flor da pele. E o afrouxamento do lockdown era visto como uma trégua temporária devida ao clima quente do verão. A maioria das pessoas previa, e de fato o governo já havia alertado, que as restrições ligadas à covid-19 voltariam no outono.² Além disso, os efeitos da covid-19 e do lockdown estavam sendo sentidos com mais intensidade nas comunidades minoritárias. Outra parte da resposta era que a sensibilidade quanto a questões de raça tinha se intensificado com o assassinato de George Floyd por policiais em serviço nos EUA, em 25 de maio de 2020. O assassinato de Floyd (por suspeita de ter tentado comprar mercadorias com uma nota falsa de vinte dólares), registrado em vídeo, causara perturbações generalizadas nos EUA, as quais por sua vez se espalharam até o Reino Unido. Antes da publicação dos dados sobre as abordagens com revista, porém, os protestos em Londres não tinham como foco a polícia, mas o racismo de forma mais ampla: a percepção era de que as práticas da Met — e da segurança pública britânica de modo geral — eram consideravelmente menos problemáticas do que nos EUA, por exemplo.

A liberação dos dados das abordagens com revista de junho de 2020 deu a esses manifestantes e ativistas um foco imediato. Eles exigiram que a Met reconhecesse a prática de "racismo institucional" e aceitasse a necessidade de uma reforma fundamental das práticas e da cultura policiais. Nem todo mundo concordou, claro. Muitos londrinos que haviam passado os três meses anteriores respeitando as restrições da quarentena se ressentiram ao ver pessoas violando explicitamente as recomendações de distanciamento social, ainda em vigor mesmo após o fim do lockdown, em passeatas contra a polícia e contra o racismo, e exigiram que a polícia garantisse o respeito às regras. Diziam que era no mínimo inconsistente autorizar protestos em massa enquanto se limitava o número de pessoas permitido num funeral ou em visitas a pais idosos e crianças pequenas.

Investigações anteriores sobre racismo institucional na Met

No passado, uma análise de explosões similares de raiva contra o que se percebia como racismo da polícia, além de recomendações de mudanças, foi levada a cabo a partir de consultas públicas. Em 1997, o Home Secretary [ministro de primeiro escalão comparável ao procurador-geral dos EUA ou, em outros países, ministro da Justiça ou do Interior] — encarregado de, junto com o prefeito de Londres, nomear o chefe da Met — havia encomendado uma apuração na esteira da indignação pública com a condução da investigação do assassinato do adolescente negro Stephen Lawrence, em 1993. A apuração, a cargo de sir William Macpherson, foi encerrada em 1999 com a publicação do *Macpherson Report*, que concluiu que a investigação da Met "foi marcada por uma mistura de incompetência profissional, racismo institucional e falha na liderança de alto escalão".[3]

O relatório havia assinalado a desproporção das abordagens com revista: pessoas pretas tinham, na época, uma probabilidade cinco vezes maior de serem interpeladas. Além disso, "ninguém nas comunidades de minoria étnica acredita que os argumentos complexos às vezes usados para explicar os números das abordagens com revista sejam válidos".[4] Embora o relatório não tentasse eliminar a prática, cuja "utilidade genuína" reconhecia, Macpherson pedia mais monitoramento e supervisão, bem como a publicação de dados mais abrangentes.

Apesar de muitas mudanças de governança, de treinamento e monitoramento da polícia, entre outras, a profundidade emocional da oposição à abordagem com revista pouco mudou depois do *Macpherson Report*, e tensões relacionadas a essa prática ressurgiram no verão de 2011 quando a polícia matou Mark Duggan, um homem negro de 29 anos. O jornal *The Guardian* e a London School of Economics revelaram que a abordagem com revista era um dos principais fatores que os manifestantes, em sua maioria jovens, identificavam como a origem do ressentimento: essas pessoas sentiam que a polícia, agressiva nas revistas, os escolhia injustamente como alvos.[5] Depois desses acontecimentos, a Met priorizou a melhoria da confiança e segurança da população, introduzindo uma nova abordagem focada em ampliar o uso da inteligência e se concentrando em reprimir crimes mais sérios em vez de pequenos delitos.

Os protestos também provocaram um debate nacional sobre as abordagens com revista, e a então Home Secretary Theresa May, do Partido Conservador, encomendou outro relatório, que constatou que, em toda a Inglaterra e País de Gales, 27% das 9 mil abordagens com revista examinadas não tinham reportado nenhum "motivo razoável", e mesmo assim muitas delas haviam sido aprovadas por agentes de alto escalão. Além disso, a desproporcionalidade seguia sendo uma preocupação: em âmbito nacional, pessoas pretas eram interpeladas sete vezes mais do que as brancas. Em 2014, May apresentou um pacote de reformas que incluía um novo plano voluntário para melhorar a prática, o BUSS

(*Best Use of Stop and Search*, na sigla em inglês), que expandia as exigências de gravação de dados, aumentava as oportunidades de observação pública e introduzia normas mais rígidas para abordagens com revista. Todas as forças de segurança pública, incluindo a Met, aderiram.[6]

Com os esforços da Met para escolher melhor os alvos de suas interpelações, juntamente com o plano BUSS, o número de abordagens em Londres apresentou uma diminuição considerável: entre 2011-2 e 2017-8, caiu 74%, com as abordagens para cada mil pessoas pretas diminuindo de 137 para 51, e para as brancas de 44 para 11.[7]

Como se desenrolou a acusação de racismo institucional

Nesse contexto (dois relatórios públicos em pouco mais de vinte anos, junto com algumas reformas recentes e indícios de subsequentes melhoras), nem a liderança da Met na pessoa da diretora Cressida Dick, nem os líderes políticos com poderes de supervisionar a Met (o prefeito de Londres e a Home Secretary do Reino Unido) pareciam estar com muita vontade de encomendar outra pesquisa. Dick, uma respeitada policial de carreira, pretendia reduzir a violência na capital, pois os relatórios mostravam que ela aumentara à medida que a prática de abordagens com revista fora reduzida na década de 2010. A própria Dick apoiava publicamente a prática (assim como a Home Secretary e o prefeito), observando que ela salvava vidas, em especial vidas de jovens pretos. E, embora reconhecesse que a força policial precisava mudar, Dick sustentava que a mudança era um projeto de longo prazo — implicava uma formação de melhor qualidade, com mais transparência e supervisão, e ocorreria conforme os integrantes da corporação refletissem mais de perto a população. Na época, em 2020, a Met tinha apenas 15% de agentes não brancos, numa cidade constituída de cerca de 45% habitantes não brancos. Por fim, dada a longa duração do processo de consulta pública (dois anos, no mínimo), havia o receio de que anunciar uma consulta, levando em conta que já houvera duas delas num passado recente, pouco contribuiria para baixar a temperatura.

Descartada a enquete, o debate sobre o futuro do policiamento em Londres se deu na imprensa — entre aliados da polícia e pessoas que se identificavam como vítimas de erros policiais —, transmitindo em nível nacional e local. O resultado foi um confronto no qual os críticos da polícia exigiam que Dick declarasse que a Met praticava "racismo institucional". A diretora se recusou terminantemente a admitir o preconceito, talvez por se preocupar com o moral de seus agentes e por sentir que o rótulo ignorava os avanços para melhorar as práticas da polícia e diversificar a corporação. (Em 1999, apenas 3% dos agentes de polícia de Londres eram não brancos, portanto nas duas últimas décadas a porcentagem havia quintuplicado. Além disso, na época a Met já havia implementado uma estratégia de médio prazo para intensificar seus "processos internos de cultura e comportamento" e "reduzir as desigualdades" em suas "interações com os londrinos".)[8] Talvez temesse que sua capacidade de diversificar e reformar a polícia ficaria comprometida caso parecesse abraçar uma expressão com alta carga política, que polarizava as pessoas e punha em causa milhares de policiais inocentes. Enquanto isso, seus críticos lembravam que, cerca de vinte anos antes, por volta da época do Macpherson Inquiry, ela mesma havia admitido que a corporação praticava racismo institucional.[9]

Se Dick e a Met tivessem esperado a tempestade passar, talvez as condições do entorno teriam melhorado nos meses que se seguiram à matéria do *The Guardian*. Só que isso não aconteceu. O sentimento contrário à polícia e a ansiedade provocada pelo lockdown continuaram crescendo entre a população, enquanto o país prosseguia irremediavelmente dividido em relação ao Brexit — a chocante decisão do Reino Unido de abandonar a União Europeia. Dick, não por culpa sua, precisava dar conta de um surto de indignação equivalente, de forma metafórica, a uma sala quente e superlotada, onde todo mundo já se sente apertado. Então, bem quando a poeira parecia baixar, a reputação da Met sofreu outro baque depois do estupro e assassinato da londrina Sarah Everard por um policial da ativa, Wayne Couzens, em março de 2021. A má gestão policial de uma vigília em homenagem a Everard inflamou mais ainda a hostilidade da população em relação à Met, e a acusação de misoginia da corporação somou-se às anteriores.[10]

Esses desdobramentos levaram a diretora a promover uma auditoria interna da cultura e das práticas policiais e intensificaram a pressão para que ela se demitisse. Dick acabou deixando a direção em abril de 2022, alegando a perda de confiança do prefeito em sua liderança. Após sua demissão, a reputação da polícia sofreu novos ataques, e um relatório sobre a Met (iniciado pela própria Dick) conduzido pela baronesa Louise Casey, uma servidora pública da área de assistência social, concluiu que "o respeito da população caiu ao seu nível mais baixo. Há mais londrinos que não confiam na Met do que londrinos que confiam, e essas métricas já são piores entre os londrinos [pretos] há anos. A Met ainda precisa se livrar do racismo institucional. O compromisso com a população foi quebrado. A Met se afastou do princípio de Robert Peel de policiamento consentido estabelecido quando da sua criação".[11]

Será que poderia ter havido outro jeito?

COMO COMPREENDER UM MOMENTO DE CRISE

Mesmo reconhecendo a aparente impossibilidade de administrar tal situação, vejamos o que a Met e sua diretora poderiam ter feito para ajudar tanto a instituição quanto Dick a compreender melhor o momento, isto é, entender o que provocava a indignação, e talvez identificar caminhos possíveis em direção a algum tipo de mitigação. (Para uma representação gráfica que resume a discussão a seguir, ver figura 3.1.)

Montar uma plataforma

Conforme discutido no capítulo anterior, ter uma plataforma pronta para ajudar a descer a temperatura numa situação de crise é crucial no avanço rumo a desfechos positivos. Embora a Met de fato tivesse vários grupos de partes interessadas — tanto internos quanto externos — para aconselhá-la em questões sensíveis (algumas criadas na esteira do Macpherson Inquiry), a meu ver nenhum deles era do tipo que vou descrever. Muitas vezes é isso que acontece com as organizações na era da indignação, como vimos no exemplo da Disney e do Facebook. Em nossa polarizada realidade, as organizações precisam ter uma "plataforma de despolarização" já pronta, como aquela que Priscilla Ankut montou em Kaduna. O ideal é que essa plataforma já exista, independente de qualquer escândalo, porque assim pode-se focar em elaborar um processo de discussão e pré-acordar regras sem que um escândalo se interponha no caminho.

Se essa plataforma não existir, contudo, uma liderança pode tentar reunir um grupo ad hoc na hora da crise, o qual, na eventualidade de um desfecho razoavelmente bem-sucedido, poderia servir de base para um grupo de aconselhamento permanente.

FIGURA 3.1

Compreender o momento

O gráfico resume os elementos que compõem o primeiro dos quatro processos da estrutura (ver figura 1.1).

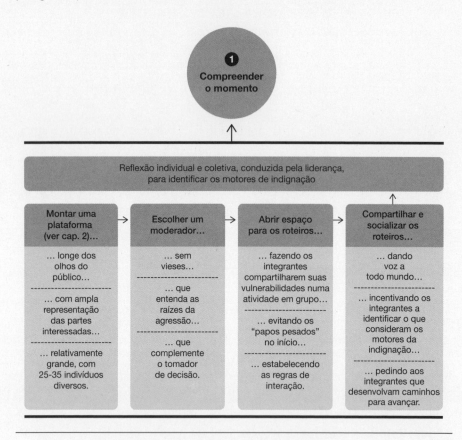

A prioridade imediata seria, pelo menos numa fase inicial, afastar a negociação dos olhos do público e confiá-la a um grupo de mediadores que fossem todos da confiança de alguma parte concreta das diversas opiniões públicas em jogo. Como descrevi no capítulo 2, reunir um grupo de partes interessadas que aceitasse de antemão um processo com múltiplos interlocutores funcionou bem no caso da reforma do ensino público no Brasil, questão que suscitava emoções fortes em certa medida comparáveis às que surgiram na esteira da matéria do *The Guardian* sobre as abordagens com revista.

Quem a diretora da Met deveria ter chamado? Londres é uma cidade altamente diversa, com um número crescente tanto de idosos quanto de jovens, e tem um dos piores índices de desigualdade de renda do Reino Unido — níveis de pobreza que só aumentam, incluindo altas taxas de pobreza infantil. É também uma das cidades mais etnicamente diversas da Europa. Segundo o censo de 2011, 60% dos londrinos eram brancos, 18,5%, asiáticos, 13%, negros, 5%, mestiços e 3,4%, "outros" (isto é, árabes ou pertencentes a alguma outra etnia).[12]

Dentro desses grupos definidos, grosso modo havia uma diversidade considerável de atitudes quanto a policiamento, imigração e temas conexos. Um especialista em segurança pública me disse que asiáticos de origem paquistanesa e de origem indiana, por exemplo, tinham opiniões marcadamente distintas sobre a questão, produto da época e das circunstâncias de sua chegada ou da chegada de seus antepassados na Grã-Bretanha, e das circunstâncias econômicas predominantes: britânicos paquistaneses, em grande parte muçulmanos, tinham uma probabilidade maior de serem críticos a uma segurança pública mais firme do que os britânicos indianos, em grande medida hindus, cuja atitude era mais favorável. Na verdade, os dois políticos que supervisionavam oficialmente a Met na época refletiam essa diferença: o prefeito Sadiq Khan, muçulmano de origem paquistanesa e membro do Partido Trabalhista, era favorável aos manifestantes, ao passo que a Home Secretary Priti Patel, hindu de origem indiana, defendia uma segurança pública mais rigorosa e apoiava as abordagens com revista.

Em meus cursos em Oxford já falei muito da reação da Met à explosão de indignação de 2020. Nas aulas, costumo atribuir papéis aos alunos — a diretora da polícia; o líder da StopWatch, organização comunitária cética em relação às abordagens com revista; o líder da Associação de Agentes Negros da Met; um representante da Associação de Superintendentes da Met, comunidade de policiais em grande medida brancos formada por gerentes de nível médio. Há também os papéis do prefeito de Londres (superior direto da diretora) e de Home Secretary, cargo executivo e político em última instância responsável pela lei e pela ordem no Reino Unido (e um dos superiores da diretora).

Repare que algumas dessas partes interessadas têm, por assim dizer, um pé em cada campo, e podem desempenhar um papel catalisador na identificação de abordagens possíveis. O chefe da Associação de Agentes Negros é um deles. A associação não se opõe expressamente a aceitar a acusação de racismo institucional, em parte porque muitos agentes pretos já tiveram experiências de racismo na corporação. Num cenário assim, nenhum diretor da polícia pode se dar ao luxo de ter a Associação de Agentes Negros declarando que a Met, ao contrário do que pensa a direção, é institucionalmente racista. Pela mesma moeda, se a associação concordar em trabalhar para dissipar a acusação, isso aumentaria o moral da polícia e melhoraria a imagem da Met com a comunidade negra.

Ao convidar representantes escolhidos a dedo para formar um grupo de discussão dedicado a identificar as causas de discórdia e os possíveis caminhos para avançar, a diretora Dick poderia ter começado por criar uma plataforma de confiança para aconselhar permanentemente a liderança da Met. Minha própria experiência nesse contexto com escuta ativa sugere começar com um grupo entre 25 e 35 pessoas, que pode em seguida ser dividido em subgrupos de cinco a sete pessoas. O segredo é ter uma equipe com experiências diversas, selecionando indivíduos em cada um dos segmentos preocupados com as abordagens com revista, policiais BAME e gerências de nível médio da Met. Para representar a si mesma, a diretora poderia ter nomeado seus vices mais graduados, uma vez que teria sido difícil tê-la na sala durante discussões sobre o que ela deveria estar fazendo e não fez.

Isso nos leva ao desafio seguinte.

Escolher um moderador

A escolha do líder da discussão ou moderador do processo é de suma importância. No caso da Met, a própria Dick poderia ter encabeçado as discussões. A vantagem é que sua participação daria credibilidade ao exercício. Só que ela estava fortemente comprometida por causa do seu passado: já havia declarado apoio às abordagens com revista. E, muitos anos antes, havia reconhecido haver racismo institucional na Met (porém, numa época em que a expressão tinha uma carga bem menor do que em 2020). Além disso, os outros a viam a partir da sua identidade: não só era a primeira mulher na direção da Met, como era abertamente gay, e a população não tinha grandes expectativas em relação ao que ela poderia entregar do ponto de vista operacional. Por exemplo: em razão de seu histórico, muitas pessoas poderiam ter esperado dela mais solidariedade em relação às acusações de racismo institucional do que teria um diretor da polícia.

O que ela necessitava, portanto, era alguém que liderasse as discussões e fosse capaz de conquistar um pouco de confiança de todas as partes, e que não estivesse comprometido por posições anteriores ou outros fatores. Essa pessoa precisaria ter experiência em negociação e autoridade suficiente para ganhar respeito numa situação de pressão. E, idealmente, não poderia ter poder institucional relevante ou algum interesse pessoal no desfecho. É por esse motivo que, no Reino Unido, investigações públicas são com frequência conduzidas por juízes ou acadêmicos de alto escalão (aposentados) com experiência na área. No caso da Met, é bem provável que um juiz ou um acadêmico teria se encaixado igualmente bem para unir ou moderar um grupo de trabalho. No entanto, a desvantagem de escolher um juiz ou um acadêmico (mesmo fora da ativa) era que sua participação talvez se limitasse àquele único acontecimento. É melhor, portanto, um moderador em posição de dar continuidade ao grupo de trabalho inicial.

Priscilla Ankut, da Casa de Família Kaduna, é um bom exemplo de alguém com as credenciais apropriadas. Ela havia sido nomeada pelo bastante controverso e polarizante governador de Kaduna, cuja posição estava plausivelmente comprometida como moderador de um modo comparável à de Dick. Tecnocrata amplamente respeitada que já servira com distinção por muitos anos fora da Nigéria, Ankut tinha credibilidade e vantagem de estar distante da política imediata. E vinha de um grupo étnico diferente daquele do governador que a estava nomeando. Um moderador assim também poderia ter recebido em Londres a tarefa de ajudar a formar uma Casa da Família Londres, com foco especial em reaproximar a cidade de seu princípio de policiamento consentido criado por Robert Peel. Uma pessoa assim talvez não estivesse imediatamente disponível, claro, e nesse caso Dick teria precisado aceitar o processo como um acontecimento isolado e escolher a alternativa mais tradicional.

Figuras relativamente neutras, como Ankut, estão muitas vezes ligadas a desfechos bem-sucedidos em negociações de conflito. Um exemplo clássico é o do senador estadunidense George Mitchell, que teve um papel-chave na obtenção da paz na Irlanda do Norte.[13] Como líder longevo de uma das câmaras legislativas mais respeitadas do mundo, ele tinha experiência na costura de acordos com vários grupos e uma credibilidade amplamente reconhecida. Além disso, não tinha nenhum interesse direto no desfecho além da intenção geral de ajudar a alcançar a paz na Irlanda do Norte, questão de especial interesse para os estadunidenses de origem irlandesa, um eleitorado poderoso na política do país. Dito isso, os EUA teriam podido influenciar ambos os lados do conflito irlandês por meio de seu poderio econômico: a população estadunidense era tanto uma importante fonte de financiamento para o IRA quanto uma potencial investidora na Irlanda do Norte, fatores que permitiram a Mitchell forçar os dois lados a se sentarem à mesa com a séria intenção de negociar. No caso da Met, porém, não havia nenhuma agência externa aparente que pudesse ter pressionado as partes interessadas, e o líder das discussões teria precisado se apoiar em seu poder e habilidade pessoais.

Idealmente, entre essas habilidades constaria experiência com o pensamento acadêmico sobre a agressão, como, por exemplo, a teoria GAM (capítulo 2), pois a discussão precisa começar preparando as pessoas para compartilhar roteiros desconfortáveis, algo que o GAM identifica como um importante motor de reações agressivas. Mesmo distante do local de um conflito, o passado logo pode dominar uma discussão, o que nos leva ao desafio seguinte que o grupo de trabalho e seu moderador precisam enfrentar.

A relação entre o moderador ou líder da discussão e o responsável por sua nomeação é um fator crítico, e esses dois indivíduos, como veremos, podem ter papéis complementares. É responsabilidade do moderador administrar um processo de diálogo cujos desfechos desejados sejam recomendações que todas ou a maioria das partes possam abraçar. No entanto, de acordo com o primeiro axioma do capítulo 1, esse é um objetivo que só pode ser parcialmente alcançado. Ao final do processo, portanto, veremos que a liderança executiva de um líder institucionalmente empoderado, como a diretora Dick, era necessária para lograr algum avanço. A vantagem de terceirizar a administração do processo de negociação é que isso abaixa suficientemente a temperatura de um problema para permitir que os diferentes roteiros sejam ouvidos com atenção.

Abrir espaço para os roteiros

Para descobrir os motores da indignação, é preciso fazer com que as pessoas entrem num estado de espírito receptivo para compartilhar e escutar roteiros diversos. Ajuda lembrá-las de que, sejam quais forem suas diferenças, elas ainda têm muito em comum: nesse caso, todas querem viver numa Londres livre de violência. Antes de ter conversas tão difíceis, contudo, sugiro criar uma experiência de alegria e conquista compartilhada. Para tanto, antes de abordar estudos de caso pesados como o do Met em Oxford, inicio o trimestre propondo aos alunos uma competição em aparelhos de remo, numa imitação do time olímpico. Por que o remo? Em parte por ser um esporte clássico de Oxford (em outros ambientes, outros esportes ou atividades talvez sejam mais relevantes). Mais importante, porém: o remo é um esporte *de equipe*, e nesse exercício os alunos são aleatoriamente divididos em times de oito para competir. Devido à natureza do esporte, eles rapidamente percebem que não podem remar mais depressa do que seus companheiros: precisam, isso sim, aprender a remar no mesmo ritmo dos outros (caso contrário, o barco ficará girando em círculos).

Com certeza não é isso que os alunos esperam de um curso de administração de políticas públicas na Universidade de Oxford; certa vez um estudante comentou que eu tinha deixado a sala de aula com cheiro de academia. O objetivo era esse, eu respondi. Queria que a experiência fosse uma metáfora da jornada que tínhamos pela frente de gerenciar na era da indignação: as lideranças precisavam estar preparadas para suar e dar duro, e talvez mais importante ainda: para aceitar que vez por outra elas e outras pessoas poderiam cheirar mal. Trata-se fundamentalmente de um exercício de exposição e compartilhamento de vulnerabilidade. Além disso, é uma atividade que todos os participantes vivenciaram, coletivamente, e um momento de alguma conquista ou vitória compartilhada. Com esse sucesso e essa felicidade simulados, é possível construir mais confiança significativa para as (futuras) conversas difíceis em sala de aula sobre raça e segurança pública e sobre como reformar a Met.

Às vezes meus alunos não entendem por que não entramos direto nos grandes problemas: perguntam qual a razão de brincar com barcos a remo de mentira em vez de falar de "coisas de verdade": racismo, opressão policial, pobreza urbana etc. A resposta é que, se os indivíduos primeiro trabalharem juntos em tarefas triviais (como uma competição olímpica de remo de mentira) para vivenciar o que significa aceitar diferenças de estratégia e implementação, eles estarão mais bem preparados para colaborar com problemas grandes e complexos quando chegarem a eles. Se mergulharem direto nas grandes questões, há o risco de se frustrarem bem depressa uns com os outros, já que nunca teriam experimentado vulnerabilidade ou sucesso no contexto da sua diversidade. Quando os alunos suam juntos, e veem que podem trabalhar produtivamente com pessoas muito diferentes umas das outras, eles estarão mais prontos para entrar num processo de interação com essas pessoas em relação às questões que de fato as dividem.

Uma vez realizada a competição de remo, estamos prontos para nos reunir numa plenária na qual anuncio os dois alertas gerais do prefácio: não existe solução perfeita, e cada ator — eu, inclusive — será visto por alguém como parte do problema. Então apresento os elementos básicos do GAM e peço aos participantes para discutir e chegar a um acordo em relação às regras básicas de interação (capítulo 2), em especial preservando a autenticidade pessoal, ouvindo os roteiros dos outros e prestando atenção nos impactos das próprias palavras sobre os outros. Também lembro a todos que as discussões devem se manter reservadas, e que celulares e dispositivos eletrônicos precisam ser deixados do lado de fora, de modo a reduzir as chances de pressões externas.

Todas essas práticas são fáceis de replicar, com algumas modificações, num contexto de moderação do mundo real. Na verdade, no mundo real, esse estágio de "abrir espaço para os roteiros" por meio de alguma atividade divertida (física, de preferência) tem uma importância especial, já que, em sua maioria, as diferentes partes talvez não tenham tido muita experiência com tentar superar um abismo — e toda sua experiência umas com as outras terá sido em lados opostos de mesas, e não funcionando como um time.

Agora estamos prontos para abrir as discussões, que começam com uma exposição de experiências.

Compartilhar e socializar os roteiros

No curso, depois de concordarmos em relação às regras básicas da discussão, convido para expor seus relatos alunos que possam ter tido alguma experiência pessoal em relação a, por exemplo, abordagens com revista — ou que passaram por ela, ou que a conduziram. (É aconselhável uma combinação prévia com os participantes.) Nas primeiras sessões, o objetivo é trazer as experiências à tona e compartilhá-las, de modo que todos conheçam a posição dos demais. Isso pode ser uma experiência difícil para alguns, sobretudo se algum estudante do grupo tiver sido vítima de agressão extrema.

Certos alunos já foram às lágrimas ao descrever suas experiências de abordagens com revista, e ao falar da polícia como uma força destinada a subjugar determinadas pessoas, e não a promover o bem. Por outro lado, há alunos cujas famílias têm vínculos profundos com a segurança pública, ou que são eles próprios agentes dessas corporações. Eles às vezes se sentem isolados nessas situações, com medo de serem considerados racistas caso exponham um ponto de vista diferente. Que isso sirva de alerta a futuros gestores: houve momentos em que meus alunos reclamaram que eu não havia lhes avisado do que ocorreria, e me disseram que não teriam comparecido à aula se soubessem que teriam precisado reviver sua experiência, mesmo sem contá-la.[14]

Por mais doloroso que possa ser, não é possível avançar a menos que as pessoas confrontem e sejam confrontadas por roteiros desconfortáveis: é uma exigência mínima para liderar numa sociedade dividida. Para o grupo poder encontrar uma solução à qual todos consigam aderir, cada integrante precisa entender (mesmo sem concordar) o que motiva os outros a adotarem suas posições. Com meus alunos, ressalto que a empatia — a capacidade de se pôr no lugar do outro, por mais diferente ou mesmo hostil que esse lugar possa parecer — é um elemento-chave para gerenciar em nossa era. E nesse grupo de trabalho simulado, todos os presentes aspiram exercer algum papel de gestão nas comunidades que representam.

Sem dúvida as dinâmicas de grupo em sala — como a relação professor-aluno — podem não se traduzir facilmente no mundo real. Para começar, neste há o risco de alguns participantes se retirarem das discussões — "não vim aqui para ser acusado de racista" — ou, para ecoar minha própria experiência em sala, "o problema são essas pessoas aqui". Há quem só queira ser ouvido por causa da injustiça que sofreu; essas pessoas não querem (ou não estão prontas para) superar isso. É claro que esse risco será reduzido se uma organização tiver uma plataforma pré-existente. Na ausência dela, será preciso um enquadramento cuidadoso por parte do moderador, em especial um forte lembrete de que os participantes não estão ali para julgar nem para serem julgados, mas para ouvir o que as partes têm a dizer de modo a encontrar uma eventual solução. O moderador deve evitar a sucessão de roteiros semelhantes, a fim de não ser parcial.

Identificar os motores de indignação em jogo

Depois de alguns dos participantes compartilharem suas experiências, proponho uma discussão sobre o que estas nos revelam. Então, uma vez compartilhados todos os roteiros, podemos juntá-los para tentar entender os motores de indignação nas abordagens com revista. Especificamente, precisamos destrinchar quais dos três motores de indignação (capítulo 1) estão agindo, para que partes interessadas e em que medida: medo do futuro, sentimento de injustiça no passado ou ideologias de alterização.

Essas discussões nos ajudam a separar o que pode do que não pode ser feito. Conforme observei, a indignação decorrente das ideologias de alterização não tem como ser facilmente consertada. Na medida em que alguns agentes de polícia interpelam e revistam pessoas pretas por acreditar que são inerentemente criminosas, a única solução é identificar e retirar esses agentes da corporação. No entanto, na medida em que a indignação for motivada pelo medo do futuro — medo de as ruas de Londres estarem ficando mais perigosas para pessoas pretas devido à violência policial —, abandonar essa prática ou reformá-la deveria responder às preocupações das partes que compartilham desse medo. Da mesma forma, se a indignação com as abordagens com revista for motivada por um sentimento de que as práticas policiais cometeram no passado a injustiça de eleger pessoas pretas como alvo, reparar essa injustiça será fundamental para a prática poder ser mantida sob algum formato. Se, por outro lado, atitudes hostis em relação às abordagens com revista decorrerem apenas de um sentimento de que os policiais são inerentemente maus, nesse caso é improvável poder haver algum avanço, pelo menos não no curto prazo.

Pode ser difícil separar a alterização de um sentimento de injustiça, pois o primeiro muitas vezes decorre do segundo. Uma das formas de ajudar as pessoas a pensar sobre a diferença é perguntar sobre suas atitudes com os agentes de polícia negros. Um paralelo interessante poderia ser feito com o policiamento na Irlanda do Norte. Muitos católicos consideravam a força policial em grande parte protestante uma inimiga, em vez de força mantenedora da lei e da ordem. Para pessoas de bairros republicanos católicos, não era aceitável cooperar com a polícia, muito menos entrar para a corporação. Católicos que nela ingressassem não apenas enfrentavam discriminação no local de trabalho como corriam o risco de serem rejeitados por amigos e parentes. Eles e suas famílias poderiam inclusive se tornar alvos de assassinatos. O modo como as pessoas travam tais discussões permite entender melhor se suas percepções em relação à Met poderiam ser modificadas, e quais seriam as alavancas para essa modificação.

Tudo que descrevi até aqui é difícil e doloroso para todos os envolvidos, inclusive para o moderador, ou pelo menos deveria ser, caso feito corretamente. É importante criar um espaço para a recuperação, pessoal e coletiva, de todos os envolvidos no exercício, inclusive o moderador. Essa construção de resiliência é um dos focos do capítulo 6.

UM CAMINHO MELHOR PARA A POLÍCIA METROPOLITANA DE LONDRES?

Depois que compartilhamos os roteiros das principais partes interessadas e os alunos começaram a descobrir como as abordagens com revista podem ser defendidas e criticadas em igual medida, eu aproveito a oportunidade para formular um desafio: "Você, como diretora da Met, tem uma política que é popular com os membros da sua corporação, mas algumas pessoas insistem que ela não funciona e causa sérios danos. O que você vai fazer agora?". Normalmente, responder a essa pergunta implica tomar três decisões estratégicas antes de passar às recomendações concretas. Eu as identifico antes de dividir a turma em grupos menores para esboçar um plano de ação coerente para a diretora.

As alternativas básicas são: (1) a diretora poderia se concentrar em iniciativas de caráter interno, dirigidas à Met como instituição, ou dar prioridade às comunidades externas à corporação; (2) ela poderia se concentrar exclusivamente nas abordagens com revista, ou adotar uma perspectiva mais ampla para a Met e suas políticas de modo geral; e (3) ela pode decidir admitir o racismo institucional ou negá-lo.

Cada escolha tem seus prós e contras. Uma reforma interna daria à diretora um controle maior sobre o desfecho: ela pode definir a pauta e desenvolver objetivos mensuráveis. Por outro lado, poderia implicar o custo de não interagir diretamente com as comunidades afetadas. De modo parecido, centralizar a questão exclusivamente nas abordagens com revista poderia melhorar os números, porém significar que as questões causais subjacentes foram negligenciadas.

Por outro lado, analisar de modo mais amplo as políticas da Met poderia não gerar resultados suficientes de curto prazo para assegurar às pessoas que algo está sendo feito. Por fim, admitir o racismo institucional poderia servir como solução temporária, mas acarretaria o risco de enfurecer grandes segmentos da população e também a imprensa, que considera a expressão perigosamente política. Além do mais, poderia afastar e desmotivar os integrantes da polícia, dificultando seu trabalho e tornando-os ainda mais reticentes com pessoas não brancas. (Esse último cenário ocorreu recentemente no Reino Unido: em Rotherham e Rochdale, após investigações de gangues de homens asiáticos que estariam aliciando meninas e jovens, revelou-se que as autoridades locais tinham relutado em apurar as denúncias, posteriormente confirmadas, devido à preocupação de serem acusadas de racismo.)[15]

Também é possível adaptar essa estratégia de sala de aula a um contexto de mundo real. O grupo de partes interessadas da Met já identificado poderia receber a tarefa de responder a perguntas semelhantes. Lembre-se de que reunimos um grupo com 25 a 35 participantes, mais ou menos oriundos de seis comunidades interessadas distintas. Isso proporciona diversidade suficiente para permitir a exposição dos roteiros envolvidos, sobretudo se o grupo maior for dividido em subgrupos com cinco a sete pessoas onde todas possam ser ouvidas.

Examinemos agora como funcionam esses subgrupos.

O objetivo dos subgrupos é identificar caminhos para avançar em contextos menores, mais experimentais, incluindo ações e atores que talvez possam melhorar a situação de todas as partes (ou da maioria). As soluções encontradas pelos subgrupos não serão definitivas, mas recomendações relativamente concretas. Conforme observado, os subgrupos são formados por um representante de cada uma das seis partes listadas (a diretora, o líder da Associação de Agentes Negros da Met, o líder da organização comunitária contrária às abordagens com revista StopWatch, a Associação de Superintendentes da Met, o prefeito de Londres e a Home Secretary). Em geral, eu nomeio o aluno que está representando a diretora como o relator do subgrupo, responsável por apresentar a solução desse ao grupo maior. Isso tem a vantagem suplementar de deixar o representante da diretora mais em modo escuta do que em modo interlocução.

Ao final do processo, os integrantes do subgrupo devem elaborar recomendações com as quais se sintam à vontade para apresentar ao grupo inteiro.

Pode ser que eles não tenham sucesso, mas o objetivo deve ser esse. Caso fracassem, eles podem registrar o fracasso e anotar os pontos de consenso, se houver algum. Depois de todos os subgrupos concluírem suas apresentações, quer relatando um impasse ou concordando em relação a um curso de ação, nós cedemos o tablado aos representantes da diretora para ouvir que sugestões eles gostariam de manter. O objetivo não é levá-los a produzir (e se comprometer) definitivamente com nenhum plano de ação, mas identificar os pontos com os quais as pessoas podem concordar, e passar de confrontos emotivos a uma colaboração pragmática a fim de alcançar o objetivo compartilhado de melhorar o policiamento.

Processos assim podem ter um papel-chave na redução da temperatura e proporcionar uma reavaliação mais ponderada das questões aversivas. É recomendável que qualquer discussão entre partes que não se falam seja precedida de um "resfriamento" desse tipo, afastando as pessoas de roteiros desencadeados pelas emoções e condições do entorno. Trabalhar em subgrupos foi fundamental na negociação da reforma do ensino público no Brasil, onde o contexto estava muito carregado porque todos tinham uma opinião. Em sessões tanto em Yale quanto no Brasil, moderadores da instituição filantrópica Fundação Lemann desempenharam o papel de facilitadores dos métodos de caso. Eles reuniram grupos de pessoas de lados opostos da questão — dois representantes de um sindicato de professores de esquerda de um lado e duas pessoas de um grupo evangélico de outro, digamos — e fizeram os subgrupos identificarem os pontos de consenso.

QUAIS PODEM SER AS CONCLUSÕES DA LIDERANÇA?

Nesse estágio, uma vez externados os roteiros e, com sorte, criada certa empatia ao longo do processo, nós podemos, como lideranças de organizações, pensar de modo explícito e racional sobre quanto cada um dos três motores de indignação estão agindo em cada comunidade e identificar que mudanças e ações poderiam mitigá-los.

Questões referentes a injustiças passadas têm proeminência, e podem muito bem dominar a discussão nos estágios iniciais. No caso da Met, fartos indícios sustentam alegações de discriminação anterior, já revelados por diversas pesquisas públicas. As demandas para a corporação reconhecer que permanecia institucionalmente racista provinham em grande medida dessas queixas, e para amenizar a indignação teria sido preciso reconhecer erros cometidos pela polícia no passado. A questão não é reparar de alguma forma esses erros, mas sim até onde ir ao fazer isso, e em que medida a decisão vai afetar ou restringir sua flexibilidade em outras frentes.

Mas e as atitudes quanto ao futuro? Quando discuto o caso da Met, fico impressionado com o que aconteceu com o conceito de policiamento comunitário que estava no cerne da questão e do objetivo da instituição desde sua fundação, quase duzentos anos atrás. A ideia de sir Robert Peel era que as pessoas não queriam ver na polícia um equivalente do Exército em nível local, motivo pelo qual as patentes policiais são diferentes das militares. As forças policiais britânicas têm *inspectors* (coordenadores) e *superintendents* (supervisores), *detectives* (investigadores) e *constables* (agentes de rua), *chief constables* (diretores) e *commissioners* (diretores administrativos). Isso contrasta com a prática dos EUA e de muitos outros países, onde os policiais são capitães e tenentes, patentes também militares. Na Grã-Bretanha, a única patente comum entre as forças armadas e a polícia é a de *sergeant* (cargo de coordenação de agentes de rua), cuja etimologia remete à palavra *servant*, criado. Essas escolhas foram propositais: os fundadores da Met viam a polícia não como um braço do poder governamental, mas como parte da comunidade, um reflexo desta, e portanto com uma legitimidade adquirida dentro dela.

Nas discussões em sala de aula, nós inevitavelmente nos perguntamos se esse conceito de policiamento de base comunitária pode funcionar numa Grã-Bretanha multicultural e multirracial daqui a dez ou vinte anos. Ou se a polícia precisará se transformar em uma instituição mais parecida com o modelo estadunidense, onde forças de segurança pública fortemente armadas reproduzem o éthos das forças armadas para manter a paz numa sociedade altamente individualista. As forças de segurança pública nos EUA têm um papel preponderante na manutenção da paz entre comunidades que raramente se falam, e como a polícia não representa (e na verdade não tem como representar) uma unidade política tão dividida, sua capacidade de manter a paz se apoia em seu status fortemente armado, com frequência com veículos blindados e armamentos de estilo militar. As forças policiais britânicas estão cada vez mais lidando com o mesmo tipo de fratura social, e lutam para ser vistas como uma representante da comunidade. Por enquanto, a maior parte da polícia na Grã-Bretanha, inclusive em Londres, permanece desarmada, num compromisso com o legado de Robert Peel.

O medo de fraturas sociais é compartilhado por diversas comunidades, o que talvez indique qual direção uma reforma das práticas policiais deve tomar. Um caminho evidente, priorizado (e em certa medida personificado) pela diretora Dick, é garantir que as pessoas que trabalham na Met representem amplamente a população londrina. A corporação progrediu nesse sentido, mas a representação BAME ainda é relativamente pequena se comparada à proporção geral na população londrina. É claro que não se trata apenas de uma questão de recrutamento: mandatos e promoções também precisam ser administrados para garantir que, com o devido tempo, a representação BAME proporcional seja vista como uma questão de puro mérito em todos os níveis hierárquicos. Outros passos que a Met poderia dar incluem criar seu equivalente da Casa da Família Kaduna — um grupo intercomunitário de partes interessadas que preste aconselhamento e quem sabe possa mediar futuras crises. Esse grupo é distinto dos conselhos eleitos de cidadãos que supervisionam o policiamento local na Inglaterra e País de Gales, já que esses conselhos precisam necessariamente responder a demandas políticas de curto prazo.

Isso nos faz chegar à alterização, um motor claramente em jogo no caso da Met. Para começar, o relatório Casey (divulgado após a saída da diretora Dick) encontrou indícios claros de racismo entre os agentes da Met, muitas vezes disfarçados de trotes. Em certa ocasião o turbante de um policial sikh foi tirado à força por colegas. Havia também certa dose de alterização nas atitudes da comunidade em relação à polícia: em comunidades negras e paquistanesas, por exemplo, partia-se do princípio de que policiais brancos eram racistas, e eles eram tratados como inimigos. A alterização também é exacerbada por motores socioeconômicos, ou seja, quando as pessoas se sentem incomodadas e temerosas em relação ao futuro. Falando cruamente, como me explicou um político, na maioria das sociedades se pode encontrar, digamos, 10% de pessoas com opiniões racistas. Quando o medo do futuro e o ressentimento por injustiças passadas predominam, esse número pode chegar a 40% (a julgar pelos votos obtidos pelos partidos políticos extremistas da Europa, que buscam disseminar ideologias de alterização). Da mesma forma, ao aplacar queixas e temores em relação ao futuro, é possível diminuir a alterização e reduzir a adesão a ideologias excludentes a 10%, nível capaz de fazê-las permanecer politicamente à margem.

Por fim, é importante aceitar as limitações e os sacrifícios inerentes ao progresso. Como postulado pelo primeiro dos dois axiomas que apresentei no capítulo 1, a indignação nunca pode ser totalmente resolvida; tudo que se pode fazer é mitigá-la. E, de acordo com o segundo axioma, as pessoas em busca de soluções com grande frequência fazem parte do problema, realidade que compromete sua capacidade de avançar. A conclusão do processo de reforma do ensino público brasileiro ilustra esse ponto: Maria Helena Guimarães de Castro precisou retirar a linguagem afirmativa de inclusão LGBT+ para manter vivo o processo de reforma.

Sua decisão foi justa? É difícil negar a injustiça feita, mas quem atua com autoridades institucionais hoje quase certamente precisará tomar decisões difíceis desse tipo. No contexto da Met, se, graças ao exercício hipotético que venho descrevendo, tivesse despontado algum caminho possível para uma reforma policial, pode ser que surgisse semelhante obstáculo à concretização do desfecho. Nessa situação, como sugeri, teria cabido à diretora, com a sua autoridade, tomar a difícil decisão. Fosse qual fosse sua palavra final, as partes insatisfeitas com certeza teriam expressado sua indignação. É tarefa da liderança saber quando tomar essa decisão, e um grupo de conselheiros moderado por um indivíduo independente não tem uma capacidade ilimitada de oferecer consenso.

Aplicando um processo como o que descrevi, é possível identificar formas de entender o momento de indignação que a liderança de alguma organização está enfrentando, e sobretudo aceitar os sacrifícios que o avanço coletivo exige. O ex-presidente da Colômbia Iván Duque entendeu o espírito disso ao conclamar uma reformulação durante a crise acarretada pela reforma do IVA colombiano. Ele chamou a reforma de "um momento de grandeza, consenso e solidariedade". Foram palavras escolhidas a dedo: *grandeza* significava que as partes interessadas do processo precisavam se comprometer com um objetivo maior do que seus interesses. *Consenso* dava a entender que o sacrifício de todos era necessário na busca do objetivo. E, por fim, *solidariedade* era a motivação por trás do objetivo e do sacrifício: um reconhecimento de que alguns ideais centrais ainda nos unem. Foi uma definição poderosa do que todos os envolvidos precisavam fazer. E mesmo a segunda tentativa de Duque de reformar o IVA tendo sido menos ideal do que a primeira, a grandeza, o consenso e a solidariedade nela contidos significaram que as receitas somadas do novo sistema tributário representaram mesmo assim uma melhora em relação a anos anteriores.[16]

4. Dimensionar a resposta da organização

No processo seguinte, passamos da compreensão do contexto e das motivações da indignação para a formulação de uma resposta à crise em pauta. Esse exercício é mais focado, interno à organização: o grupo maior de partes interessadas do último capítulo entrega o bastão a um pequeno grupo de executivos, encarregado de recomendar um curso de ação específico ao indivíduo responsável por decidir o que a organização vai fazer. Os integrantes desse grupo podem muito bem incluir quem vai tomar decisão, e a maioria, quando não todo o grupo, deve ter participado do primeiro processo, e portanto escutado em primeira mão os roteiros das outras partes.

No contexto da Met, a diretora Cressida Dick poderia ter solicitado aos executivos de alto escalão que tivessem participado do primeiro processo, caso a Met tivesse optado por esse caminho, que passassem por esse segundo processo. Mas talvez nem sempre seja necessário fazer o exercício em grupo. Se Dick tivesse participado do processo consultivo, ela poderia ter feito essa próxima etapa sozinha: como principal tomadora de decisões, isso teria sido uma prerrogativa sua. Mas ela era conhecida por trabalhar em equipe e, considerando a necessidade de obter a adesão de todo o seu pessoal, provavelmente teria sido uma alternativa melhor envolver um grupo de executivos de alto escalão.

Para formular uma resposta à indignação de alguma parte interessada, o grupo deve considerar dois conjuntos de perguntas, conforme mostra a figura 4.1. O primeiro envolve as capacidades da organização: dados os recursos e o know-how de que dispõe, em que medida ela é capaz de executar ações que reduzam o medo das pessoas quanto ao futuro e o sentimento de injustiça no passado? A resposta define o que ela pode fazer e esclarece em que medida as partes podem esperar uma reação, levando em conta as capacidades e recursos da organização em comparação com outras, e permitindo que os gestores avaliem até onde consideram avançar ao reagir à indignação.

O segundo conjunto de perguntas, complementar, força a empresa a esclarecer de que forma seus compromissos morais se encaixam nas expectativas das partes interessadas. Se a empresa estiver pensando em assumir um compromisso

FIGURA 4.1

Dimensionar a reação da organização

A fim de formular uma resposta à indignação de alguma parte interessada, é preciso considerar dois conjuntos de perguntas, conforme mostrado abaixo. O primeiro tem a ver com as capacidades da organização: responder a essas perguntas esclarece até que ponto ela pode reagir levando em conta as capacidades e recursos de que dispõe em comparação com outras organizações. Respostas ao segundo conjunto de perguntas ajudam a organização a entender como as expectativas das partes interessadas têm sido e serão afetadas pelos compromissos morais anteriores e atuais de uma empresa.

Avaliar assimetrias em capacidades	Analisar os compromissos morais
Sou diretamente responsável pela indignação?	Quando assumo um compromisso moral, qual é minha estratégia para honrar esse compromisso com autenticidade?
Minha inação irá exacerbar diretamente a indignação?	
Agir para aliviar a indignação faz parte do meu contrato (implícito) com as partes interessadas?	Qual é minha estratégia para lidar com as expectativas inconstantes em relação a esse compromisso?
Eu quero que faça?	Quais os limites desse compromisso, e como eles foram comunicados às partes interessadas?

novo, como pode honrá-lo sem afetar compromissos anteriores? As expectativas das partes em relação aos compromissos morais da organização evoluíram, e como essas mudanças afetam compromissos atuais? Um dos fatores que limitaram a capacidade de Cressida Dick de reagir à indignação da comunidade foi a expectativa dos policiais de que ela iria proteger seus interesses. Considerando esse compromisso, é difícil imaginar como ela poderia admitir o racismo institucional. Ao mesmo tempo, ela também tinha consciência de que, ao reagir exageradamente às críticas à política das abordagens com revista, ela aumentaria as expectativas a tal ponto que a Met não teria conseguido atendê-las.

Neste capítulo, vamos mergulhar nesses dois conjuntos de perguntas. Enquanto o foco até aqui foi entender o indivíduo (capítulo 2) e a dinâmica de grupo (capítulo 3), agora a organização precisa refletir sobre sua reação no contexto de fatores sistêmicos, isto é, de suas capacidades e limitações levando em conta os motores estruturais da indignação. Esse é um processo que envolve entrelaçar a estrutura para gerenciar na era da indignação com outras que ajudam organizações e lideranças a lidar com questões de estratégia e valores. Como observei no prefácio, minha estrutura não pretende substituir questões essenciais de ética e política empresarial, mas complementá-las, e as perguntas que levanto são um convite aos gestores para fazer exatamente isso.

A seguir, em vez de organizações públicas, examino alguns estudos de caso de empresas. Começo por uma crise enfrentada pela Nestlé, gigante suíça do setor de alimentos. A discussão tem por base um estudo de caso do qual fui coautor quando lecionava na HBS.[1]

A NESTLÉ NA ÍNDIA: O ESCÂNDALO DO MACARRÃO MAGGI

Em 2015, autoridades indianas de segurança alimentar detectaram níveis perigosos de chumbo no campeão de vendas da Nestlé no país, o macarrão instantâneo Maggi, cuja fatia de mercado era de quase 80%. No início a empresa negou, e em seguida contestou os relatórios, convencida da segurança do produto com base em testes internos. Só que essa reação soou arrogante e desdenhosa, e a gigante logo perdeu o apoio de seus consumidores. Estima-se que controlar a situação tenha custado à Nestlé Índia cerca de um quarto de suas receitas em 2014.

Na época da crise, a Nestlé estava na Índia havia mais de um século. Parte de seu sucesso se devia a uma estratégia de customização de seus produtos para atender a gostos indianos particulares. Um de seus produtos mais emblemáticos, um iogurte com cominho tradicional em muitas culinárias indianas, chamava-se "Jeera Raita".

O Maggi também tinha caído no gosto dos indianos: uma das opções favoritas do público era o "Masala", que conferia um sabor apimentado ao macarrão instantâneo salgadinho. Ao ser lançado na Índia, nos anos 1980, o Maggi foi posicionado como uma refeição de preparo rápido para profissionais atarefados, só que esse posicionamento não fez muito sucesso num mercado onde muitos ainda moravam com famílias estendidas, nas quais pelo menos um dos membros não trabalhava e ficava em casa cozinhando. O macarrão foi então reposicionado como um lanche para crianças em idade escolar que, famintas, precisassem aguentar até acabar o dever de casa e jantar. O posicionamento foi um sucesso e o produto deslanchou. Com o tempo, conforme as crianças cresceram, o Maggi as acompanhou, ampliando seu alcance para o público jovem. No início dos anos 2000, quando os consumidores de classe média começaram a desconfiar dos alimentos ultraprocessados, a Nestlé tornou a reposicionar o Maggi como um produto saudável, adotando o bordão em hinglish (mistura de híndi com inglês) *taste bhi, health bhi* (gostoso e saudável). Em 2015, o Maggi representava cerca de 30% das vendas da Nestlé Índia, e ganhou prêmios de publicidade como o de "Marca mais poderosa da Índia" numa pesquisa da WPP-Millward Brown.

Alimentos processados como o macarrão Maggi respondiam por cerca de um terço da indústria de varejo alimentício indiana em 2015, mas cerca de 75% eram produzidos por um setor manufatureiro de pequena escala e em grande parte desorganizado. Além disso, boa parte do varejo de processados, inclusive o de produtos da Nestlé e de outras grandes empresas globais, se dava por intermédio de camelôs, cujo número era estimado em 10 milhões.

Consequência dessa fragmentação era o relativo subdesenvolvimento da infraestrutura reguladora da indústria alimentícia da Índia em 2015, pelo menos se comparada aos padrões de países com renda mais alta. Embora o governo federal houvesse promulgado uma abrangente reorganização das leis de segurança alimentar em 2006 com a criação da FSSAI, Food Safety and Standards Authority of India [Autoridade de Segurança e Padronização

Alimentar da Índia], cujos poderes de supervisão tinham, em teoria, um grande alcance, a regulamentação padecia de um grave subfinanciamento. Em 2015, a FSSAI só havia recebido 40% do orçamento solicitado, ou seja, operava com um orçamento equivalente a cerca de 4% do da Food and Drug Administration dos EUA, que atendia uma população equivalente a um quarto da indiana. Os salários eram baixos e havia muitos cargos vagos.

Talvez para compensar os parcos recursos, a FSSAI optara por aprovar os produtos, em vez de aprovar os ingredientes, procedimento comum nos países ocidentais — são automaticamente aprovados produtos que só usem ingredientes liberados, mas é necessário que o organismo regulador das normas alimentares aprove previamente os ingredientes comuns, em geral mais de 10 mil. Sem ter como fazer isso, a FSSAI tinha apenas 377 ingredientes aprovados em 2015, e portanto testava produtos finais num esquema ad hoc. Na prática, isso significava que o desorganizado setor alimentício de processados era em grande medida desregulamentado, e players estabelecidos como a Nestlé precisavam competir com produtos que usavam ingredientes questionáveis e praticavam a má rotulagem — a ênfase da Nestlé em qualidade era uma vantagem competitiva e uma desvantagem, dependendo se o cliente era sofisticado ou desinformado.

Em março de 2014, testes rotineiros num laboratório de segurança alimentar no estado de Uttar Pradesh, o maior e mais populoso da Índia, encontraram glutamato monossódico, ou MSG, numa amostra de macarrão instantâneo Maggi obtida no varejo. Como a Nestlé anunciava que não havia MSG no produto, o fiscal ficou preocupado. Ao levar a questão à Nestlé, a empresa negou a presença de MSG no produto.

O laboratório de Uttar Pradesh enviou a amostra do produto para outro laboratório do governo em Kolkata (antiga Calcutá). Embora a amostra tenha sido enviada em julho de 2014, os resultados dos testes demoraram, e talvez por isso a Nestlé pensou que o caso estivesse encerrado. Em abril de 2015, porém, o laboratório de Kolkata anunciou que, além de MSG, a amostra continha chumbo numa taxa de cerca de 17,2 ppm (partes por milhão), muito acima do limite aceitável de 2,5 ppm. Em 30 de abril, o governo de Uttar Pradesh solicitou um recall em todo o estado do lote específico de macarrão instantâneo Maggi que fora testado, considerando o produto inseguro para o consumo humano.

Ao tomar conhecimento dos resultados, o CEO da Nestlé, Paul Bulcke, convocou os responsáveis pela segurança alimentar do macarrão instantâneo e pediu uma garantia da qualidade e segurança, em especial com relação ao teor de chumbo. Munida de indícios internos dessa garantia, a alta administração da Nestlé decidiu apoiar agressivamente o produto e anunciou que os resultados do teste de MSG do governo se deviam muito provavelmente ao glutamato presente no macarrão, já que a empresa não adicionava MSG sintético no processo de produção do Maggi. Isso significava que o aviso "sem adição de MSG" seguia verdadeiro. A empresa argumentou também que um recall era desnecessário, já que os atrasos do governo na testagem significavam ser improvável que o lote do produto testado ainda estivesse nas prateleiras. O Maggi, afinal, era um produto popular de venda rápida, e era impossível ter certeza se aquele lote ainda estava sendo vendido, levando em conta o setor varejista em grande parte informal da Índia.

Àquela altura, laboratórios do governo em outros estados iniciavam seus próprios testes, cujos resultados variaram: alguns relataram níveis de chumbo acima do aceitável, outros indicaram que o produto era seguro. Embora nenhum resultado tenha reportado níveis de chumbo tão altos quanto os de Kolkata, a maioria sugeria a presença de MSG. A variação nos testes de chumbo e quanto aos glutamatos logo serviram de munição para políticos populistas e para a imprensa sensacionalista, que ganhavam a vida vendendo histórias de exploração, apresentando-se como os salvadores da pátria contra as elites inescrupulosas. Veículos de imprensa publicaram matérias com títulos como "Traição do Maggi partiu nossos corações indianos" e "Controvérsia do Maggi mostra como os consumidores indianos são negligenciados". Desinformação e boatos na internet aumentaram a confusão. Em poucas semanas, o valor das ações da Nestlé Índia despencou 15%.

A empresa tentou revidar, argumentando que outros fornecedores de macarrão instantâneo faziam alegações similares quanto ao MSG — uma versão da desculpa "todo mundo faz assim" —, mas muitos consumidores já não confiavam mais na empresa. A Nestlé também tentou dar uma explicação sobre as razões pelas quais os laboratórios do governo poderiam ter gerado resultados equivocados. Uma das mais plausíveis era que o chumbo estava na água usada pelos laboratórios para diluir reagentes como parte do processo de testagem. Em teoria, a água deveria ser destilada, mas a falta de financiamento e a má formação dos técnicos talvez justificassem a utilização de água da torneira, com chumbo. Os laboratórios do governo rejeitaram essa explicação, e os políticos, a mídia e os consumidores tampouco ficaram convencidos.

A Nestlé observou que o Maggi tinha dois componentes: o macarrão seco e o sachê de tempero, os saborizadores, dos quais o "Masala" era um dos mais populares. Esse saborizador continha especiarias em pó que poderiam ter um alto teor em chumbo devido às condições do solo na Índia, no entanto, observava a Nestlé, ele não devia ser ingerido sozinho: precisava ser misturado à água e ao macarrão antes de ser consumido. Assim, o produto deveria ser testado "no estado de consumo", e se isso fosse feito ele seria considerado totalmente dentro dos níveis aceitáveis de segurança. Como no caso dos argumentos relacionados às más práticas de testagem nos laboratórios do governo, essa explicação, ainda que tecnicamente correta, não convenceu a opinião popular.

Poucas semanas depois que a crise eclodiu, a fatia de mercado do macarrão instantâneo da Nestlé caiu para cerca de 30%. Além disso, as vendas de macarrão instantâneo em todo o setor caíram 90% no país. Para recuperar a segurança e confiança do mercado, a Nestlé fez recalls e destruiu mercadorias perfeitamente consumíveis, no valor de dezenas de milhares de dólares. Só houve perdedores.

Em poucas semanas de indignação mal gerenciada, o custo em dólares para a Nestlé elevou-se a centenas de milhões, considerando a logística necessária para rastrear o que, no fim das contas, era um lote do ano anterior de um produto de venda rápida comercializado por milhares de camelôs sem alvará. E a ideia de que a empresa precisava incinerar alimentos em perfeito estado devido a um mal-entendido de relações públicas causou indignação em muita gente dentro da própria Nestlé, afinal, pessoas morriam de fome na Índia e em outros lugares. A administração da empresa ficou tão mobilizada que chegou a processar a agência reguladora devido aos resultados do teste de chumbo. Como era de se prever, a agência também processou a empresa por causa do MSG, e na verdade ninguém saiu ganhando com todas essas disputas jurídicas, a não ser talvez os advogados.

A Nestlé não foi a única a ter de arcar com os custos do caso Maggi: milhares de fornecedores e revendedores tiveram um baita prejuízo. O Maggi costumava ser um lanche tão popular que os camelôs montavam estações especiais em carrinhos para preparar o macarrão e vendê-lo pronto. Esses pequenos negócios não dispunham de nada sequer comparável à rede de segurança com a qual a Nestlé pôde se proteger durante a crise.

O que a Nestlé deveria ter feito de diferente?

Reconhecer a assimetria

A história da Nestlé deixa clara a importância de agir em caso de capacidades assimétricas. Dito de forma simples, trata-se do imperativo de agir quando se dispõe de uma capacidade diferencial positiva de endereçar a raiva das pessoas, quer se seja ou não diretamente responsável por ela, e fazer isso não só porque se pode, mas porque, caso contrário, as pessoas ficarão com ainda mais raiva. Elas ficarão com mais raiva porque vão achar que você está lhes tirando um direito. Vou explicar melhor.

A Nestlé, presente na Índia havia um século, decerto sabia que tanto a aplicação dos padrões de segurança alimentar quanto as expectativas mais baixas dos consumidores no setor informal, se comparadas às empresas multinacionais, eram típicas da operação em mercados emergentes. Num cenário assim, as empresas, em especial as grandes e visíveis, não podem esperar se safar com o que talvez dê certo para a empresa mediana, quanto mais com uma hipocrisia descarada. Por um lado, a Nestlé estava usando sua reputação de excelência suíça para instar os consumidores a desconsiderar as afirmações da agência reguladora em relação ao chumbo (que eram de fato inverídicas, como seria revelado mais tarde). Por outro lado, a Nestlé argumentava que deveria se beneficiar da mesma leniência que as empresas locais em relação ao aviso "Sem adição de GSM".

Para fazer a conexão com os motores de indignação, o que as multinacionais precisam levar em conta ao operar nos mercados emergentes é o legado de "injustiça" remanescente do colonialismo. A Índia é um país otimista em relação ao futuro, e hoje talvez seja ainda mais do que em 2015. Mesmo assim, o zeitgeist indiano (bem como o de muitas ex-colônias) é marcado por uma história de exploração por empresas estrangeiras. E quando uma empresa estrangeira espera ser tratada de forma diferenciada, ela é objeto de menos confiança e de um tratamento menos brando do que uma empresa local.

A Nestlé Índia goza de uma *assimetria de capacidades* em relação a seus concorrentes e outras partes interessadas locais. Formalmente, "capacidade" se define como estar em condições de agir de determinada maneira, e a Nestlé, como multinacional suíça de sucesso, era vista como mais capaz de endereçar as questões relacionadas ao teor de chumbo do que as agências reguladoras indianas ou seus concorrentes nacionais. Além disso, ao dissipar a incerteza em relação à segurança do produto, a Nestlé também tinha uma vantagem em relação àqueles que potencialmente poderiam ter se prejudicado em virtude da sua tecnologia e da sua expertise. Ela estava, portanto, em condições de liderar e de tranquilizar. No entanto, em vez de abordar a situação com humildade e sensibilidade, a empresa desperdiçou sua vantagem de capacidade desqualificando a agência reguladora e insistindo em ser tratada da mesma forma que seus concorrentes menos capazes.

A reação foi decerto condicionada pela percepção de como a empresa esperava que as agências reguladoras suíças interagissem com ela: pode ter considerado inaceitável uma agência reguladora fazer uma acusação sem fundamento sobre o teor de chumbo de um produto ou tratá-la diferentemente da concorrência. O que a empresa não reconheceu foi o contexto de injustiça histórica e o sentimento crescente de orgulho dos indianos conforme suas instituições (ainda falhas) passam a ter uma relevância global maior.

Quando a Nestlé enfim controlou a crise do Maggi na Índia, tive a oportunidade de me reunir com o diretor-executivo da empresa, Bulcke, em seu imenso escritório em Vevey, na Suíça. Numa reflexão tranquila sobre o infeliz episódio, ele disse: "No fim das contas, pouco me importa quem está certo. Não se pode forçar a confiança dos consumidores. Nós estávamos cem por cento certos [em relação à ausência de teor elevado de chumbo no macarrão Maggi], mas ao mesmo tempo muito errados. Não estávamos interagindo segundo as mesmas premissas das outras partes interessadas". Era justamente essa a questão: pouco importa ter razão se as pessoas não acreditam nisso. (Também aprendemos isso com o presidente colombiano Duque e suas reformas do IVA.)

Avaliar a exposição

Existem muitas maneiras pelas quais esse imperativo de agir quando há assimetrias de capacidade pode se transformar num ralo de dinheiro para um negócio com fins lucrativos, ou na verdade para qualquer organização. Afinal, empresas estabelecidas têm vantagens tecnológicas e financeiras em relação a muitos pontos que suscitam indignação, como ajudar os desfavorecidos, mitigar a desigualdade de renda e tomar atitudes em relação à mudança climática. Na prática, porém, a responsabilidade de agir quando há capacidades assimétricas pode ser definida de acordo com as respostas a quatro perguntas:

- Eu sou diretamente responsável pela indignação?
- Minha inação vai exacerbar diretamente a indignação?
- Agir para aliviar a indignação faz parte do meu contrato (implícito) com as partes interessadas?
- Eu quero que faça?

Se a resposta a qualquer uma dessas perguntas for sim, você precisa agir.

A primeira pergunta é autoexplicativa, e não existe dilema moral, jurídico ou comercial em relação a agir em resposta a um problema que você criou. Os exemplos da Disney e do Facebook nos mostraram. Uma questão mais delicada surge quando a resposta à primeira pergunta é não: nesse caso, a segunda pergunta pode nos ajudar a encontrar um caminho para avançar.

Para responder à segunda pergunta, considere duas dimensões: o dano subjacente que a indignação provoca, e seu poder relativo sobre aqueles que estão sendo prejudicados pela situação. Na primeira dimensão, quanto maior o dano subjacente esperado, maior o imperativo de agir, e isso vale para qualquer um, não só para uma organização. Esse argumento pode ser considerado uma extensão da "regra de resgate" da bioética prática, que enfatiza "a poderosa tendência humana a resgatar" qualquer vida sob ameaça iminente, ainda que "ao custo de quaisquer rostos anônimos a quem portanto será negada" uma oportunidade.[2] A regra de resgate pode explicar por que os governos com frequência gastam quantias imensas procurando um marinheiro perdido no mar, mesmo que alguns de seus próprios cidadãos sigam passando fome ou sem ter onde morar.

No caso do macarrão Maggi, a natureza das preocupações com o teor de chumbo era bastante séria: ninguém quer se expor nem expor os filhos a um envenenamento. Abordar essa preocupação com cuidado tornou-se um imperativo para a Nestlé, mesmo a empresa considerando a preocupação ridícula e a solução proposta (destruir um estoque em perfeito estado) um desperdício. Não fazer isso deixaria as pessoas com mais raiva.

A segunda dimensão tem a ver com o grau (percebido) de poder que você tem sobre quem está sendo prejudicado: quanto maior esse poder, mais é preciso agir. "Poder" se define como seu potencial de mobilizar recursos de terceiros (nesse caso, daqueles que estão sendo prejudicados) em benefício próprio. Por que tal poder funcionaria como um catalisador para você agir em caso de capacidades assimétricas? Simplesmente porque quanto mais poder você tiver sobre aqueles que estão sendo prejudicados, mais vulneráveis eles serão em relação a você (mesmo você não sendo responsável pelos danos por eles sofridos), e portanto mais sua inação provocará uma indignação maior. Essa observação tem por base o conceito de *noblesse oblige* (conhecido também como "a um grande poder corresponde uma grande responsabilidade"), um princípio de ética e de autopreservação entre as elites em todas as civilizações e em fontes tão antigas quanto a *Ilíada*.[3]

No caso da Nestlé, numa primeira avaliação, uma empresa que vende macarrão instantâneo num mercado competitivo não parece gozar de muito poder assimétrico, independentemente da riqueza da empresa e da superioridade de sua tecnologia (isto é, independe de sua capacidade assimétrica). Na prática, porém, a assimetria de poder percebida nessa situação era grande. O Maggi tinha conquistado tanto sucesso e se entranhado de tal forma na vida dos consumidores que não era mais visto como uma compra discricionária, mas um item essencial. A imensa fatia de mercado do Maggi e os outros substitutos disponíveis aumentavam a percepção do poder da empresa. Além do mais, muitos consumidores careciam de sofisticação (por serem crianças). Some-se a isso a dependência significativa da cadeia de fornecimento dos pequenos negócios em relação à Nestlé, e a gigante suíça se via numa posição de poder consideravelmente maior do que os outros envolvidos que estavam sendo prejudicados.

Como a empresa estava exposta nas duas dimensões — dano subjacente e poder relativo —, sua capacidade assimétrica de agir para mitigar a ansiedade das pessoas teria aumentado na percepção destas. Sua resposta à segunda pergunta, portanto, teria sido sim: ela deveria ter agido, mesmo que não fosse diretamente responsável por pelo menos parte da raiva.

A terceira pergunta — agir para aliviar a raiva faz parte do meu contrato (implícito) com as partes envolvidas? — diz respeito às expectativas implícitas das partes interessadas de uma empresa. O que você sinalizou, por meio de atos e palavras, que pode levar as partes interessadas a esperar uma reação sua? Por exemplo, você tem uma identidade de marca enquanto entidade organizacional responsável? Realizou alguma campanha de marketing sobre seus compromissos com a questão em pauta (por exemplo, assumiu compromissos irredutíveis com a qualidade de seus produtos)? Se sim, então você pode já ter criado a obrigação de responder.[4]

No caso do Maggi, lembre que a Nestlé estava anunciando o produto como um lanche saudável para crianças e jovens, o que sugere que a resposta a essa terceira pergunta era sim. A empresa também deveria ter se perguntado quais partes interessadas haviam sido influenciadas por sua identidade de marca e pela campanha de marketing: apenas os clientes, ou funcionários e a população em geral? Por exemplo: você pode achar que sua única responsabilidade com a qualidade do produto é junto aos clientes, mas suas declarações de marketing podem criar um compromisso com os distribuidores e varejistas.

A quarta e última pergunta diz respeito muito simplesmente às suas aspirações. Com frequência não existe momento melhor do que o de raiva durante uma crise para esclarecer os valores de uma organização e moldar a cultura corporativa de modo que represente suas melhores ambições, como demonstra a narrativa a seguir.

ENTRAR NO DESAFIO: JOHNSON & JOHNSON

Talvez um dos melhores exemplos de organização que age em função de suas assimetrias de capacidade venha de uma época muito anterior à nossa era da indignação. A gestão da crise do Tylenol nos anos 1980 pelo CEO da Johnson & Johnson, James Burke, entrou para os anais; até alguns anos atrás, um estudo de caso sobre esse episódio era um dos mais antigos ensinados de maneira contínua na Harvard Business School, e é nele que se baseia a discussão a seguir.[5]

Em 1982, em Chicago, um terrorista não identificado, por um motivo até hoje não esclarecido, injetou cianeto em cápsulas do popular analgésico Tylenol. Ele fez isso em alguns pontos de venda escolhidos de maneira aleatória, mas foi esse caráter randômico que provocou um pânico em massa. O cianeto pode ser fatal mesmo em doses diminutas.

A empresa decidiu tirar do mercado todo seu estoque de Tylenol no país inteiro, a um custo gigantesco. Após meses, o produto foi relançado com uma embalagem à prova de violação, para que os consumidores se assegurassem de que não houvera adulteração. É quase impossível evitar o envenenamento criminoso de cápsulas com cianeto; tudo que se pode fazer é evidenciar tal tentativa, e a inovação nas embalagens da Johnson & Johnson segue sendo o padrão-ouro para remédios vendidos sem receita médica e muitos itens alimentícios.

Anos depois do episódio, e pouco depois de Burke falecer em 2012, seu filho visitou as salas da HBS onde meus colegas e eu promovíamos o estudo de caso. Burke Jr. contou a história de como seu pai relutara em fazer o recall, tanto devido aos custos envolvidos quanto pela falta de consenso em sua equipe quanto à decisão. Essa situação lhe havia custado várias noites insones. Numa delas, ele levantou e foi até o armário de remédios do banheiro em busca de uma solução para uma dor de cabeça latejante. Estendeu a mão instintivamente para pegar o Tylenol, mas então hesitou, perguntando-se se aquele frasco não teria sido envenenado. Essa hesitação foi para Burke um instante de revelação: "Se o CEO da Johnson & Johnson não conseguia ter confiança de que o Tylenol era seguro, como poderia esperar que seus clientes tivessem?".

O mais notável na decisão da Johnson & Johnson foi que a empresa reconheceu rapidamente sua assimetria de capacidade — sua condição financeira e tecnológica de solucionar um problema que estava gerando grande apreensão em seus clientes — e decidiu tomar uma atitude baseada nela. Um detalhe importante é que fazer o custoso recall do produto não foi o primeiro instinto de Burke, nem mesmo ideia sua. Ele próprio reconheceu ter vacilado. No entanto, quando ouviu o que as principais partes interessadas tinham a dizer, e quando vivenciou as emoções daqueles que defendiam o recall, ele soube que precisava agir por causa das assimetrias de capacidade da Johnson & Johnson.

Se usarmos a estrutura das quatro perguntas para analisar a reação da Johnson & Johnson ao susto do Tylenol, temos as seguintes respostas prováveis:

- Eu sou diretamente responsável pela indignação? *Não*
- Minha inação irá exacerbar diretamente a indignação? *Sim*
- Agir para aliviar a indignação faz parte do meu contrato (implícito) com as partes interessadas? *Sim*
- Eu quero que faça? *Sim*

Naturalmente, a resposta à primeira pergunta era não. A culpa não era da Johnson & Johnson, e inclusive isso foi dito pelo diretor do FBI encarregado da investigação. Mas a empresa se sentia responsável por seus consumidores, e notou que a natureza de seu produto (cápsulas dentro de frascos fáceis de violar) tornavam-no particularmente suscetível a adulterações. O que havia acontecido nesse incidente terrorista em Chicago poderia ser copiado em outros lugares (e de fato foi).

Em relação à segunda pergunta, o cálculo da empresa levou em conta tanto (1) sua assimetria de poder em relação a seus consumidores — o produto era popular, um líder de mercado, e os consumidores dependiam dele — quanto (2) o grau de dano que poderia ser causado por uma inação: cianeto mata! Esse segundo fator na verdade foi um dos principais motivos para Burke decidir pelo recall.

A resposta às duas últimas perguntas é particularmente digna de nota. A Johnson & Johnson tinha um valor, defendido havia tempos, de pôr suas obrigações com a saúde dos consumidores acima dos lucros ou de quaisquer outras responsabilidades; a empresa dizia ser esse o seu "credo". Ao refletir sobre a crise do Tylenol, Burke e sua equipe se deram conta de que os consumidores esperavam mais da Johnson & Johnson do que esperariam de outros concorrentes, e o alto escalão da empresa queria que continuasse assim. Na verdade, logo no começo da crise, o diretor do FBI chegara a recomendar que o produto não fosse retirado das prateleiras, em parte porque ele pensava que o recall poderia incentivar tentativas de envenenamento de outros produtos. Alguns subordinados de Burke argumentaram que a recomendação do FBI era uma carta branca para a Johnson & Johnson não fazer nada, poupando-a assim do custo de um recall. Mas outras pessoas da equipe de Burke, e ele próprio, não queriam basear a reação corporativa no palpite de um agente de segurança pública: queriam que a reação personificasse e promovesse os valores e a cultura da Johnson & Johnson, o seu credo.

O que nos faz chegar a uma frase de efeito sobre o tema de agir quando há assimetrias de capacidade: grandes organizações não deveriam modular seu comportamento pelos padrões mínimos esperados delas (pela lei, por sua indústria ou seja por quem for); elas devem estar muito acima dessas regras. Foi isso que a Nestlé perdeu de vista no caso do GMS. E a Johnson & Johnson tampouco foi sempre tão fiel ao próprio credo, como demonstra cruelmente o escândalo do talco para bebês ainda em curso. Esse produto era uma das marcas mais reconhecidas da empresa, com um século de história ou mais. Preocupações, mesmo dentro da Johnson & Johnson, de que o produto pudesse às vezes conter amianto (uma vez que as jazidas de amianto e de talco muitas vezes são encontradas no mesmo lugar) já existiam desde pelo menos os anos 1970. Nos anos 2000, a empresa já estava enfrentando várias ações de consumidores (foram 40 mil no ano de 2023) alegando que o talco para bebês resultara em mortes por causas diversas, incluindo câncer de ovário e mesotelioma. Após uma série de veredITOS desfavoráveis à empresa, que a obrigaram a pagar indenizações na casa dos bilhões de dólares, a Johnson & Johnson descontinuou a fabricação do talco, separando-o numa unidade independente, para a qual pediu recuperação judicial segundo a lei texana. Em 2023, a Johnson & Johnson ofereceu uma compensação coletiva de 9 bilhões de dólares para fechar todos os pedidos de indenização devido ao uso do talco para bebês.[6]

AMAZON E ALIBABA: PARA QUEM VOCÊ PREFERIRIA TRABALHAR?

Tanto a história da Nestlé quanto a da Johnson & Johnson têm a ver sobretudo com a administração da raiva e da ansiedade entre clientes ou potenciais clientes, mas empresas podem ter capacidades assimétricas não apenas em relação à angústia do consumidor. No caso da Nestlé, elas também se estendiam diretamente à cadeia de fornecimento, em especial pequenos agricultores e varejistas. E capacidades assimétricas também podem dizer respeito a funcionários, acionistas e credores (minoritários) e à população em geral. Como já discutido, o quanto se espera da atuação de uma organização depende de fatores como desequilíbrio de poder, a intensidade dos danos subjacentes e as expectativas estabelecidas pelos compromissos implícitos. A pandemia de covid-19 ressaltou a diferença nas reações que as empresas podiam ter em relação a seus funcionários.

Durante a pandemia, as grandes empresas tiveram várias oportunidades de agir com base em suas assimetrias de capacidade, em especial considerando a indignação com o aumento da desigualdade de renda e o sentimento de que muitos funcionários estavam sendo deixados para trás enquanto empresários e acionistas se saíam muito bem. Diante dos lockdowns impostos pelas autoridades, o comércio eletrônico explodiu. Varejistas como a Amazon e a Alibaba, já muito bem-sucedidas e na mira da opinião pública devido a práticas de monopólio, viram sua demanda aumentar muito. Para atender a essa demanda, sobrecarregaram ainda mais suas forças de trabalho. E quando esses trabalhadores recusaram o aumento de carga horária e os riscos de contaminação ao seguirem operando, a Amazon e a Alibaba tiveram reações muito diferentes.

É claro que nenhuma das duas era diretamente responsável pela crise da covid-19, mas ambas tinham uma alta e notável assimetria de poder em relação a seus funcionários, e os danos de qualquer inação em relação a proteções sanitárias mais rígidas seriam significativos; uma situação perfeita para agir com base nas assimetrias de capacidade.

A Amazon, porém, no início se recusou a pagar compensações adicionais a seus funcionários, tampouco cessou a venda de itens não essenciais — no auge da crise, os empregados ainda eram obrigados a embalar produtos como dildos. A empresa também se recusou a fechar suas unidades de expedição para uma assepsia profunda, apesar de vários funcionários terem testado positivo para o vírus. Quando alguns empregados de Nova York se manifestaram, o articulador dos protestos foi demitido.[7] (Num posfácio irônico, os executivos da Amazon que o demitiram pelo visto tiveram o mesmo destino.)[8]

A Alibaba, por sua vez, enfrentou críticas por exagerar nas medidas de prevenção para a saúde de seus funcionários. Preocupada em evitar o contágio no local de trabalho, a empresa começou a perguntar aos empregados se eles continuavam frequentando cultos religiosos, o que indignou alguns no Sudeste Asiático, que consideraram a pergunta invasiva.[9] Deixando de lado considerações sobre privacidade, a empresa em grande medida evitou qualquer publicidade negativa relacionada a suas práticas trabalhistas durante a pandemia. Pelo contrário: ela trabalhou com cadeias de restaurantes na China que demitiram temporariamente alguns funcionários a fim de que a empresa se servisse deles no atendimento de pedidos de comida on-line.[10] Ela chegou a doar dezenas de milhares de kits de testagem e equipamentos de proteção para vários países nos quais atuava, o que talvez tenha sido um ato explícito de compra de reputação, mas que mesmo assim beneficiou todos os envolvidos.[11]

Os custos financeiros de todas essas ações provavelmente foram desprezíveis levando em conta a situação de longo prazo da empresa, mas o crédito que ela amealhou por ser vista como solidária num momento de crise foi inestimável. A Amazon, por outro lado, reforçou seu estereótipo de má negociadora. E o impacto em sua reputação provavelmente será duradouro.

Até agora, o equilíbrio da discussão sugere que empresas com capacidades assimétricas muitas vezes têm uma lógica de assumir mais responsabilidade moral do que o legalmente necessário. Só que esse cálculo exige um passo a mais: uma reavaliação de como as expectativas das partes interessadas da organização estão evoluindo, e as implicações dessas mudanças para a eficácia com a qual a empresa pode honrar seus compromissos morais com as partes interessadas. Sem uma avaliação assim, uma empresa corre o risco de descobrir, num futuro próximo, que as expectativas ultrapassaram as estratégias empregadas e suas capacidades de honrá-las. Como exemplo disso, examino uma crise na varejista de móveis escandinava IKEA, sobre a qual fui coautor de um estudo de caso quando lecionava na Harvard Business School.[12]

AREIA MOVEDIÇA: O CASO DA IKEA

Em 1º de outubro de 2012, a gigante global de móveis e decoração IKEA de repente se viu na berlinda por causa de uma prática que não era nem nova nem exclusiva da empresa. A edição de Estocolmo do jornal gratuito *Metro* havia publicado um furo segundo o qual a empresa removera digitalmente todas as imagens de mulheres da edição saudita de seu catálogo. A matéria dizia ainda que não só as modelos mulheres haviam sido retiradas do catálogo, mas inclusive a foto de uma das designers da empresa também fora eliminada.

Um porta-voz da IKEA declarou ao jornal que as mulheres vinham sendo removidas digitalmente dos catálogos sauditas desde o início das operações da empresa no país, no começo da década de 1980. Mas a matéria argumentava que não era proibido retratar mulheres na publicidade na Arábia Saudita, e que aquela decisão era um ato de autocensura, não um respeito às leis do país.

A reação na Suécia foi rápida e nada surpreendente. O ministro sueco na União Europeia chamou a prática de "medieval", e a ministra de Igualdade de Gênero afirmou que "é completamente errado a empresa remover parte importante da imagem da Suécia e parte importante de seus valores num país que, mais do que qualquer outro, precisa conhecer os princípios e valores da IKEA".[13] Uma cliente da IKEA na Suécia, que por acaso era árabe e muçulmana, deu a seguinte declaração à imprensa: "Eu acho apenas bobo. Nós existimos numa sociedade com mulheres e homens. Não se pode simplesmente remover as mulheres".[14]

A indignação logo se espalhou para outros mercados ocidentais da IKEA, e em pouco tempo críticos e ativistas de ambos os lados do Atlântico estavam se pronunciando sobre o assunto. A IKEA foi inclusive acusada de ser "uma colaboradora ativa das estratégias oficiais sauditas de tornar as mulheres invisíveis e impotentes". A empresa então enfrentou pedidos de boicote de consumidores em toda a Europa e América do Norte, que representava 85% de suas vendas. O que deixou algumas pessoas da empresa perplexas diante dessa tempestade pública foi: "Por que agora?". Por que, depois de tantos anos operando na Arábia Saudita com essa política de anúncios, aquilo tinha virado uma questão? Para responder a essa pergunta, primeiro precisamos avaliar o papel da IKEA na sociedade sueca.

A criação de um ícone

Em 2012, o ano do furo do *Metro*, a IKEA era a maior fabricante de móveis do mundo, com estimados 5% de fatia de mercado global. A empresa era também digna de nota, na época, como a única marca de móveis verdadeiramente global, já que seu concorrente mais próximo em vendas, a Ashley Furniture Industries, tinha menos de um quarto do seu tamanho e operava sobretudo nos mercados estadunidense e canadense.

A IKEA era uma marca que sempre fora associada a um estilo de vida. Seu fundador, Ingvar Kamprad, queria "criar uma vida cotidiana melhor" para pessoas comuns vendendo móveis acessíveis, porém estilosos, numa escala de mercado de massa. A empresa nunca fizera segredo de suas raízes e de identidade igualitárias: suas lojas, não importava onde estivessem localizadas, muitas vezes exibiam vistosos emblemas nacionais suecos. Dada a neutralidade da Suécia na política internacional e a visão em geral positiva da cultura escandinava mundo afora, essa proximidade com a identidade sueca foi um sucesso de marketing. Os clientes muitas vezes vivenciavam uma ida à IKEA como uma visita a uma elegante cidade do Norte europeu.

Em linha com sua ética escandinava, a IKEA buscava ser uma empresa cidadã responsável. Em 2000, ela criou a IWAY, ou o IKEA Way, um manual para comprar produtos, materiais e serviços de acordo com padrões mínimos aceitáveis de condições de trabalho e práticas ambientais de seus fornecedores. Em 2004, a empresa entrou para o Pacto Global, uma iniciativa da ONU para incentivar as empresas a se comprometer publicamente com a defesa dos direitos humanos universais, inclusive de gênero. Em 2011, ela assinou os Princípios Orientadores sobre Empresas e Direitos Humanos da ONU, outra afirmação de seus compromissos sociais. E em 2012 destacou seus valores em sua estratégia "People and Planet Positive", novamente com foco numa forte defesa do apoio e respeito aos direitos humanos nos locais em que a empresa servia de exemplo por sua atuação. Junto com esses compromissos, vinha cultivando ao longo dos anos uma imagem muito liberal e progressista. Já na década de 1990, um de seus anúncios para a TV mostrava um casal homossexual. Por meio da IKEA Foundation, eram financiadas várias instituições beneficentes e suas atividades para proteger crianças de trabalho forçado e empoderar, em especial, meninas e mulheres.

A maior parte da atividade da IKEA estava alocada no norte da Europa, na Alemanha e no mundo anglófono, embora, como toda empresa desse porte, ela desejasse ter um crescimento ambicioso na Ásia e em outras partes do mundo emergente. Em 2012, a Inter IKEA Systems franqueou 338 lojas em quarenta países. As vendas da marca eram puxadas pela Europa (70%), seguida pela América do Norte (16%), Ásia e Austrália (8%) e Rússia (6%). A Alemanha era o maior mercado nacional isolado da empresa, com 14% das vendas, enquanto a Suécia representava cerca de 5% das vendas globais. Fora do IKEA Group, onze empresas franqueadas independentes operavam lojas IKEA mundo afora, e quatro delas ficavam no Oriente Médio. A franquia saudita era a Ghassan Ahmed Al Sulaiman Furniture Trading Company, com quem a IKEA operava desde seu primeiro ingresso no reino, em 1983.

A sensibilidade saudita da IKEA

A entrada da IKEA no Oriente Médio se deu pela Arábia Saudita, onde a empresa se estabeleceu muito antes de rumar para destinos mais conhecidos das marcas ocidentais, como Dubai e Israel. A longa história da empresa na península saudita significava que a marca era altamente reconhecível e muito bem considerada. Em 2004, quando reabriu sua loja principal em Jeddah após uma reforma, estima-se que 8 mil clientes tenham feito fila no dia da inauguração, muitos inclusive tendo acampado na véspera para obter descontos.

Os produtos da IKEA nas lojas sauditas se pareciam, em sua grande maioria, com os equivalentes suecos, e os icônicos nomes de móveis em sueco, como Karlstad e Ektorp, eram simplesmente grafados em caracteres árabes. Mas a IKEA procurava evitar problemas desnecessários, e chamava suas taças de vinho apenas de "taças", por exemplo. Da mesma forma, não comercializava produtos com temática natalina, e lançava coleções especiais durante a temporada sagrada muçulmana do Ramadã. Em vez de exibir a bandeira nacional sueca, que continha uma cruz católica, exibia uma bandeira falsa, com listras horizontais neutras nas cores nacionais da Suécia. Além disso, as almôndegas de renome mundial da empresa no país eram halal, e os restaurantes dentro das lojas eram divididos em duas áreas: uma para famílias e outra para homens solteiros. As lojas também apresentavam espaços a serem usados para preces e fechavam diariamente as portas para novos clientes por cerca de vinte minutos nos horários da prece. Outro detalhe digno de nota: as lojas sauditas da IKEA não tinham música. Tudo isso no intuito de não ofender as sensibilidades dos profundamente conservadores e poderosos clérigos wahhabi e da polícia religiosa do país.

A IKEA não era a única dentre as empresas ocidentais a se adaptar aos valores sauditas. Reconhecendo o imenso potencial de mercado da região, várias marcas ocidentais tinham se mostrado flexíveis. Ao entrar na Arábia Saudita em 2011, a Starbucks retirou a mulher de cabelos compridos do seu logo, mantendo apenas a coroa, enquanto a varejista britânica Marks & Spencer contratou apenas vendedoras mulheres para sua loja de roupas íntimas. E a espanhola Zara, além de também evitar música em suas sucursais, às vezes borrava a imagem de modelos mulheres no vídeos exibidos dentro da loja.

O país nem sempre fora tão conservador. Antes de 1979, as mulheres apareciam regularmente na TV e em anúncios de jornal. Em novembro daquele ano, um grupo de extremistas desejoso de derrubar a família real ocupou a Grande Mesquita de Meca. Uma vez subjugados os insurgentes, o então rei Khalid decidiu que precisava apaziguar os religiosos linha-dura e lhes deu mais poder em relação às normas sociais. Representações de mulheres na imprensa e na TV foram proibidas, a segregação de gênero em locais públicos passou a ser obrigatória, e a polícia religiosa se tornou mais assertiva e temida.

Nos anos seguintes, a Arábia Saudita permaneceu fortemente conservadora, e novas restrições em relação às imagens que apareciam na mídia foram introduzidas em 2003, numa tentativa de aplacar os fanáticos abalados pela colaboração do país com os EUA na Guerra do Iraque. Os resultados foram visíveis: matérias "ofensivas" em publicações importadas foram tampadas, e clientes locais podiam esperar encontrar páginas de revistas estrangeiras coladas em caso de "inadequação". As ofensas iam de notícias críticas à administração até imagens de pernas nuas e casais se beijando ou se abraçando. Mas as leis nem sempre eram muito claras, e os juízes religiosos de lá não se pautavam pela jurisprudência. Consequentemente, as leis não eram aplicadas de forma consistente, e as punições também variavam a depender do juiz e do contexto. Essa situação contribuía para uma sensação de medo entre os empresários.

O catálogo da IKEA

Todo ano a IKEA atualizava seu catálogo com base em dados de marketing e vendas do ano anterior. Em 2012, foram impressos algo como 200 milhões de exemplares em 29 idiomas e 62 edições, contendo cerca de 9500 produtos de decoração. A empresa acreditava que o catálogo precisava encontrar um equilíbrio entre ser relevante em todos os mercados e refletir o que a marca global representava.

O conteúdo variava pouco de um mercado para o outro, e isso se devia sobretudo a diferenças de preferência entre os mercados. Refletindo suas práticas de respeitar as normas sauditas, já havia alguns anos que a empresa vinha evitando retratar mulheres no catálogo do país. Uma imagem no original sueco de uma família sentada em volta da mesa de jantar — pai, mãe e filhos — era reproduzida no catálogo saudita só com um pai e os filhos; o espaço em que a mãe estava sentada era uma cadeira vazia.

Essa adaptação ajudou a empresa a evitar as leis de censura sauditas que poderiam exigir que as mulheres estivessem de véu, algo que suas modelos, em grande parte europeias, não usavam. Em 2010, um gerente da loja da IKEA em Jeddah havia comentado: "Nós pedimos à Inter IKEA Systems para substituir mulheres por homens no catálogo de modo a conseguir a declaração das autoridades para deixar a publicação entrar no país". E acrescentou: "Em nossa loja de Riyadh, recebemos reclamações de alguns clientes nos pedindo para substituir ou remover as imagens de mulheres que não estivessem usando a vestimenta tradicional completa e o véu".[15]

A política de apagar as mulheres do catálogo não batia com a mensagem passada pela empresa fora da Arábia Saudita. Em suas peças de publicidade produzidas no país, a IKEA incluía imagens de mulheres, embora de acordo com as normas sauditas; os adultos dos anúncios usavam trajes tradicionais segundo o gênero, que incluíam as cabeças cobertas no caso das mulheres. Mas a customização da representação de famílias para o catálogo saudita provavelmente pareceu ao quartel-general da IKEA uma despesa desnecessária: talvez fosse mais simples e barato apagar digitalmente as mulheres.

O que deu errado?

Uma vez que tal prática já vinha de longa data, foi mais ou menos compreensível os diretores da IKEA terem sido pegos de surpresa pela matéria. Alguma coisa teria mudado em relação às regras do jogo que invalidava a abordagem adotada havia tempos? Nesse caso, como a empresa deixara isso passar? Em retrospecto, três fatores se uniram para criar uma tempestade perfeita.

Em primeiro lugar, embora a presença da IKEA na Arábia Saudita fosse pequena — tanto pelos padrões da empresa quanto pelos do mercado de móveis nacional —, essa região era uma prioridade de crescimento para a empresa, em especial diante da maturação de seus mercados ocidentais. Assim, o que antes era uma parte insignificante do negócio da IKEA estava de repente atraindo mais atenção no Ocidente.

Em segundo lugar, a Arábia Saudita estava mudando: desde a ascensão de um novo rei em 2005, o país vinha flertando com reformas liberais, ainda que de modo imprevisível e inconstante. Maior liberdade no acesso a computadores e à internet também significava que o que antes era um catálogo de móveis em grande medida físico, num país com muito pouco contato com o mundo exterior, era agora fácil de escanear e enviar por e-mail. E pelo menos alguns sauditas do próprio país, tanto mulheres quanto homens, sentiam não ser mais adequado a IKEA remover digitalmente as mulheres. Quando a crise explodiu em 2012, a blogueira saudita Eman al-Nafjan, famosa por desafiar tradições — como quando dirigiu um carro em junho de 2011 —, declarou à CNN: "Nós já passamos desse ponto na Arábia Saudita... Com a internet e a televisão por satélite, na verdade não há mais como apagar ou remover digitalmente as mulheres".[16]

Em terceiro lugar, e talvez o mais importante: a imagem global cada vez mais proeminente da IKEA como uma força defensora de valores progressistas — uma empresa defendia os direitos dos gays quando poucos o faziam — estava começando a ser cobrada. Quando você sinaliza para o mundo que vai ser uma força humanista, as pessoas prestam atenção, sobretudo se você for uma das maiores empresas de *lifestyle* do globo. Elas começam a esperar mais de você, sobretudo numa época em que as ideologias de alterização estão fincando raízes. Se você não estiver apto a corresponder a essas expectativas, esteja preparado para sofrer as consequências. Como explicou o jornalista de marketing Rob Gray: "Essa é a mesma empresa que nos anos 1990 veiculou um dos primeiros comerciais de TV nos EUA a mostrar um casal gay... e recebeu como resposta ameaças de bomba. Eliminar as mulheres num ato de censura com certeza não caiu bem para muitos clientes da IKEA em mercados do mundo inteiro acostumados a uma postura liberal e inclusiva da marca".[17]

Aqueles que mais se incomodaram com as ações da IKEA na Arábia Saudita foram seus consumidores liberais no mundo ocidental, que tinham passado a ver a empresa como um deles. Esse era um compromisso moral que a IKEA tinha assumido, e seu sucesso comercial se devera em boa parte por se vender como defensora da ética social escandinava, inclusive de seu liberalismo inerente.

Mas abraçar uma identidade significa assumir responsabilidades. Se a IKEA não estava pronta para as responsabilidades que vinham junto com sua identidade, ela havia se comprometido além da conta ao se tornar um símbolo corporativo dos direitos sexuais. (Por acaso foi isso que aconteceu no caso do escândalo da Disney relativo ao projeto de lei "Don't Say Gay" da Flórida.) A lição aqui é estar prevenido para o inevitável desdobramento decorrente do fato de ser uma organização socialmente responsável numa era de indignação, e então ter uma noção clara dos limites para não se comprometer excessivamente. Enquanto nos anos 1990 veicular um anúncio com casais do mesmo sexo era provocador, na década de 2010 já se esperava que uma empresa com essa imagem estivesse na vanguarda do progressismo sexual, não apenas provocadora.

Importa ressaltar que, como a IKEA é uma empresa privada, na realidade a questão das obrigações fiduciárias com acionistas dispersos não tem nenhum peso (ao contrário do caso da Disney): contanto que continue apoiada pela família Kamprad, a gestão da empresa pode decidir com base nas próprias convicções morais. E uma vez que as vendas sauditas representam uma fração diminuta das vendas globais da IKEA, e que a indignação global ocorreu na Europa (onde acontecia a maioria das vendas da IKEA em 2012), era totalmente razoável que as partes interessadas no Ocidente esperassem que a IKEA assumisse uma posição mais coerente com os próprios princípios com relação às normas de censura sauditas.

A IKEA acabou por abraçar sua identidade, reimprimiu o catálogo saudita com mulheres e, para sua surpresa, não houve efeito rebote por parte dos censores do país.

Antecipar as mudanças

É razoável uma organização ter compromissos morais — isto é, estratégias para respeitar as normas das partes interessadas — distintos em diferentes geografias e em diferentes momentos. A escala desses compromissos depende das expectativas locais e da amplitude das assimetrias de capacidade da organização. Só que as expectativas locais invariavelmente passam por mudanças, assim como os desequilíbrios de capacidade, e os compromissos assumidos num lugar num momento anterior podem vir a abalar significativamente compromissos (também em evolução) assumidos em outros lugares.

Quando a IKEA entrou na Arábia Saudita, o país era uma sociedade profundamente tradicionalista, e a presença da empresa sueca era muito pequena. Com o tempo, essa situação mudou: os sauditas esperavam mais liberdade, e da IKEA se esperava mais em termos de sua narrativa nórdico-progressista. E uma discrepância nos compromissos morais de uma organização em diferentes geografias ou comunidades não tem como se sustentar indefinidamente, em especial se essa discrepância seguir aumentando. Em algum momento, vai parecer menos pragmatismo e mais hipocrisia, e, se a organização não tiver um plano de convergência, isso causará indignação e eventuais crises. Nesse caso, a IKEA se viu involuntariamente no papel de uma força *a favor* da alterização (ao tratar tão mal as mulheres), em forte contraste com sua imagem de defensora de carteirinha do humanismo iluminista.

Para evitar que isso aconteça, as lideranças das organizações precisam se fazer três perguntas toda vez que estiverem cogitando assumir algum compromisso moral; além disso, é útil revisitar seus compromissos existentes por meio das seguintes perguntas:

- Quando você assume um compromisso moral, qual sua estratégia para honrá-lo de verdade?
- Qual sua estratégia para lidar com as mudanças de expectativa em relação a esse compromisso?
- Quais os limites desse compromisso, e de que forma eles foram comunicados às partes interessadas?

Ao fazer essas perguntas, você focaliza a atenção em como sua organização irá corresponder às expectativas dos *stakeholders* no que diz respeito a um compromisso moral, e como, à medida que as expectativas deles em relação a tais compromissos (invariavelmente) mudarem, você e sua organização planejam reagir.

Eram dois os compromissos morais em jogo no caso da IKEA: servir de exemplo dos ideais igualitários e progressistas escandinavos e respeitar as normas nacionais da Arábia Saudita. Com relação à primeira pergunta, a autenticidade da IKEA foi questionável em relação a ambos esses compromissos. Houve uma desconexão entre se apresentar como um ícone progressista em seus principais mercados e apagar digitalmente as mulheres na Arábia Saudita, e com uma conectividade maior os riscos de exposição estavam aumentando. Com relação a respeitar as normas sauditas, a desconexão entre a política do catálogo, os anúncios da IKEA na Arábia Saudita e a liberalização das normas no reino tinha ficado quase gritante.

Com relação à segunda pergunta, ficou claro que a IKEA não havia refletido sobre as consequências da mudança de expectativas. A empresa estava preparada para usar mulheres em anúncios televisivos sem levar em conta que a mudança de atitude em relação a imagens de mulheres na TV e na internet poderia significar também que ela não precisava remover digitalmente as mulheres dos catálogos impressos. Ela poderia, por exemplo, ter usado as imagens originais completas (com mulheres) nas versões on-line do catálogo, e portanto ter simplesmente transformado o catálogo saudita num catálogo on-line caso temesse que a alfândega saudita fosse confiscar os impressos. Pela mesma moeda, no que diz respeito ao compromisso mais amplo, a IKEA havia se distanciado do caráter progressista de seus principais clientes e perdera credibilidade como força protagonista na personificação das atitudes escandinavas. Além disso, clientes estadunidenses e europeus já não aceitavam tanto que as empresas abrissem exceções locais em relação a seus valores de base, e estavam mais atentos a essa possibilidade. (De fato, os clientes ficaram mais antenados com a escalada da alterização e estão dispostos a denunciar empresas que participem disso, como a Disney bem aprendeu.) Os clientes esperavam que a IKEA defendesse seus valores afirmados globalmente também na Arábia Saudita, não apenas que se ajustasse para atender às sensibilidades dos elementos conservadores dessa sociedade.

Por fim, se a IKEA tivesse encarado a terceira pergunta de maneira explícita, ela logo teria percebido não ter comunicado com clareza, se é que havia comunicado, até onde estava disposta a ir no respeito a qualquer um dos compromissos envolvidos. Isso poderia ter acarretado uma reflexão mais ampla sobre a definição desses limites.

As três perguntas também podem colaborar para a análise da decisão sobre "racismo institucional" que a diretora Cressida Dick precisou tomar no estudo de caso da Met, já analisado. Ao decidir se admitia ou não o racismo estrutural de sua organização, Dick precisava reconhecer que isso sinalizaria aos opositores indignados das abordagens com revista um compromisso da Met que a sua força de trabalho atual não tinha condições de honrar. Talvez ela soubesse que apenas assumir esse compromisso, sem ter as capacidades organizacionais de curto prazo para honrá-lo de verdade, provocaria mais indignação ainda (a primeira pergunta). Além do mais, como observei no capítulo 3, a Met já havia assumido outra obrigação moral, que remontava à sua fundação quase duzentos anos antes: o compromisso de Robert Peel com um policiamento de base comunitária. Com as mudanças demográficas em Londres e a baixa confiança no policiamento entre os londrinos BAME, Dick já tinha uma situação cujas mudanças nas expectativas em relação aos compromissos atuais (a segunda pergunta) ela não conseguia acompanhar. E, munidos dessa constatação, talvez Dick e outras lideranças de segurança pública no Reino Unido precisassem agora refletir sobre a necessidade de estabelecer novos limites para as expectativas em relação aos princípios de policiamento de Peel.

OPORTUNIDADE PERDIDA: O CASO DE "DYLAN PIERCE"

Como ocorre com as capacidades, em muitos casos, a abordagem correta dos compromissos morais é se aproximar deles como fez a Johnson & Johnson, ao pôr em primeiro lugar seu compromisso com as pessoas. O que mais acontece quando as organizações não expandem os limites de seus compromissos morais já afirmados é que elas enfrentam problemas, como ilustra um estudo de caso estilizado que escrevi inspirado na experiência de um funcionário gay de uma multinacional coreana.[18]

Dylan Pierce (nome fictício) era um funcionário exemplar da filial de San Francisco de um grande conglomerado coreano com operações e ambições importantes no setor de tecnologia B2C. A empresa havia contratado Dylan, um desenvolvedor de interface com os consumidores, porque queria diversificar sua força de trabalho majoritariamente masculina e coreana. Dylan é gay, do sexo masculino, e um estadunidense de etnia não coreana.

Ele se saiu tão bem no escritório de San Francisco que, um ano depois, perguntaram-lhe se não gostaria de se transferir para a sede, em Seul. A oferta vinha acompanhada de um substancial aumento de salário, e Dylan, que ansiava por uma experiência de trabalho internacional antes de se candidatar a uma escola de administração, aceitou e se mudou. Depois de certo entusiasmo inicial dos novos chefes com seu trabalho, ele descobriu que estava sendo deixado de fora — primeiro de reuniões com clientes, depois inclusive de reuniões internas de equipe. Dylan confrontou seu gerente, de quem recebeu o feedback muito sincero de que ele simplesmente era "gay demais". Um importante cliente da época era uma entidade com sede em Dubai, e além do desconforto do próprio gerente com Dylan, ele sentia que sua presença na equipe ofenderia o cliente.

Humilhado e abalado com seu isolamento num país estrangeiro, Dylan levou a questão ao RH da empresa, que lhe respondeu que o gerente estava agindo dentro das normas locais, e que Dylan é que não tinha se adaptado à mudança para a Coreia. Quando ameaçou abrir um processo, o funcionário leu nas entrelinhas da reação do RH que seu aumento de salário tinha a intenção de compensá-lo por quaisquer "dificuldades culturais". Na época, não havia nenhuma proibição formal de discriminação com base na orientação sexual nas diretrizes da empresa.

Dylan não tinha sofrido nenhuma discriminação quando trabalhava para a mesma empresa em San Francisco. Na verdade, a filial fora muito receptiva. Ele imaginou que o mesmo ocorreria na Coreia, pois a empresa ambicionava ser uma empregadora que abraçasse a diversidade. Para a sede, porém, ainda não era razoável que Dylan contasse com um local de trabalho onde pudesse afirmar sua identidade gay. Ao proporcionar um ambiente amistoso para os gays em San Francisco, e em seguida ao levar Dylan para a Coreia como parte de sua estratégia de diversidade no quadro de funcionários, a empresa havia transferido implicitamente as expectativas também para Seul. Só que a organização não sabia disso: ela fora lenta demais para abraçar as próprias aspirações.

Dylan imediatamente se demitiu, voltou para San Francisco e foi trabalhar em outra empresa. Mais tarde, fundou uma bem-sucedida startup. A notícia do tratamento recebido em Seul circulou entre o pessoal do Vale do Silício — conhecido por ser politicamente consciente —, prejudicando a empresa coreana. Desde então, as normas relativas à expressão de uma identidade gay na força de trabalho mudaram radicalmente, não só no Ocidente mas em escala global. Na Coreia, ser assumido e ter orgulho disso no trabalho é algo mais bem compreendido hoje do que há meros cinco anos. A empresa coreana teve com Dylan uma oportunidade de transformar sua ambição em realidade, e de ser vista como pioneira no país ao agir a partir de suas assimetrias de capacidade (como a IKEA um dia já foi), mas ela a desperdiçou, tornando-se (também como a IKEA) uma força involuntária a favor da alteração.

Após ter feito os dois exercícios propostos neste capítulo — reconhecer as assimetrias de capacidade e prever as mudanças de expectativa no contexto dos motores dinâmicos da indignação —, as lideranças deveriam ter material para construir uma estratégia alinhada com seus valores para administrar e reagir à indignação das partes interessadas. Assim elas entenderiam se suas capacidades tornam alguma ação imperativa e conseguiriam entender também como estão deixando de honrar suas obrigações morais (com frequência já afirmadas), considerando as mudanças nas expectativas das partes interessadas. Podemos agora nos debruçar sobre a etapa seguinte do processo: como operacionalizar a resposta.

5. Entender o poder da liderança

À medida que uma liderança diante de uma crise começa a entender de onde está vindo o problema e que tipo de reação é adequada e duradoura, o desafio é como fazer a organização implementar essa resposta. (Imagine os desafios que Chapek, CEO da Disney, ou Zuckerberg, CEO da Meta, enfrentam ao tentar fazer suas organizações muito diversas porem em prática qualquer resposta que julguem adequadas a seus respectivos escândalos de indignação, o "Don't Say Gay" e o Cambridge Analytica.) É preciso que a liderança avalie com tranquilidade e realismo o poder de que dispõe dentro da organização e do sistema, pois nem sempre é óbvio que uma resposta adequada a uma situação de indignação consiga o apoio dos funcionários ou um apoio mais amplo. Vimos essa situação com as reformas do IVA colombiano propostas pelo presidente Duque. Também na Met, quando a capacidade da diretora era limitada por sua necessidade de manter o moral de seus agentes, muitos dos quais consideravam essa prática uma ferramenta de policiamento restrita.

Neste capítulo, explico como as lideranças podem avaliar o poder de que dispõem e qual a melhor forma de canalizá-lo para impulsionar desfechos preferíveis, e ilustro cada ponto com estudos de caso sobre abordagens de lideranças adotadas pela diretora da rede de hospitais universitários de Oxford e pelo diretor da Autoridade de Supervisão e Informação Financeira do Vaticano, responsável por supervisionar as finanças da Igreja católica.[1] Concluo discutindo que tipo de consideração deveria influenciar a decisão de exercer poder, e os riscos que a pessoa encarregada de tomar as decisões poderá enfrentar: lideranças na era da indignação podem ter de pagar um preço por tomar as melhores decisões (pragmáticas) disponíveis em nome de suas organizações.

AS FONTES DE PODER

Estudiosos de gestão, como minha colega de Harvard Kathleen McGinn, definiram poder como o potencial de mobilizar recursos de terceiros para alcançar um objetivo específico, e identificam três categorias: poder posicional, poder pessoal e poder relacional.[2]

O poder posicional de uma pessoa vem de seu status oficial numa organização. Um general, por exemplo, pode dar ordens para oficiais subordinados e fazê-los executar determinadas ações, e a expectativa é que esses oficiais, dentro dos limites da lei, obedeçam sem questionar. Lideranças também têm poder em virtude de suas competências, de sua autoridade moral ou de outras qualidades pessoais. Uma liderança religiosa não precisa ter poder formal na comunidade para exercer um poder espiritual sobre terceiros, que pode ser usado para convencê-los a concordar com determinado curso de ação. Isso é o poder pessoal. Por fim, uma liderança consegue ter poder relacional por meio da força das redes que construiu, que podem incluir ex-colegas ou amigos de escola, pessoas que possam ter um motivo para ajudá-la a alcançar seus objetivos, seja para retribuir um favor no passado ou para fazer um favor a ser retribuído no futuro.

Inspirado por essa definição clássica de poder na gestão, desenvolvi uma categorização mais detalhada e mais aplicável ao mapeamento do poder nessa era de indignação. Como mostra a figura 5.1, distingo quatro tipos de poder: coercitivo, recíproco, emotivo e racional. *Poder coercitivo* é a capacidade de controlar as ações de terceiros por meio de um comando. Ele pode advir da autoridade hierárquica da liderança e de sua capacidade de controlar recursos escassos, como contratar, promover e demitir indivíduos (sobretudo quando os mercados de trabalho favorecem os empregadores). Ele é a fonte de poder mais básica do gestor, em especial dentro da organização, mas varia dependendo da organização e suas proteções trabalhistas: gestores em setores públicos não militares em geral têm menos poder coercitivo do que proprietários-gestores em organizações privadas.

FIGURA 5.1

Entender o poder da liderança

Este gráfico, inspirado no trabalho de teóricos como Kathleen McGinn, mostra como o poder e a influência são conceitos distintos, porém interligados. Ele também apresenta uma nova taxonomia de poder especialmente adaptada à era da indignação.

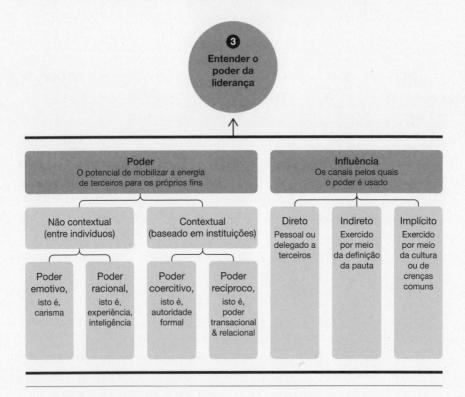

Poder recíproco deriva de contextos nos quais há troca. Ele pode ser puramente transacional, como o poder de um gerente sobre um fornecedor em troca de dinheiro, mas não necessariamente: numa rede social, não se espera uma contrapartida a cada instância de poder recíproco. Mesmo nesses contextos relacionais, contudo, o poder aumenta quanto maior a *percepção* de reciprocidade a longo prazo. Quanto mais profundo seu compromisso com o contexto da troca, maior seu poder recíproco, uma vez que laços profundos — como aqueles forjados ao longo de muitos anos, de muitas interações e muitos tipos de interação (comerciais e recreativas, por exemplo) — são mais suscetíveis de mobilizar terceiros na busca de seus objetivos.

Enquanto os dois primeiros tipos de poder se situam nos contextos empíricos das organizações e redes de contato, os dois últimos — emotivo e racional — derivam de interações entre indivíduos inclusive fora dos arranjos institucionais formais. Os filósofos separam esses dois contextos, chamados respectivamente "materialista" (da matéria) e "idealista" (da mente). *Poder emotivo* é uma forma de poder pessoal que um indivíduo pode exercer sobre terceiros e que emana, por exemplo, do seu carisma. Pais e filhos têm poder emotivo uns sobre os outros, bem como aqueles que compartilham uma mesma fé profunda. O tipo de poder que Steve Jobs tinha sobre funcionários e clientes do núcleo duro da Apple pode ser caracterizado como poder emotivo. Por fim, o *poder racional* deriva de uma explicação racional (baseada em lógica e evidências) dos objetivos e métodos da pessoa, ou então da percepção de suas competências e capacidades. Gestores muitas vezes usam poder racional ao tentar ganhar a adesão de pares bem-informados.

Esses quatro tipos de poder podem ser equiparados às quatro *upāyas*, que são abordagens das resoluções "diplomáticas" de questões (isto é, que não envolvam guerras) quando nações têm pontos de vista diferentes.[3] A primeira menção às *upāyas* foi no antigo tratado em sânscrito *Arthashastra*, considerado o guia definitivo sobre política de poder internacional para quem julga até mesmo *O príncipe* de Maquiavel demasiado brando. As *upāyas*, que se supõem terem sido escritas cerca de 2300 anos atrás por Kautilya, um filósofo-professor que ajudou a criar o maior império da Índia antiga, são hoje ensinadas na academia militar estadunidense de West Point.[4] São elas: *danda* (ameaças), *dāna* (compensação), *bhéda* (jogos mentais) e *sāma* (razão), que mais tarde percebi serem manifestações estilizadas no contexto da política internacional, respectivamente, dos poderes coercitivo, recíproco, emotivo e racional.

Para entender o valor dessa classificação do poder, examino um estudo de caso do qual fui coautor para a Blavatnik School sobre Meghana Pandit, diretora da rede de hospitais universitários de Oxford (OUH, na sigla em inglês), que enfrentou, e geriu com elegância, uma possível rebelião de médicos logo no início da pandemia de covid-19.[5]

Administração da pandemia nos hospitais da Universidade de Oxford

Em 17 de março de 2020, o mundo começava a entender as prioridades da pandemia. A incerteza em relação ao vírus e seus efeitos fazia com que os governos criassem involuntariamente mais confusão ao criar diretrizes por vezes contraditórias e parciais.

Nesse contexto, o governo do Reino Unido emitiu uma nota à imprensa anunciando que as cirurgias eletivas continuariam a ser realizadas pela rede de hospitais públicos do país, inclusive a OUH, a fim de evitar um imenso gargalo de procedimentos quando a pandemia cedesse. Nesse momento, porém, com o medo da escassez de EPIs (equipamento de proteção individual) para as cirurgias e uma ansiedade profunda relacionada ao vírus, tudo vivenciado dentro de um contexto geral de indignação, alguns cirurgiões da OUH expressaram preocupações, argumentando que a ordem do governo os punha em risco, assim como a suas equipes e familiares. Argumentaram, no calor da incerteza, que se equipes inteiras adoecessem seria contraproducente para a administração da pandemia. Pandit, que chefiava todos os profissionais de medicina da rede, precisou decidir se fazia cumprir a ordem ou se punha em risco o próprio cargo tomando o partido de seus cirurgiões.

Os hospitais da OUH são alguns dos principais hospitais-escola e de pesquisa do mundo, e lá trabalham alguns dos melhores profissionais do ramo. No entanto, assim como muitos integrantes do sistema nacional de saúde da Grã--Bretanha (NHS, na sigla em inglês), a rede entrava na pandemia numa situação um tanto comprometida, abalada por vários motores de indignação. Do ponto de vista sistêmico, os hospitais públicos da Inglaterra estavam penando para administrar as consequências do Brexit. Eles haviam se apoiado nos imigrantes da Europa para suprir necessidades críticas de mão de obra, além de terem vínculos complexos com arranjos de financiamento provenientes da União Europeia, em especial com relação à pesquisa. Pós-Brexit, essas torneiras haviam secado abruptamente. O governo, um pouco à deriva do ponto de vista fiscal na esteira de uma desaceleração econômica provocada pelo Brexit, tampouco tinha conseguido prover o apoio necessário a seu sistema de saúde pública, o que significava que os salários dos funcionários de uma mão de obra altamente móvel não estavam acompanhando os competitivos níveis internacionais. Tudo isso contribuía para o sentimento de que tanto o NHS quanto os pacientes atendidos pelo sistema tinham sofrido uma injustiça. Mesmo assim, também se esperava que o NHS pudesse mitigar alguns dos temores da Grã-Bretanha em relação ao futuro, como cumprir metas ambiciosas de descarbonização, considerando o papel preponderante do setor de saúde na mudança climática.

Além disso, como se não bastassem esses motores sistêmicos de indignação para deixar os nervos à flor da pele, a rede OUH também tinha seu justo quinhão de focos de pressão específicos.

Em 2018, por exemplo, a rede havia relatado oito *never events* ("acontecimentos nunca") — ocorrências de falhas de segurança críticas, como errar o local de uma cirurgia, que *nunca* deveriam acontecer. As enquetes entre os funcionários revelaram muito orgulho quanto ao desempenho individual, mas também falta de trabalho em equipe, a percepção de que a administração não dava suporte aos funcionários quando erros eram cometidos, e a tendência tanto à aversão a riscos quanto à desconsideração dos processos de gerenciamento de risco. A Care Quality Commission, que avalia a qualidade do atendimento de saúde no Reino Unido, classificara a rede como "necessitando melhorias".

Foi nesse contexto que o conselho da OUH nomeou Pandit como diretora, no início de 2019. A decisão envolveu muitas estreias: era a primeira mulher, a primeira pessoa não branca e a primeira não britânica a ocupar o cargo. Como ex-diretora da rede de hospitais universitários de Coventry & Warwickshire, era uma relativa forasteira no corpo docente um tanto insular de Oxford, instituição de elite com tradição de formação e manutenção de talentos, e que se considera mais uma exportadora do que uma importadora de lideranças. Por todos esses motivos, Pandit não era a escolha "previsível" para chefiar o corpo médico de Oxford.

Ao longo de 2019, sua preocupação fora reorientar gradualmente a cultura da OUH na direção da segurança e da satisfação dos pacientes, do aprendizado a partir dos erros e da construção de confiança na administração, enquanto preservava e promovia a cultura de experimentação e pioneirismo em pesquisa. Embora os primeiros resultados desses esforços, no início de 2020, sugerissem avanços (os "acontecimentos nunca" caíram de oito para dois), o trabalho estava longe de ter sido concluído quando a pandemia começou. A OUH, assim como o NHS de modo mais geral, estava vivenciando de forma intensa o que significava funcionar numa era de indignação.

A crise da covid-19 atingiu em cheio a OUH, exigindo de Pandit e equipe decisões num prazo curto quanto a questões que iam de cancelar folgas a montar a grade de plantões, garantir a segurança dos funcionários, contornar a falta de equipamentos e EPIs, alocar enfermarias, testar e triar pacientes, proteger os pacientes não infectados, desenvolver parcerias com hospitais externos ao sistema. Em certo momento, sua caixa de e-mails recebia cem mensagens novas a cada meia hora. Foi em meio a esse furacão de demandas que aterrissaram as preocupações dos cirurgiões.

Como ela deveria responder?

Pandit sabia que tinha um poder coercitivo imenso, pois era a "oficial responsável" por todo o corpo médico da OUH e, portanto, tinha a palavra final. Além disso, presidia o Covid Response Steering Group da OUH [grupo diretor de resposta à covid da OUH], o que lhe dava um amplo poder de decisão. Aplicar a ordem do governo competia a ela, que também tinha certo poder racional: como médica e colega dos aflitos cirurgiões, era capaz de explicar a ordem do governo do ponto de vista da saúde pública, mas estava consciente dos riscos envolvidos (embora eles não estivessem claros para ninguém), e também do contexto hipocrático dentro do qual se esperava que a rede operasse. Mas ela não tinha poder emotivo: por ser relativamente recém-chegada e externa ao network composto em sua grande maioria pela velha guarda dos médicos de Oxford, era pouco provável conseguir mobilizá-los se valendo de uma retórica acalorada. Ela também carecia de poder recíproco do tipo transacional: a OUH não podia estabelecer salários nem bônus, os quais eram em grande parte determinados por grades de salário nacionais que estavam estagnadas. Seu poder relacional recíproco também era fraco. Com apenas um ano no cargo, seus esforços para mudar a cultura da rede ainda eram incipientes: se a pandemia tivesse ocorrido três anos mais tarde e a transformação cultural tivesse prosseguido a contento, Pandit provavelmente teria tido muito mais poder recíproco do tipo relacional profundo ao qual recorrer para confrontar a ameaça de greve.

É interessante notar que, quando examino esse caso, em especial em contextos de cursos para executivos, alguns participantes consideram que o problema tem uma solução óbvia. Quando apresentei o caso para um grupo de médicos militares, por exemplo, os participantes não foram capazes de entender por que havia qualquer controvérsia. O governo tinha dado uma ordem, e para eles estava claro, no contexto da pandemia, que a obrigação de Pandit era mandar os cirurgiões acatá-la; segundo eles, os cirurgiões estavam em vias de fazer um motim.

Mas Pandit relutou, reconhecendo que os custos de aplicar a ordem eram consideráveis. Para começar, solucionar essa crise por meio da coerção tinha o risco de comprometer a transformação cultural que fora sua atribuição original e que ela iniciara com sucesso. O objetivo final dessa transformação é uma organização na qual o que move as decisões são os valores comuns e a confiança mútua entre administração e funcionários, não ordens vindas de cima; uma organização na qual todos possam recorrer a reservas profundas de poder recíproco com base nos relacionamentos.

Além disso, talvez ainda mais crítico: Pandit percebeu que a pandemia acarretaria muitas crises que lhe demandariam exercer poder coercitivo, e sabia que líderes que se baseiam em avançar suas pautas à força correm o risco de perder a confiança das pessoas, o que punha em risco todo o seu mandato. O que acontece nesse caso é que cada uso de poder coercitivo mina tanto o poder relacional (aqui, a confiança) quanto o emotivo (isto é, forçar as pessoas a fazer algo torna mais difícil inspirá-las a fazer outras coisas). Em determinado momento, o exercício de poder coercitivo se revelará um erro de cálculo, ou então poderá haver consequências indesejadas. Por exemplo: um cirurgião que estivesse operando um paciente com covid-19 na OUH poderia contrair a doença e sem querer infectar um paciente idoso, que consequentemente morreria. O cirurgião poderia muito bem culpar Pandit por esse desfecho, gerando uma publicidade negativa que poderia fazer com que as pessoas que Pandit precisava liderar se voltassem contra ela.

Esse cálculo ilustra um aspecto importante do poder coercitivo: em muitas organizações, ele é uma fonte de poder finita, vistos os riscos de sua aplicação. Outras formas de poder podem ser renovadas mais facilmente. Se você usa o apoio de suas relações, pode renovar essas reservas apoiando terceiros quando necessário. Pode também aumentar sua competência e sua capacidade de se conectar emocionalmente. Só que, na maioria das organizações, as pessoas que você coage não apreciam essa experiência, e por esse motivo lideranças inteligentes tratam seu poder coercitivo como um trunfo não renovável a ser usado com parcimônia. Isso não é uma verdade que se aplica a todas as organizações: nas militares ou em algumas de natureza religiosa, o poder coercitivo é a norma e é respeitado. Espera-se que superiores hierárquicos emitam ordens. Mesmo nesses contextos, porém, repetidos erros de julgamento ao dar ordens geram riscos para uma liderança.

Pandit, claro, não estava numa organização militar nem religiosa. Ela trabalhava num ambiente de aprendizado e cura, que devia promover tanto segurança quanto inovação. Consequentemente, sabia que precisava ser parcimoniosa em seu poder coercitivo num contexto em que talvez precisasse dele mais tarde. No entanto, como este era sua principal fonte de poder, como faria para não usá-lo? Isso nos leva ao elemento seguinte a ser considerado em seu processo decisório como liderança.

OS CANAIS DE PODER

Além do mapeamento espacial e temporal do poder, agir nessa era de indignação exige dos gestores uma avaliação de sua influência. Enquanto o poder se define como o potencial de mobilizar energia de terceiros para os próprios fins (figura 5.1), influência é *como* você desfruta de tal poder.[6] Psicólogos organizacionais já escreveram muito sobre ela, mas aqui podemos classificar suas conclusões em três perguntas que os gestores devem se fazer em sequência:

1. Tenho como exercer meu poder por meio de crenças comuns?
2. Exerço meu poder definindo prioridades?
3. Exerço meu poder por um engajamento direto (meu ou de meus agentes)?

A teoria por trás dessas perguntas é que em geral os gestores têm três formas de influência (inclusive para tomar decisões relacionadas a contratações e promoções): conseguir que as coisas sejam feitas implicitamente por meio da cultura da organização; indiretamente por meio do controle da pauta; e explicitamente por um engajamento direto (dele ou de outros agindo em seu nome).

A primeira abordagem costuma ser preferível à segunda e à terceira, pois obter desfechos por meio de crenças comuns na verdade pode aumentar o poder, enquanto as outras alternativas podem erodi-lo. Usar a pauta (segunda abordagem) como um modo de sinalizar decisões é uma tática um tanto passivo-agressiva, pois sinaliza às pessoas não priorizadas pela pauta que suas preocupações importam menos do que a dos outros, erodindo assim o (potencial) poder emotivo e recíproco. O exercício de poder coercitivo (terceira abordagem) nega implicitamente poder de ação às pessoas que você está coagindo, o que reduz esse poder. A influência por meio de crenças comuns, por sua vez, reforça essas crenças, aumentando tanto o poder emotivo da liderança (que pode tornar a recorrer aos colegas no futuro com uma probabilidade de sucesso ainda maior) quanto seu poder recíproco (por definição, o poder relacional aumenta quando crenças em comum são reforçadas).

No caso de Pandit, se sua transformação cultural estivesse mais avançada, talvez ela tivesse podido responder afirmativamente à primeira pergunta: os cirurgiões não teriam sequer ameaçado se rebelar, já que estariam mais confiantes na defesa de seus interesses por parte da administração e mais preocupados com o bem-estar dos pacientes. Mas não temos como escolher quando as crises irão acontecer, de modo que Pandit precisou examinar um pouco mais a lista de perguntas, uma vez que as "crenças em comum" ainda eram um trabalho em andamento.

E a segunda abordagem? Além das preocupações dos cirurgiões, Pandit tinha muito a resolver em março de 2020, como montar e isolar enfermarias; treinar os profissionais para efetuar a triagem dos pacientes e decidir quem teria acesso aos respiradores e leitos de CTI; determinar quais departamentos do hospital teriam acesso às máscaras de proteção e aos testes de covid-19; estabelecer políticas de folga para garantir uma equipe sempre renovada capaz de lidar com o aumento de pacientes, e assim por diante. Ao privilegiar essas questões em detrimento das preocupações dos cirurgiões, ela poderia ter implicitamente lhes transmitido uma decisão. Mas fazer isso poderia muito bem ter afastado um contingente cujo apoio era essencial para a administração da pandemia, bem como para seu projeto de transformação cultural mais a longo prazo.

Isso deixava a terceira alternativa: exercer explicitamente seu poder pelo engajamento direto. Mas ela decidiu fazer isso de um jeito ponderado, reconhecendo que não queria usar seu poder coercitivo e que dispunha de um poder relacional limitado. Assim, em vez de agir pessoalmente, ela resolveu, um tanto para a surpresa de alguns à sua volta, agir por intermédio dos próprios cirurgiões. Fez isso lhes pedindo para decidir como lidar com a situação, empoderando-os, transformando-os em seus agentes. Foi uma aposta arriscada, mas deu certo: levando em conta o poder coercitivo considerável de sua diretora, os cirurgiões logo reconheceram que suas preocupações eram apenas marolas num mar que ia ficando cada vez mais revolto. A decisão de Pandit também a ajudou a aumentar seu poder recíproco para o futuro. Os médicos valorizaram a oportunidade de serem os tomadores de decisão numa situação que sentiam apresentar altos riscos pessoais; eles agora se sentiam mais à vontade para ver Pandit como sua facilitadora e líder.

Mais adiante volto a algumas lições suplementares que podem ser depreendidas desse caso, mas examinemos outro exemplo de como o poder é operado no contexto de fatores de indignação mais abrangentes.

Definindo a pauta de reforma financeira do Vaticano

Uma aplicação inteligente do segundo canal de poder — isto é, por meio do controle da pauta ou das prioridades — com a qual me deparei em dezenas de estudos de caso foi a situação de René Brülhart, antigo diretor da Autorità di Informazione Finanziaria, a agência reguladora fiscal do Vaticano que supervisiona as operações do Banco do Vaticano e grande parte de suas finanças. (Fui coautor desse estudo para a Blavatnik School, quando a instituição era conhecida pela sigla AIF;[7] desde então ela foi renomeada ASIF, sigla que adoto aqui.) Brülhart tinha pouquíssima capacidade para se valer do primeiro canal e algumas restrições em relação ao terceiro, mas ainda assim conseguiu usar seu poder para dar conta da tarefa (imediata).

Em 2012, por volta da época em que esse estudo de caso foi montado, o Banco do Vaticano prestava serviços financeiros para indivíduos e instituições afiliados da Igreja na cidade do Vaticano e no restante do mundo, administrando quase 5 bilhões de euros em ativos para cerca de 18 900 clientes. O banco era, havia tempos, um foco de controvérsia para a Igreja — na memória recente, talvez ficasse em segundo lugar, atrás dos casos de abuso infantil por parte de religiosos. Na década de 1980, por exemplo, Roberto Calvi, banqueiro italiano com vínculos estreitos com o Vaticano, foi encontrado morto por enforcamento debaixo da ponte londrina Blackfriars. Até a véspera, ele era presidente do Banco Ambrosiano, que acabara de falir na esteira de um escândalo político. Correspondências revelaram que o Banco do Vaticano e o Banco Ambrosiano tinham se envolvido em transações ilegais, e em 1984 o primeiro havia pagado 224 milhões de dólares para 120 credores do segundo, reconhecendo "envolvimento moral" na falência da instituição.[8]

Apesar das consequências duradouras desse escândalo, a governança no Instituto para Obras de Religião (o nome formal do Banco do Vaticano, IOR) seguiu duvidosa. Em 2010, reguladores estadunidenses e europeus ameaçaram excluir o banco do sistema financeiro internacional (sua má governança o tornava um canal potencial para financiamento do terrorismo), e por isso o papa Bento XVI criou a Autoridade de Supervisão e Informação Financeira da Santa Sé, hoje conhecida como ASIF.

Mesmo com a criação dessa entidade, inicialmente presidida por um sacerdote de alto escalão, na prática o IOR continuou em grande medida sem supervisão. Então, em julho de 2012, o Moneyval, comitê de combate à lavagem de dinheiro e ao financiamento do terrorismo do Conselho da Europa, publicou um relatório (produzido, vale dizer, a "pedido" do papa) criticando os protocolos do IOR para administrar transações suspeitas.[9] O relatório afirmava que a Santa Sé não cumpria ou cumpria parcialmente sete dos dezesseis critérios essenciais: as "regras do [Banco do] Vaticano para investigações sobre clientes, transferências bancárias e relatos sobre transações suspeitas eram insuficientes", e concluía dizendo que à ASIF carecia autoridade legal e independência para supervisionar e sancionar as instituições financeiras do Vaticano.[10]

Tudo isso foi um tremendo constrangimento para a Santa Sé, instituição que supostamente deveria ser um baluarte de moralidade humana, e que já estava sendo alvo de significativa indignação por sua má condução dos casos de abuso infantil por padres. Mesmo alguns de seus mais leais defensores questionavam abertamente a Igreja, conforme ia ficando claro que sacerdotes de alto escalão conheciam e acobertavam atos hediondos, alguns dos quais lhes diziam respeito; em outros casos, eles apenas transferiam os acusados para outras jurisdições, onde podiam voltar a cometer crimes.

Então, na temporada de Natal de 2012, poucos meses após o relatório do Moneyval, o Banco da Itália suspendeu o uso de cartões de crédito e débito na Cidade do Vaticano, em meio a receios de que o IOR ainda não tivesse cumprido as regras bancárias internacionais. Foi um golpe financeiro gigantesco, uma vez que as lojas e museus do Vaticano — cerca de 120 pontos de venda — dependiam desse sistema bancário digital, e suas receitas representavam uma grande fração da renda operacional da Igreja.[11] A medida transformou o Vaticano numa sociedade que operava apenas com dinheiro vivo no auge da temporada de romeiros e turistas. "Se você quisesse ir aos museus, não conseguia reservar os ingressos pela internet", comentou um agente do Vaticano.[12]

Por volta da mesma época, vários oficiais graduados do Banco do Vaticano, entre eles o presidente Gotti Tedeschi, um leigo, subitamente pediram as contas ou foram demitidos, aumentando ainda mais as especulações sobre possíveis improbidades financeiras. Investigadores do governo italiano então acusaram um prelado graduado de ter violado o sigilo de sua conta bancária no IOR para operar um esquema paralelo de contrabando de dinheiro internacional para clientes ricos. Frustrados com esses acontecimentos, vários bancos internacionais congelaram as contas correspondentes que mantinham para o Vaticano. Naquele momento, funcionários e sacerdotes que tivessem conta no IOR não podiam sequer transferir dinheiro para outros bancos, e só podiam retirar dinheiro vivo nos escritórios do próprio Banco do Vaticano.[13]

Diante dessa crise, o papa Bento XVI finalmente buscou fora do Vaticano alguém capaz de destrinchar a confusão, e em novembro de 2012, antes de sua repentina abdicação, nomeou como diretor da ASIF o advogado suíço especializado em finanças René Brülhart. Pouco depois, o papa Francisco, sucessor de Bento, tornou-se o chefe de Brülhart. Ao que consta, os novos poderes da Igreja deram então ao diretor uma instrução simples: ele precisava poupar o Banco do Vaticano do constrangimento de ser excluído do sistema bancário internacional, mas sem prejudicar a reputação da Igreja. Dito de modo mais cru: se houvesse algum fundamento nos boatos de que o IOR estivesse possibilitando atividades criminosas, isso precisava ser interrompido, mas com discrição.

As competências de Brülhart em matéria de governança financeira eram consideráveis. Ele fizera sua reputação reformando o setor bancário na pequena nação de Liechtenstein, também já incluída numa lista negra por não cumprir os padrões internacionais para evitar lavagem de dinheiro. Além disso, construíra uma reputação de especialista em criminalística financeira ao ajudar a revelar um escândalo na Siemens envolvendo suborno de agentes do governo, e chegara a ajudar a rastrear e devolver o jato particular de Saddam Hussein ao novo governo do Iraque em 2005. Essas conquistas tinham lhe valido o respeito de seus pares e lhe dado credibilidade internacional.[14]

Em termos de nossa estrutura de poder, é fácil ver que Brülhart em princípio dispunha potencialmente de uma reserva de poder racional em virtude da sua experiência em lidar com uma reforma regulatória. Mas o poder racional que poderia ter tido algum peso em Liechtenstein agora tinha um valor limitado, visto que as pessoas que ele teria de motivar — sacerdotes graduados da Igreja católica — diziam responder perante Deus, não perante quaisquer leis de lógica jurídica criadas pelos sistemas bancários estadunidense e europeu.

Da mesma forma, ele dispunha de quase zero poder emotivo — mesmo sendo católico, sua personalidade exuberante e estilo carismático pouco significavam para esse novo público. Por fim, como completo forasteiro no Vaticano — e na Itália como um todo —, ele não tinha quase nenhum poder recíproco, nem do tipo transacional, nem do tipo relacional. Em teoria, na condição de diretor da ASIF, Brülhart tinha poder coercitivo para obrigar o IOR a cumprir os regulamentos europeus, estadunidenses e de outros países, pois fora nomeado diretamente pelo papa, cuja palavra no Vaticano era lei, o que na essência significava uma monarquia absoluta.

Brülhart deveria fazer o que fosse necessário para o banco cumprir os regulamentos, mas também deveria atuar de modo a não prejudicar mais ainda a reputação da Igreja, já minada por escândalo e indignação. Nisso residia o seu problema. Muitos indícios já sugeriam que o banco estivesse envolvido em transações financeiras questionáveis, algumas das quais envolvendo agentes graduados do Vaticano. No início de 2012, o mordomo pessoal do papa Bento XVI fora preso por vazar cartas e documentos confidenciais para jornalistas italianos. Esses documentos, chamados "Vatileaks", haviam revelado que agentes do Vaticano que tentavam acabar com a corrupção eram escanteados ou removidos de seus cargos. Os vazamentos também tinham alimentado suspeitas já antigas de uma possível lavagem de dinheiro envolvendo a máfia.

As consequências do escândalo dos Vatileaks complicaram mais ainda a relação já abalada entre o clero e os profissionais de finanças no Banco do Vaticano. Em maio de 2012, o presidente Tedeschi foi removido do conselho do banco por votação unânime, acusado de falhas pessoais e profissionais, entre as quais comparecer ao escritório apenas dois dias por semana. Os documentos vazados, porém, sugeriam outro motivo para sua demissão.[15] Quando outro banco, o JPMorgan Chase, havia requisitado informações do IOR sobre determinadas transações, Tedeschi apoiara a iniciativa, ao passo que outros no Vaticano, não. Segundo a revista *The New Yorker*, Tedeschi teria perguntado numa reunião do conselho: "Por que não compartilhar nossos registros? Como quem diz 'Não temos nada a esconder, certo?'".[16] Pouco depois ele foi mandado embora.

Nem toda oposição a cumprir as regras tinha por base um desejo de encobrir transações duvidosas. O IOR fora fundado em parte para proporcionar alguma segurança e independência financeira às operações da Igreja no exterior, e a capacidade do banco de operar além do alcance dos regulamentos financeiros globais às vezes lhe permitia promover a missão humanitária da Igreja de forma decisiva. Durante a Guerra Fria, por exemplo, o papa João Paulo II o usou para contornar restrições nacionais ao financiamento do movimento polonês Solidariedade.[17] Da mesma forma, o banco apoiou financeiramente grupos anticomunistas em muitas partes do mundo, entre elas Nicarágua, Honduras e Cuba.[18] E seu status extrajudicial também teria ajudado a financiar a resistência contra o nazismo durante a Segunda Guerra Mundial. Infelizmente, nem sempre era fácil estabelecer limites entre essas transações morais "não reportadas" e outras mais questionáveis. Tampouco era provável que Brülhart, um simples leigo, conseguisse fazer quaisquer mudanças na cultura do Vaticano em relação a essas transações financeiras. Sucessivos papas haviam tentado e fracassado, e até hoje há boatos de que o papa João Paulo I foi envenenado pela máfia para impedi-lo de instaurar uma investigação sobre a administração das finanças da Igreja.[19]

Nesse contexto, o poder coercitivo formal de Brülhart era portanto extremamente limitado. E suas opções de influência? A cultura dominante no IOR, que Brülhart não tinha como mudar, em geral apoiava a opacidade relacionada a transações financeiras que ele lutava para eliminar, ou seja, ele não podia usar nenhuma crença compartilhada. Operar por intermédio de terceiros também era impossível, pois ele próprio era o agente do papa, e ninguém na organização teria se disposto a atuar como seu agente dado seu poder coercitivo limitado. Mas o que ele podia fazer, como ficou claro, era definir uma pauta.

Numa série de entrevistas para a imprensa, Brülhart assumiu compromissos de que os processos financeiros do Vaticano cumpririam as normas internacionais, com atenção redobrada às falhas apontadas pelo relatório do Moneyval em 2012. Ele se comprometeu a, até determinada data, fornecer aos reguladores internacionais os detalhes das contas dos clientes do IOR. Ao conceder essas entrevistas, e posteriormente publicar relatórios anuais, ele se manteve dentro dos termos de sua responsabilidade: certamente não era constrangedor para o Vaticano se comprometer com o respeito às leis bancárias internacionais, e Brülhart tinha autoridade para assumir tais compromissos na condição de regulador do IOR nomeado pelo próprio Vaticano. O que os compromissos fizeram, porém, foi pôr a responsabilidade de gerar constrangimento para a Igreja nos ombros dos clientes cujas ações estavam forçando o banco a não cumprir as regras. Se as contas submetidas aos reguladores atraíssem a atenção destes e da polícia, a responsabilidade pelos eventuais ilícitos seria dos titulares em questão.

Brülhart havia encontrado uma solução factível para que o banco voltasse a integrar o sistema internacional sem constranger a Igreja. Com efeito, seus compromissos públicos nas coletivas à imprensa forçaram quaisquer contraventores no IOR ou a regularizar suas operações, ou a praticar suas contravenções em outro lugar. Suas entrevistas eram de uma franqueza reconfortante (e seus relatórios acessíveis e completos), mesmo quando o progresso era modesto: "Não estou aqui para dizer que tudo está ótimo e perfeito", ele teria admitido em maio de 2013.[20] Sua atuação deixou claro para os parceiros suspeitos do banco que o Vaticano dali em diante assumia o compromisso de respeitar à risca a transparência financeira, e jogaria às feras (isto é, aos procuradores estadunidenses) qualquer um, por mais importante que fosse, que não cumprisse as regras financeiras internacionais.

A aposta deu certo, e em 2014 até o Moneyval reconheceu o progresso do Banco do Vaticano, que agora abraçava por completo as regras bancárias globais. Na sequência, o Conselho Europeu de Pagamentos aceitou o Vaticano na zona do euro, decisão que tornava os pagamentos internacionais em euro de e para a Santa Sé tão fáceis quanto transferências domésticas. Em 2014, o papa Francisco promoveu René Brülhart de diretor a presidente da ASIF, fazendo dele, para todos os efeitos, o presidente do Banco Central do Vaticano.[21] Pelo que consta, é o cargo mais alto ao qual um leigo jamais foi nomeado.

PESAR OS RISCOS

De diferentes formas, os exemplos até agora ilustram até que ponto o papel da liderança é pouco invejável em organizações que precisam lidar com os desafios da era da indignação. Para começar, como já disse, quase nunca existe uma solução completa. O melhor desfecho pelo qual uma liderança pode torcer é *algum* avanço.

Em alguns casos, a liderança de uma organização não consegue fazer sequer isso. O mais notável no exemplo da Met (capítulo 3) é que a diretora da corporação, Cressida Dick, dispunha de bastante poder organizacional de todos os tipos. Devido a seu cargo no topo de um hierarquia de comando, seu poder coercitivo era considerável, embora, como no caso de Meghana Pandit da OUH, o exercício desse poder com o objetivo de mudar a cultura de uma organização não fosse indicado. Devido à sua carreira na Met, ela também tinha poder recíproco de sobra, pelo menos do tipo relacional, e algum poder racional e emotivo. Em muitos aspectos ela era uma força extremamente popular dentro da instituição, e, ao deixar o cargo de diretora em 2022, a consternação na corporação foi geral.[22] No entanto, mesmo com todo esse poder, seu escopo para exercê-lo era limitado. A Met já sofria com escassez de agentes, e seu poder de negociação com agentes menos graduados era tenso. Além disso, ela fazia parte do problema: alguns ativistas a viam como traidora dos valores liberais que, como mulher gay, esperava-se que defendesse; no entanto, se ela tivesse optado por uma pauta mais ativista, alguns a teriam considerado uma traidora dos valores tradicionais da corporação (ironicamente, um chefe da polícia do sexo masculino e branco teria sido menos alvo de suspeita). Em suma, qualquer liderança teria corrido o risco de perder a confiança de seus subordinados se houvesse tentado forçar uma reforma agressiva, o que limitava sua capacidade de exercer seu poder.

No que diz respeito a canalizar poder, como a crise de Dick era um problema de cultura, qualquer influência precisaria passar pela definição de uma pauta ou do exercício de poder coercitivo, quer por ela própria ou por algum agente. Com o caminho coercitivo excluído por ser insustentável, a definição de uma pauta era potencialmente o único canal pelo qual ela poderia exercer poder. Mas a mudança de cultura já era uma prioridade para a Met; não havia muito que ela pudesse fazer para ser percebida como dando mais prioridade ainda a essa mudança. Assim, ela se viu diante da escolha entre aceitar as demandas para aplacar os críticos — pelo menos momentaneamente — e o rótulo de racismo institucional para a corporação, ou proteger a transformação que iniciara defendendo em público seus agentes de uma indignação imediata. Ela também poderia ter calculado que ceder às demandas dos ativistas talvez só fosse aumentar suas expectativas de mudança, preparando o terreno para futuros confrontos com ambos os lados. Uma alternativa teria sido suspender as abordagens com revista até nova avaliação, mas isso teria privado os agentes de uma ferramenta considerada valiosa no combate ao crime, o que teria o potencial de aumentar a violência e provocar a ira de outros cidadãos.

Qualquer decisão de Dick seria uma aposta, e toda aposta envolve riscos. Ao rejeitar o rótulo de racismo institucional e defender as abordagens com revista, ela aumentaria a percepção de alguns de que ela própria era parte do problema. Ao fazer isso, arriscou ser usada como bode expiatório por seus chefes políticos no caso de outra crise. O que de fato aconteceu na esteira do estupro e assassinato da jovem Sarah Everard por um policial da ativa da Met. Esse crime, somado ao modo como a polícia lidou com os processos dele decorrentes, exacerbou as já intensas críticas à cultura policial e à aparente incapacidade da Met de mudar, resultando por fim na renúncia de Dick. Fossem quais fossem as atenuantes, escândalos demais aconteceram em sua gestão, ainda que a cultura da Met pudesse ter apresentado uma lenta melhora.

René Brülhart também pagou por suas decisões na crise do Banco do Vaticano em 2013. Ao contrário de Dick, ele solucionou o problema imediato — a exclusão do banco do sistema bancário internacional —, isso sem um constrangimento maior para o Vaticano. Foi recompensado com uma promoção que em teoria aumentava seu poder coercitivo. O que talvez se desconhecesse, porém, era o poder relacional daqueles no Vaticano que ele "incomodou" com suas reformas: esses agentes continuariam vivos para revidar num outro dia, uma vez que é improvável o Vaticano ser o tipo de lugar no qual os advogados suíços laicos podem reinar para sempre.

Em 2022, para surpresa de muita gente, incluindo a minha, Brülhart foi processado num tribunal do Vaticano por ter permitido, em 2018, uma transação corrupta em nome do secretariado de Estado do Vaticano, para o qual, além do seu papel de diretor da ASIF, ele teria agido como consultor financeiro remunerado. A transação se referia à compra de uma propriedade no valor de 350 milhões de euros no West End londrino, que o secretariado, conforme se soube, superfaturou em estimados 33%. A investigação revelou que o cardeal Angelo Becciu, na época um dos sacerdotes mais graduados do Vaticano e amigo pessoal do papa Francisco, tinha ajudado tanto a organizar a compra quanto a conseguir aprovação do secretariado (onde ocupara o cargo de secretário-assistente até 2018) para a transferência de valores a diversas entidades ligadas à negociação. As acusações contra Becciu foram de enriquecimento ilícito e de corrupção, mas as contra Brülhart foram de negligência em seu cargo. No julgamento, ele declarou não ter qualquer autoridade real sobre a transação, por esta ter sido aprovada e incentivada na mais alta esfera do Vaticano, envolvendo tanto o cardeal secretário de Estado quanto o próprio papa. O envolvimento de Becciu nesse e em outros escândalos resultou em sua expulsão da Igreja e demissão. Mas a saia-justa jurídica de Brülhart continua, e, considerando-se que ele implicou o papa Francisco, é improvável qualquer tribunal do Vaticano chegar a uma decisão definitiva enquanto o papa atual continuar no cargo.

Independentemente de quem estiver certo, é bastante plausível ver como o envolvimento de Brülhart permitiu ao clero desacreditar as reformas que ele conduziu no IOR. Alguns desses clérigos talvez considerem o processo um castigo adequado para o forasteiro que teve a audácia de perturbar a longeva independência e o status extralegal do banco. Com seus esforços para fazer o Vaticano voltar a integrar o sistema internacional, Brülhart terá feito inimigos que decerto ficariam felizes em ter um supervisor menos capaz. Com a vantagem da visão retrospectiva, ele talvez concluísse que seu único erro foi continuar na Santa Sé após fazer o IOR voltar a cumprir as normas internacionais.

Tanto o caso da Met quanto o do Vaticano demonstram como decisões nessas crises podem expor as lideranças a sério risco. Por que, então, Meghana Pandit da OUH saiu fortalecida de sua crise (ela foi promovida de diretora a CEO da OUH), ao passo que esses outros líderes saíram enfraquecidos? Parte da resposta, no caso de Dick, é que sua transformação estava progredindo com demasiada lentidão. Para a Met, as acusações de racismo estavam em rota de colisão com acusações de não proteger a população de atividades criminosas. Dois conjuntos de valores haviam entrado em conflito, os quais não deveriam estar nessa situação, ou seja: o desafio de transformação que Dick tinha pela frente era muito maior. Além do mais, como ela mesma comentou comigo, existe algo na segurança pública que a distingue bastante de outros contextos de liderança, porque ela se encontra "no meio das disputas da sociedade, com frequência nos piores momentos". A segurança pública "tem alto impacto, alta visibilidade, e é sempre alvo de contestação", ela explicou. Visto sob esse viés, parece plausível que a prioridade de Dick tenha sido proteger o processo, por mais lento que fosse, e se necessário se oferecer como bode expiatório para facilitar o avanço de seu sucessor. (Em relação a isso, vale a pena observar que seu sucessor também evitou o rótulo de racismo institucional.) Isso ilustra tanto o fato de quem toma a decisão ser parte do problema quanto, por extensão, a probabilidade de a liderança talvez precisar ser sacrificada para o avanço poder continuar.

A diferença entre Pandit e Brülhart era de outra ordem. Brülhart nunca teve a obrigação, e muito menos o poder, para mudar a cultura do Vaticano — pode-se dizer que nem o papa tem esse tipo de poder. Sua reação à crise, portanto, precisava ser bem mais contida. Como os acontecimentos posteriores demonstraram, sua resposta foi menos uma solução para os problemas culturais do Vaticano com a corrupção do que um arranjo de curto prazo para lidar com um constrangimento. Feito o conserto, pouco restava a ele senão partir. Já a resolução de problemas de Pandit tinha uma missão mais abrangente, e estava profundamente enraizada em sua visão da OUH do futuro, uma rede de hospitais que defendesse tanto o bem-estar dos pacientes quanto a inovação médica. Na verdade, ela queria solucionar o problema imediato e criar condições para que sua resposta à primeira pergunta sobre canais de poder — tenho como exercer meu poder por meio de crenças comuns? — fosse afirmativa. Examinemos isso em mais detalhes.

LIDERAR NO PRESENTE A PARTIR DO FUTURO

Como já observado, ao delegar sua decisão aos cirurgiões que questionavam a ordem do governo, Pandit sinalizou que confiava neles para tomar a decisão correta, e que iria aceitar qualquer que fosse essa decisão, se comprometendo a resistir à ordem do governo caso assim deliberassem os cirurgiões. Ao fazer isso, Pandit agia de acordo tanto com uma visão de versões melhores dos cirurgiões quanto com sua visão de um hospital centrado no paciente, no qual médicos e enfermeiros trabalhassem juntos para tomar decisões práticas alinhadas aos valores da organização. Era essa a OUH que ela se propusera a construir com suas mudanças de cultura em 2019. E, na cultura da OUH à qual aspirava, ela nunca teria precisado mandar os médicos agirem em conformidade com os valores da organização. Eles simplesmente saberiam que é assim que o lugar funciona. Ao delegar as decisões, ela agiu como se esse futuro estivesse presente.

Na época, alguns de seus conselheiros a consideraram louca: aquele não seria o momento para experimentos de transformação de cultura, mas para tomar decisões de comando difíceis que salvassem vidas. Como já disse, esse sentimento muitas vezes ressurge quando ensino esse caso. Sua resposta, quando os alunos perguntam o que ela pensava sobre isso: se não conseguimos viver de acordo com nossa cultura durante a crise de uma pandemia, então qual é o valor dessa cultura, para começo de conversa?

Além do mais, e examino essa questão no próximo capítulo, é impossível para qualquer liderança isolada tomar sempre as decisões corretas. Numa organização saudável, que tenha a cultura certa, deve-se ter muitas pessoas tomando as decisões, ou seja: é preciso ter muito mais gente emitindo juízo e contribuindo com informações. Isso reduz o risco. Organizações que só funcionam pautadas nas deliberações de uma única pessoa irão inevitavelmente fracassar.

Fiquei impressionado com as semelhanças entre o argumento de Pandit e algumas das ideias do elogiado estudioso de Harvard Fritz Roethlisberger, um dos pioneiros do moderno pensamento sobre gestão, que junto com William John Dickson publicou os primeiros achados abrangentes dos famosos experimentos de Hawthorne. Num deles, de quase seis décadas atrás, Roethlisberger afirmava que "a maioria das pessoas pensa no futuro como os fins e no presente como os meios, enquanto na realidade o presente são os fins e o futuro, os meios".[23] Fui apresentado a essa citação por Wiley Souba, ex-cirurgião oncologista que hoje leciona liderança na Tuck School do Dartmouth College, no estado de New Hampshire. Souba escreveu um ensaio sobre o conceito de "*hittability*", algo como "acertabilidade", inspirado numa entrevista da lenda do beisebol Ted Williams.[24] Ele se perguntava o que tornava até mesmo os lançamentos mais implausíveis acertáveis para alguns jogadores e não para outros. E, por extensão, o que tornava os mais difíceis desafios de gestão acertáveis para algumas lideranças mas não para outras.

Grande parte da resposta era que lideranças excepcionais aplicam uma visão do futuro, nos termos definidos por Roethlisberger, para definir como solucionar um problema atual aparentemente insolúvel. Souba tinha por foco o desafio de uma reforma do sistema de saúde no contexto do Obamacare nos EUA, e defendia que a abordagem correta de tal reforma era basear as decisões tomadas hoje numa visão de como deveria ser o atendimento num mundo com maior justiça social.

Souba acreditava que "o futuro são os *meios* que você usa para mudar seu comportamento no presente (*fins*)". Essa abordagem tinha por base a arte de construir uma narrativa inspiradora (por meio de ações) e que fosse capaz de moldar o presente, o que torna esse futuro mais provável ainda. Essa foi a dinâmica na tomada de decisão de Pandit na OUH: ela usou sua visão do futuro como base para uma decisão do presente, agarrando a oportunidade de aumentar as chances de fazer esse futuro se concretizar. E, quando se olha para o desafio dessa forma, ele deixa de ser uma bola impossível de rebater e vira a oportunidade de fazer um home run. Pandit não conhecia os trabalhos de Roethlisberger e de Souba, mas acabou chegando ao mesmo lugar, o que indica a força dessa ideia como uma característica das grandes lideranças.

Por outro lado, nem René Brülhart nem Cressida Dick pareceram mirar numa visão atraente do futuro para influenciar o modo de usar seu poder pra tomar decisões. Justiça seja feita, talvez nenhum dos dois tivesse como fazer isso levando em conta as circunstâncias. No caso de Dick, seu plano de longo prazo com certeza era garantir que o viés racial (e de gênero) não influenciasse as decisões relacionadas ao trabalho da polícia, e grande parte disso seria conquistada por meio do recrutamento, do treinamento e da relação com a comunidade.[25] Mas ela não foi vista como alguém que estivesse criando uma narrativa pública atraente. Como elemento de uma narrativa assim, ela talvez pudesse ter acelerado a reforma aceitando e concordando com os ativistas sobre a Met ser institucionalmente racista e suspendendo as abordagens com revista até ficar provado que as deliberações práticas seriam menos enviesadas. A revisão conduzida na esteira do assassinato de Everard revelou falhas profundas nas práticas policiais que a Met pouco fizera para melhorar. E, no fim, a Met foi descrita publicamente como institucionalmente racista, o rótulo que Dick tanto relutara em aceitar.

A posição de Brülhart era outra: ainda que funcionário do Vaticano, talvez fosse melhor vê-lo como um terceirizado incumbido de uma tarefa muito específica que ele cumpriu com competência. Sua solução foi muito circunscrita, não influenciada por uma visão atraente de uma futura cultura que estava fora da sua esfera de ação. Para usar o jargão do beisebol, ele garantiu que o Banco do Vaticano conseguisse pelo menos andar até a primeira base e manter o Vaticano no jogo, mas nunca teve autoridade para isolar uma bola bem longe e fazer um home run para a mudança de cultura. Isso só pode ser feito por sucessivos papas que tomem decisões difíceis, entre as quais algumas que irão constranger a Igreja no curto prazo.

É claro que o que define a liderança não pode ser reduzido a um único aspecto. Como em qualquer disciplina, seu domínio exige muitas competências e muita experiência. O que Ted Williams considerava uma bola acertável foi evoluindo à medida que ele treinava, via e revia imagens de tacadas suas e de outros rebatedores, e aprendia como a bola se movia de lançador para rebatedor. Tudo isso lhe permitiu identificar 77 zonas de impacto distintas, e ele calculou sua média para cada uma delas. Liderar é a mesma coisa: seu próximo desafio tem uma probabilidade maior de ser acertável se você antes tiver encarado — e estudado — muitos desafios. Mas a capacidade de usar o futuro como moldura é um pedacinho que parece ter uma importância real, e é vendo uma crise de indignação como uma oportunidade para antecipar um futuro melhor que uma liderança pode começar a fazer sua organização sair da crise fortalecida.

Meu último comentário sobre o uso do poder nesta era de indignação é lembrar às pessoas meu alerta inicial, a saber (mesmo com todas as referências a home runs), que poucas soluções para crises são tão bem-sucedidas quanto a atuação de Pandit diante da ameaça de greve dos cirurgiões. Conforme ilustrado pelo exemplo da Met, algumas respostas a crises, mesmo pelas lideranças mais experientes, vão fracassar mesmo se estiverem se esforçando para criar um futuro melhor. E mesmo quando as lideranças conseguem lançar mão de uma visão do futuro inspiradora, podem surgir outros acontecimentos e revelações inesperados, ou então a liderança pode simplesmente tomar uma decisão ruim. E é por esse motivo que lideranças e organizações precisam desenvolver a capacidade de se levantar, sacudir a poeira e estar preparadas para começar outra vez. A qualidade mais duradoura das lideranças e organizações que se sustentam não é a ausência de fracassos, mas a recuperação em caso de revés — capacidade passível de ser treinada e desenvolvida, como veremos no próximo capítulo.

6. Como criar resiliência numa organização e na vida pessoal

Numa entrevista à *Bloomberg Businessweek* em maio de 2021, enquanto o mundo ainda tentava entender a covid-19, um professor de psicologia da Texas A&M, Anthony Klotz, previu a chegada de uma "Grande Demissão".[1] Ele estava certo. Poucos meses depois, com mão de obra millennial e da geração Z à frente, os EUA e outras partes do mundo viram as demissões alcançarem taxas mais altas do que o esperado, em especial levando em conta o forte desemprego e a incerteza econômica persistente da época. Em agosto de 2021, uma pesquisa da PwC apontou que 65% dos trabalhadores estadunidenses estavam "em busca de um novo emprego".[2]

A pandemia de covid-19 e o desejo das pessoas de reavaliar as pressões às quais estavam submetidas na esteira de mudanças abruptas na natureza do trabalho foram alguns dos principais motivos para a Grande Demissão. Embora as taxas de conservação da mão de obra agora já tenham se recuperado e atingido níveis pré-pandêmicos, a forte perturbação causada por aqueles meses de mudanças de emprego efetivas e planejadas teve um custo significativo, tanto para negócios individuais quanto para a economia como um todo. A pandemia catalisou a ansiedade das pessoas em relação aos motores da indignação, e em muitos casos aumentou essa indignação, intensificando a pressão tanto em seus papéis de cidadãos-consumidores quanto de empregadores-provedores. As organizações não eram tão robustas quanto se pensava, e não haviam investido o bastante para reforçar as capacidades de seu próprio pessoal de suportar as (invariáveis) tribulações que provavelmente teremos de enfrentar nesta nossa era.

De fato, os riscos emocionais de gerir organizações nos tempos de hoje ficam bastante evidentes nos diversos estudos de caso abordados. O mero percurso das quatro etapas da estrutura discutida até aqui pode ser bastante exigente seja para os gestores, seja, como no caso da OUH, também para suas equipes. Existe um limite para o que as pessoas podem fazer, e é preciso estar preparado para o próximo ataque. Por isso, tanto a liderança quanto a organização precisam investir na construção de resiliência, seja do ponto de vista organizacional, seja do individual.

E assim chegamos à última etapa da minha estrutura: a construção de resiliência organizacional e pessoal. Embora eu a apresente como uma última etapa, as lideranças devem investir nesse passo ao longo de todo o processo de resposta e gestão da indignação, pois cada etapa pode cobrar seu preço das pessoas.

Antes de mais nada, importa entender o que caracteriza a resiliência. Falando de modo genérico, ela pode ser definida como a capacidade de suportar e se recuperar de choques negativos. Essa definição pressupõe que a organização resiliente irá enfrentar choques inesperados, que inclusive podem ser o desfecho de decisões ruins anteriores. A construção de resiliência, portanto, não é um exercício de prevenção ou antecipação de choques adversos, mas a construção de uma capacidade de fracasso inteligente que possibilite correr riscos, aprender e crescer, sabendo perfeitamente que choques irão ocorrer. Isso não significa que tentar prever e evitar choques não seja importante, mas que resiliência é aquilo que você necessita para os acontecimentos que não previu.

Uma organização (ou sistema) resiliente se caracteriza pela delegação de autoridade: ao transferir a tomada de decisões para perto das realidades de base, a organização enriquece as informações que embasam suas decisões e diversifica o pensamento, conseguindo suportar e até mesmo prosperar em meio a choques negativos. Além disso, com muitas pessoas tomando decisões potencialmente diferentes numa crise, a organização pode experimentar formas de sair dela. Investir em resiliência, portanto, implica criar organizações nas quais as lideranças possam delegar autoridade a indivíduos com capacidade para tomar decisões e autoconfiança para fracassar se for o caso, e capazes eles mesmos de absorver e se adaptar aos choques externos.

Neste capítulo discuto em que isso consiste. Ao contrário das etapas anteriores, investir em resiliência não é um processo específico, mas um conjunto de atividades às quais as organizações deveriam se dedicar cotidianamente. Algumas delas são de natureza administrativa — investimentos na criação de uma organização adaptável, aberta ao aprendizado —, enquanto outras são práticas realizadas por indivíduos desejosos de desenvolver sua resiliência pessoal. Começo observando as diferentes maneiras de os líderes construírem resiliência organizacional antes de me debruçar sobre a resiliência pessoal. (Ver na figura 6.1 os elementos envolvidos nessa última etapa da estrutura.)

CRIAR CONTRATOS RELACIONAIS

Como já observei, num mundo ideal o poder é exercido implicitamente por meio da cultura de uma organização. No caso da OUH, quando a crise das cirurgias chegou, Meghana Pandit estava em pleno processo de implantar uma cultura na qual os tomadores de decisão da linha de frente — incluindo os cirurgiões — optariam por uma solução que refletisse os compromissos da organização com a segurança dos pacientes e o trabalho em equipe. A aposta da diretora era arriscada: ela ignorava se os cirurgiões sabiam quando era ou não aceitável desrespeitar uma ordem do governo (relacionada a cirurgias eletivas ou não). Já para eles, receber essa prerrogativa de tomada de decisão era um risco porque eles não sabiam se podiam confiar na diretora caso optassem por um caminho que conflitasse com a sua opinião. Havia, portanto, de ambos os lados, um problema de *clareza* quanto ao que deveria ser feito, e também de *credibilidade*: os funcionários não tinham certeza de que não seriam expostos a consequências negativas caso tomassem o que se revelasse uma decisão ruim, enquanto a diretora não tinha certeza de que eles não tomariam uma decisão que contemplasse seus próprios interesses, não os da organização.

Esse desafio de clareza e credibilidade ocorreu em parte porque a OUH havia iniciado sua transformação cultural apenas um ano antes. Pandit e sua equipe ainda não tinham podido estabelecer aquilo que os economistas chamam de "contrato relacional"—[3] a expressão pode parecer esquisita, mas a ideia subjacente é a essência da construção da confiança numa relação de gestão. Contratos relacionais são entendimentos implícitos profundos entre

FIGURA 6.1

Como criar resiliência na organização e na vida pessoal

O gráfico resume os elementos que constituem o último dos quatro processos da estrutura (ver figura 1.1).

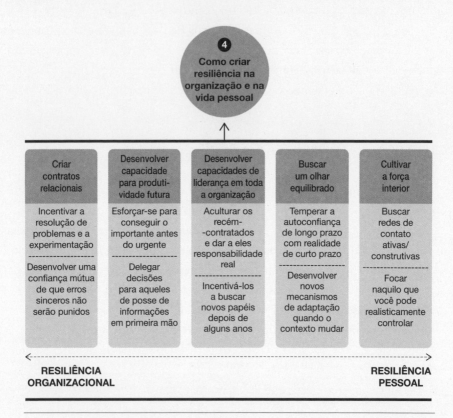

as partes quanto às motivações que irão guiar a tomada de decisões de ambos os lados e quanto às respostas de cada lado às decisões tomadas pelo outro, proporcionando mais clareza e credibilidade para todos. Eles são o modo pelo qual as lideranças canalizam poder por meio de convicções em comum, e construí-las e sustentá-las é o santo graal da resiliência organizacional.

A Toyota é uma empresa exemplar em matéria de contratos relacionais. Um dos aspectos mais conhecidos do famoso Sistema Toyota de Produção (TPS, na sigla em inglês) é a corda Andon, aspecto fundamental para sua reputação de equilíbrio entre confiabilidade e custo. Na linha de montagem, os trabalhadores são incentivados a puxar a corda (que faz uma lâmpada se acender) ao notarem um possível defeito de fabricação na linha, interrompendo efetivamente todo o processo produtivo, e mediante um grande custo.

Não existem regras explícitas em relação a quando puxar a corda e quando não: se puxada com frequência excessiva, os preços irão subir; se demasiado raramente, a confiabilidade irá diminuir. Se fosse possível especificar tais regras, a corda em si passaria a ser desnecessária, e a confiabilidade com baixo custo não seria tão difícil de alcançar. Então os operários da linha de produção e a administração construíram um entendimento implícito de que os primeiros não puxarão a corda sem motivo, e de que os segundos não punirão os primeiros se estes de fato puxarem (ou não puxarem) a corda por engano. Ambos os lados são motivados pela renomada cultura da Toyota de confiabilidade a baixo custo, e ambos se sentem inspirados a agir pela confiança que têm um no outro.

Outras montadoras tentaram copiar o sistema da Toyota, sabendo, em teoria, em que ele consiste. Em vão. Um exemplo clássico é a concorrente estadunidense General Motors, a GM. Como Susan Helper, da Case Western, e Rebecca Henderson, de Harvard, descrevem no artigo publicado em 2014 no *Journal of Economic Perspectives*, na década de 1980 a GM, ao se ver constantemente superada em matéria de custo e produtividade pela Toyota e outras empresas japonesas, tentou introduzir práticas do TPS.[4] A empresa inicialmente criou com a própria Toyota a joint venture New United Motor Manufacturing, Inc. (NUMMI), na qual a parceira japonesa gerenciava as operações da fábrica da GM em Fremont, Califórnia, historicamente uma das menos produtivas da empresa e conhecida pelas relações trabalhistas difíceis. Como parte dessa iniciativa conjunta, a Toyota recontratou e retreinou a mão de obra (sindicalizada) quase inteira, e conseguiu alcançar a produtividade e os níveis de qualidade das fábricas japonesas.

Apesar dessa experiência e do fácil acesso aos métodos da Toyota, a GM teve dificuldade em transferir o sucesso para suas outras fábricas. Como observaram Helper e Henderson: "Eles pareceram acreditar que a essência da vantagem da Toyota consistia em ferramentas como instalações destinadas a mudar rapidamente as matrizes de estampagem ou o uso de sistemas de estoque 'just in time', e não nas práticas administrativas que tornavam possível desenvolver e utilizar essas técnicas". Jeff Liker, um acadêmico que durante muitos anos foi consultor da GM, sintetizou isso numa entrevista para o programa de rádio *This American Life* em 2010: "Um dos gerentes da GM recebeu uma ordem, vinda de um nível muito alto — da vice-presidência — para deixar uma fábrica da GM igual à NUMMI. E ele disse: 'Quero que vocês vão lá com câmeras e fotografem cada centímetro. E tudo que vocês fotografarem eu quero que fique exatamente igual em nossa fábrica. Não deve haver qualquer desculpa para sermos diferentes da NUMMI, para nossa qualidade ser inferior, para nossa produtividade não ser tão alta, porque vocês vão copiar tudo que virem'".[5]

O problema era que o MTP não podia ser reduzido a um conjunto de processos físicos. Ele era baseado na delegação de uma tremenda responsabilidade para funcionários da linha de frente, que podiam tomar as melhores decisões de que eram capazes considerando as informações de que dispunham. Operários e gerentes entendiam os valores e processos que norteavam a tomada de decisões: os primeiros podiam estar seguros de que não seriam penalizados por um erro ao puxar (ou não puxar) a corda Andon, e a gerência podia estar segura de que os trabalhadores tomariam decisões com os interesses do grupo em mente. Em outras palavras, o MTP só podia funcionar adequadamente se existissem contratos relacionais fortes, credibilidade e clareza.

Esses aspectos estavam notavelmente ausentes na GM. Steven Bera, executivo da empresa que trabalhou na NUMMI e em várias outras fábricas, observou (também no *This American Life*) que "não houve mudança na cultura. Operários e gerentes continuaram interagindo com seu antigo antagonismo. Em algumas das fábricas nas quais foram instaladas cordas Andon, a gerência gritava com os operários que as puxassem".[6] Muitos gerentes acreditavam que os subordinados, sem interesse em melhorar os processos, puxavam a corda apenas para ter um intervalo. Quando os operários faziam sugestões de melhorias, eram ignorados. Num outro estudo, Susan Helper observou que, numa fábrica de peças em New Jersey, os operários tinham treinamento em controle estatístico de processos e eram incentivados a contribuir com suas ideias. Eles reagiram positivamente, fazendo muitas sugestões e chegando a acompanhar métricas qualitativas-chave. Mas "a gerência não tinha indicado ninguém para analisar as sugestões ou examinar os dados cuidadosamente coletados pelos operários". E assim, é claro, eles "retomaram antigas práticas, sentindo-se traídos e com muito menos interesse em participar de futuros experimentos".[7]

Nenhum dos lados tinha clareza em relação a que valores e normas conduziam a decisão de abraçar o TPS na GM. E nenhum dos dois lados tinha credibilidade com o outro.

O objetivo do TPS na Toyota é aprender para melhorar ou, conforme descrito por Steven Spear na *Harvard Business Review*, a experimentação científica. Isso exige um compromisso com a precisão e o detalhe, sobre os quais se constrói a confiança entre gerência e gerenciados. Em "Learning to Lead at Toyota" [Como aprendi a liderar na Toyota], Spear descreve o treinamento que um experiente gerente estadunidense da indústria automotiva recebeu antes de assumir um cargo na fábrica da empresa japonesa em Kentucky.[8] Na maioria das empresas, os gerentes podem propor uma melhoria dizendo algo assim: se pusermos a estante de peças mais perto do montador, podemos esperar reduzir o tempo de operação em alguns segundos. Como Spear observa, porém, "aos olhos de um gerente da Toyota [...], esse resultado indicaria que o gerente não entendeu totalmente o trabalho que estava tentando melhorar. Por que ele não foi mais específico em relação ao deslocamento da estante? E quantos segundos *esperava* poupar? Quatro? Se o tempo efetivamente poupado for de seis segundos, isso seria um motivo de comemoração [...], mas também de mais investigação. Por que a diferença de dois segundos? Com essa precisão explicitada [...], a discrepância provocaria uma investigação mais a fundo de como funcionava um processo e, talvez mais importante, de como uma pessoa específica estudava e melhorava o processo".

Depois que o gerente se compromete com a precisão, vem a permissão da Toyota para que ele experimente. O mesmo acontece com os operários. O TPS, portanto, está em constante evolução e adaptação à medida que novas informações chegam dos experimentos, e que a gerência trabalha para possibilitar as mudanças em camadas abaixo dela por meio de um contrato relacional, em vez de impô-las aos operários. Isso é bem diferente da estrutura de comando e controle da GM, que reduzia os funcionários a transações. No entanto, como mostra o caso da NUMMI, é possível criar contratos relacionais com os operários se a gerência de fato entender e se comprometer com os valores que embasam a relação. E isso pode ser realizado com bastante rapidez.

Foi isso que Meghana Pandit fez ao delegar seu poder decisório aos cirurgiões da OUH. Ela lhes ofereceu um contrato relacional ao aceitar que assumiria a responsabilidade pela decisão que tomassem. Assumiu um compromisso crível de que eles não seriam responsabilizados. Também deixou claro acreditar de forma implícita que eles não iriam puxar frivolamente o seu equivalente da corda Andon (só por quererem fugir da ansiedade da pandemia). Essa demonstração de confiança, por sua vez, aumentou a probabilidade da reação dos cirurgiões ser equivalente: reforçando o contrato relacional por ela proposto.

DESENVOLVER CAPACIDADE PARA PRODUTIVIDADE FUTURA

Além de possibilitar o fracasso inteligente por meio de contratos relacionais, a resiliência organizacional exige melhorar a produtividade *futura*, mesmo numa crise (ou numa era de indignação em que as organizações estejam sob ataque constante). Como diz Lewis Carroll em *Alice através do espelho*: "É preciso correr o máximo que você conseguir para ficar no mesmo lugar, entende? Se quiser chegar a algum outro lugar, você precisa correr pelo menos duas vezes mais depressa!".[9]

Em março de 2020, na longa lista de coisas que Pandit precisava levar em conta além da possível revolta dos cirurgiões, ela escolheu como sua prioridade máxima "impulsionar a mudança cultural". À primeira vista, isso pode parecer absurdo: por que apontar para o intangível quando há tantas tarefas tangíveis a serem realizadas?

Stephen Covey dá uma resposta elegante.[10] Partindo de uma distinção em geral atribuída ao presidente estadunidense Eisenhower, Covey observa como os líderes com frequência confundem o *urgente* com o *importante*. Um gestor tem sempre muitas questões "urgentes", sobretudo durante uma crise (por exemplo, lidar com a ameaça de revolta dos cirurgiões irados). Reagir a essas questões pode muito rapidamente se tornar uma tarefa exclusiva, e para muitas lideranças "apagar incêndios" também traz satisfação. A realidade, porém, é que quanto mais os gestores estiverem preocupados em apagar incêndios, menos tempo terão para pensar na prevenção de incêndios, e mais incêndios terão de apagar amanhã. Decisões importantes que não parecem urgentes hoje, e são portanto adiadas, costumam se tornar mais importantes e urgentes no futuro.

Com essa dinâmica insustentável, as lideranças durante uma crise — como Pandit, que estava recebendo solicitações para tomar decisões ao ritmo de cerca de duzentos e-mails por hora — precisam repensar com o que vão gastar seu tempo. Para começar, a importância ou urgência de uma decisão nem sempre está correlacionada ao status organizacional de quem decide. Como vimos, numa organização resiliente, muitas decisões importantes e urgentes são delegadas a pessoas mais próximas das realidades de base, que muitas vezes dispõem de informações melhores do que as dos tomadores de decisão situados mais alto na cadeia de comando.

Pandit sabia que jamais teria a capacidade pessoal de lidar com a enxurrada interminável de decisões "urgentes e importantes" que chegariam a ela ao longo de uma pandemia de duração indeterminada. Sendo assim, decidiu priorizar a certamente importante, mas aparentemente não urgente, decisão de seguir construindo uma cultura de segurança para os pacientes, de confiança na gestão, e de riscos inteligentes corridos ao delegar a decerto urgente e aparentemente importante decisão de como reagir à exigência do governo de prosseguir com as cirurgias eletivas. Ao fazer isso, ela calculou que ajudaria a organização a se tornar mais capaz de tomar decisões sensatas de modo independente e rápido, e assim torná-la mais produtiva no futuro.

O que também pesou nessa decisão, claro, foi sua consciência implícita de que, numa crise, uma organização e uma liderança precisam abraçar suas aspirações em vez de adiá-las. Na visão de futuro de Pandit, ela não teria de tomar uma decisão sobre cirurgias eletivas, e segundo seus cálculos o risco para a organização caso tomasse a decisão sozinha — o descarrilhamento da transformação cultural — era maior do que o risco de os cirurgiões tomarem a decisão errada.

Não tenho como enfatizar o suficiente o quanto é difícil para as lideranças fazer as escolhas certas ao julgar quais decisões são importantes e urgentes. Gestores em geral têm uma predisposição para tomar decisões e conseguem subir na organização tomando decisões rápidas. O resultado é que quando chegam ao topo eles podem ter dificuldades para se adaptar à consciência de que não deveriam estar tomando muitas decisões, mas possibilitando que outras pessoas as tomassem. Volto a Eisenhower, que observou que um presidente só deveria tomar as decisões que apenas um presidente poderia tomar, e que bons presidentes criam estruturas nas quais apenas essas decisões lhes são apresentadas. No dia da posse de seu sucessor, o jovem John Kennedy, ele lhe teria aconselhado: "Nenhum assunto fácil vai lhe ser trazido na condição de presidente. Se for fácil, ele será resolvido num nível mais baixo".[11] Pandit adotou esse princípio. Ela optou por não tomar uma decisão que sabia que outros poderiam tomar, e assim contribuiu para uma organização na qual mais pessoas eram capazes de tomar decisões no seu lugar.

Mas essa abordagem de fato representa um desafio para as organizações. Elas precisam transformar os funcionários em lideranças capazes de fazer bons julgamentos em relação a decisões difíceis. Examinemos como isso pode ser feito.

DESENVOLVER CAPACIDADES DE LIDERANÇA EM TODA A ORGANIZAÇÃO

A literatura sobre o tema dos bons julgamentos das lideranças é vasta, mas vale apenas ler o ensaio "On Political Judgment" [Sobre o juízo político], que Isaiah Berlin publicou no New York Review of Books em 1996. O artigo, curto, é um vasto conjunto de argumentos sobre o que faz de pessoas como Bismarck e George Washington lideranças especiais. Embora se concentre no julgamento das lideranças no cenário geopolítico, sua tese central se aplica a qualquer julgamento gerencial, que Berlin define como "uma distinção altamente desenvolvida entre aquilo que importa e o resto" numa dada situação.[12] Ele defende o valor de uma abordagem científica da tomada de decisões, que auxilia a diminuir o leque de opções em relação ao que pode ser feito numa situação espinhosa. No fim, porém, tomar uma decisão exige algo muito além da ciência: a capacidade de julgar, e ela se desenvolve a partir de muita prática.

O cerne da argumentação de Berlin é que não se pode construir uma capacidade de julgar excelente numa pessoa sem expô-la repetidamente à tarefa de tomar decisões difíceis. É essa a essência do método de ensinar e aprender baseado em casos que estudei quando era um jovem professor na Harvard Business School e levei para a Blavatnik School of Government de Oxford. No método de casos, os alunos aprendem a arte da liderança por meio de bons julgamentos, tendo que destrinchar dezenas de problemas espinhosos.

Fora do contexto universitário, a Procuradoria Federal do Distrito Sul de Nova York (SDNY, na sigla em inglês) é uma organização que faz isso em escala no mundo real, com sucesso há gerações, e a respeito da qual fui coautor de um estudo para a Blavatnik School de Oxford.[13] Examinemos rapidamente sua curiosa cultura de excelência.

Embora os salários oferecidos sejam em sua maioria pouco competitivos se comparados ao que o setor privado paga aos melhores advogados de Nova York, o SDNY atrai candidatos do mais alto coturno para seus cargos iniciais: formandos das melhores escolas de direito, que tiveram a oportunidade de assessorar os mais graduados juízes federais dos EUA. O SDNY é também conhecido pela qualidade de sua equipe jurídica sênior, que muitas vezes abandona oportunidades externas lucrativas para aceitar seus cargos administrativos mal remunerados. Nesse processo de recrutamento, a SDNY com certeza tem a vantagem de seu histórico como a mais antiga jurisdição federal do país: o tribunal federal da SDNY foi "o primeiro a figurar na Constituição dos EUA", antecedendo inclusive a criação da Suprema Corte. O SDNY também se beneficia da importância de Nova York na economia global, que fez com que a Procuradoria Federal do SDNY participe com frequência de casos famosos. Mas, sobretudo, o escritório é conhecido pela ênfase quase sectária em "fazer a coisa certa", e por sua forte independência política. Essas características combinam com a atribuição de responsabilidades radicalmente imersivas aos recém-chegados.

Logo no início da carreira, os procuradores-assistentes federais recém-recrutados (AUSA, na sigla em inglês) do SDNY recebem a notável, e segundo a avaliação de alguns, arriscada, oportunidade de trabalhar de forma independente em casos complexos, e de comparecer com frequência ao tribunal. Ao refletir sobre o tempo que passou no SDNY, a ex-AUSA Bonnie Jonas explicou: "Como jovem procuradora, a pessoa recebe uma responsabilidade tremenda, que advogados juniores raramente têm nos escritórios de advocacia".[14] E acrescentou: "Na minha experiência, tampouco outras agências governamentais dão aos novos advogados o mesmo grau de responsabilidade".[15] David Kennedy, codiretor da Divisão de Direitos Civis do SDNY, confirmou: "Eu sou um dos entrevistadores dos candidatos a cargos de AUSA, e sempre me impressiona como eles tiveram poucas oportunidades de conduzir litígios. Candidatos com frequência afirmam com orgulho que, em seus anos no escritório em que trabalhavam, tomaram ou defenderam um ou outro depoimento, tiveram uma argumentação oral ou redigiram uma petição de recurso, coisas que nós aqui fazemos cerca de uma vez por mês".[16]

Essa experiência de trabalho imersiva, com altas apostas, é incrementada pela complexidade e diversidade dos casos e pela qualidade dos profissionais de defesa que os procuradores do SDNY esperam enfrentar.[17] Como assinala o ex-procurador federal do SDNY Robert Fiske: "O SDNY advoga em casos na esfera pública cotidianamente. Sua divisão cível abriga alguns dos processos mais importantes do país. Em meus quatro anos como procurador federal, cinco casos nos quais nossa Divisão Cível atuou subiram para a Suprema Corte, de tão importantes que eram as questões. Jovens advogados têm a oportunidade de trabalhar em casos que estabelecem jurisprudência contra alguns dos melhores profissionais de direito de Nova York. É uma experiência excelente. O tipo de responsabilidade que se recebe no SDNY ainda numa idade jovem é único".[18]

Para reduzir os riscos de dar tais responsabilidades a jovens AUSA, a procuradoria não olha apenas os currículos. Como comenta Mary Jo White, a primeira procuradora federal mulher do SDNY (1993-2002): "Todos os candidatos são espetaculares no papel. A pergunta-chave é: como eles lidarão com o poder que vão receber numa idade tão jovem? Será que esse poder vai lhes subir à cabeça? Tudo que você faz no SDNY tem muita importância".[19] Bonnie Jonas, que ocupou uma série de cargos de supervisão depois de ter sido AUSA, concorda: "Os advogados assistentes chegam de grandes escritórios e passam de poder nenhum a muito poder. É preciso haver um senso de responsabilidade junto com o poder de tirar a liberdade das pessoas [...]. A procuradoria precisa triar aqueles que só querem poder, que só querem somar condenações, daqueles que têm um real interesse no serviço público e querem dar algo em troca. É preciso triar as pessoas que tenham um éthos de contribuir com algo maior do que elas".[20] Em termos muito simples, o que o SDNY faz é delegar responsabilidade o máximo possível e gerenciar o risco por meio de um recrutamento cuidadoso de pessoas que se encaixem na cultura de "fazer a coisa certa" — o contrato relacional é estabelecido logo de cara.

O interessante ainda nessa situação é que, após proporcionar essa formação para os AUSAs, o SDNY não incentiva esses profissionais a passar tempo demais na organização, à diferença de outras agências governamentais, nas quais o funcionário típico tende a fazer carreira. Um estudo que acompanhou a carreira de 152 AUSAs contratados pelo SDNY a partir de 2001 constatou que, em uma década, mais de 60% deles tinham se transferido para o setor privado, e a maioria se tornou sócia de escritórios privados. O autor do estudo, David Zaring, docente da Wharton School na Universidade da Pensilvânia, fez a seguinte reflexão: "Um emprego no SDNY significa principalmente uma porta giratória para o setor da advocacia privada; não para o setor corporativo, nem para a academia, mas para escritórios de advocacia; uma minoria segue no governo".[21] Ele acrescentou que "meu palpite é que um emprego no SDNY seja o melhor caminho para a maximização de patrimônio que existe no governo federal".²² A divisão de títulos do SDNY, que supervisionou a condução de muitas acusações de crimes financeiros, já foi chamada de "sala de decolagem" da instituição, uma alusão ao fato de que uma experiência nesse departamento era de especial interesse para escritórios de advocacia privados.²³ Assim, embora o SDNY não tenha como pagar salários competitivos (uma vez que segue os salários praticados pelo governo), o escritório cria um caminho promissor para o eventual sucesso financeiro. E faz isso sem deixar a porta giratória corromper sua missão pública, sustentando um forte contrato relacional.

Ao mesmo tempo, contudo, o SDNY muitas vezes volta a recrutar ex-AUSAs para cargos de alto escalão depois de eles terem tido uma carreira bem-sucedida fora da organização, de preferência no setor privado. Na verdade, a experiência no setor privado é considerada um rito de passagem para as mais cobiçadas posições sêniores no SDNY. Fontes internas explicaram que o procurador federal tradicionalmente era alguém que havia sido AUSA no SDNY, mas depois se estabelecera como advogado em geral. Uma vez nomeado, o novo líder normalmente volta a recorrer ao pool de ex-servidores sêniores do SDNY para preencher cargos-chave em seu quadro executivo, como o diretor da divisão criminal e o cargo de diretor de advocacia. Jonas explica: "Os cargos mais graduados do SDNY são em geral reservados para quem saiu de lá. Isso é diferente de outros escritórios distritais, onde os cargos mais altos ficam com quem está lá dentro".²⁴ Outros reingressam no setor público em outros cargos graduados. Ex-procuradores do SDNY já se tornaram juízes da Suprema Corte e do Tribunal Recursal Federal do Segundo Circuito (o tribunal de recursos federal com jurisdição na cidade de Nova York), diretores de agências como o FBI e a Comissão de Valores Mobiliários, congressistas, secretários de governo, além de terem exercido tanto a prefeitura de Nova York quanto o governo do estado de Nova York.²⁵

Esse exemplo sugere um modelo interessante para organizações desejosas de semear o julgamento de lideranças em todos os seus níveis, e de garantir uma produção robusta de potenciais lideranças capazes de ter um forte entendimento da cultura em questão. A estratégia de talentos do SDNY parece ter se baseado (implicitamente) no ideal de Isaiah Berlin de que o julgamento da liderança é moldado pela exposição repetida à tarefa de tomar decisões difíceis. Ao recrutar AUSAs brilhantes que já tenham tido um bom encaixe cultural com a organização no começo da carreira, o escritório constrói contratos relacionais fortes proporcionando-lhes uma autoridade considerável para tomar decisões em troca de um compromisso de que essas decisões reflitam os valores do SDNY. A experiência no SDNY oferece aos AUSAs um trampolim para cargos altamente rentáveis no setor privado, em organizações que valorizam a experiência e a cultura que o SDNY lhes incutiu. Isso significa também que, quando o SDNY volta a recrutar seus ex-integrantes, estes podem reingressar nos contratos relacionais trazendo consigo suas novas experiências, e que eles muito provavelmente não estarão voltando só por precisar do dinheiro. Esse último fator contribui para a forte autonomia da organização em relação à política de Washington: independentemente de quem estiver ocupando a presidência, a classe política da capital costuma temer os procuradores do SDNY.

É claro que ser líder não significa apenas saber tomar boas decisões, mas também ser capaz de motivar sua equipe. Em algumas situações, isso pode exigir a capacidade de comunicar com credibilidade uma visão atraente do futuro que seu pessoal irá almejar. Só que, em situações de crise ou divisivas como as que venho descrevendo, uma liderança eficaz precisa ter uma abordagem mais nuançada, com uma aceitação realista das dificuldades que a organização enfrenta. Isso me leva ao próximo elemento da resiliência.

BUSCAR UM OLHAR EQUILIBRADO

Uma das reações mais comuns de pessoas em posições de liderança diante de uma crise (de indignação ou outra) é a negação. Pandit, da OUH, me descreveu uma videoconferência sua com outras lideranças durante a pandemia. Ela compartilhou com esse grupo que a pandemia estava lhe tirando o sono, tamanha sua preocupação com a possibilidade de a rede ficar sem oxigênio e sem respiradores, e se as medidas mais amplas introduzidas para responder à situação estavam funcionando.

Imaginava que fosse ouvir de seus pares confissões parecidas. Nada disso: ela se deparou com um silêncio pétreo. Essa reação em parte reflete um medo, comum a muitas lideranças, de passar a imagem de alguém que não está dando conta de uma crise nem formulando respostas para ela — executivos cujo sucesso foi conquistado por "terem tido todas as respostas" ficam com a identidade abalada. O medo muitas vezes é camuflado, é racionalizado pelo que se percebe como uma necessidade de dar esperança à equipe. O argumento é: se altos executivos revelam estar perdendo o sono, quanta autoconfiança se pode esperar de seus subordinados para um desfecho positivo? Em suma, muitos tendem a projetar otimismo mesmo diante de condições claramente adversas.

O risco dessa abordagem é que, quando a equipe percebe que o otimismo é irrealista, ela deixa de confiar no julgamento da liderança, frustrando assim o que esta estava tentando alcançar.

O que Pandit fez foi reconhecer que estava cansada. O que ela viu foi o quanto os outros estavam se enganando ao pensar serem mais resilientes do que de fato eram. Muitos deviam estar cansados, mas não o reconheciam por medo de sugerir que não tinham estofo para o cargo. Essas pessoas inclusive podem ter questionado as qualidades de liderança de Pandit por ela ter admitido cansaço. Uma conclusão evidentemente equivocada. Resiliência começa com realismo em relação às próprias vulnerabilidades. Pessoas cansadas têm uma probabilidade maior de tomar decisões ruins. Assim, se o cansaço for o problema, boas lideranças devem reconhecê-lo, para assim poderem receber conselhos de pessoas em cujo julgamento confiem.

Muitas lideranças enfatizam a importância do otimismo em situações de crise. Mas uma perspectiva otimista tem seus limites, ilustrados por aquilo que Jim Collins apelidou de Paradoxo de Stockdale, em homenagem ao almirante estadunidense que suportou uma longa e brutal experiência como prisioneiro de guerra dos vietcongues no final dos anos 1960.[26] No começo do período em que passou preso, Stockdale se impressionou com o otimismo de muitos prisioneiros que julgavam a libertação próxima. Muitos desses otimistas não saíram vivos da prisão, o que Stockdale atribuiu se dever em parte à decepção que sentiram ao não serem libertados no prazo que esperavam. Segundo ele, esses prisioneiros morreram de "tristeza" quando sua esperança morreu.

Já Stockdale teve outra atitude. Ele temperou sua convicção de que acabaria sendo libertado com avaliações realistas periódicas quanto às chances de essa libertação estar próxima. Houve períodos em que ela parecia demorar muito, e portanto ele precisava se preparar para um período longo e duro na prisão. Houve também períodos em que a libertação parecia mais provável, e ele precisava se preparar para tanto. Aplicada a situações de crise como a pandemia, a lição de Stockdale é que as lideranças devem se manter confiantes no sucesso a longo prazo, mas reconhecer e reavaliar periodicamente qualquer que seja a realidade das circunstâncias imediatas.

Mas como uma pessoa "idealista sem ilusões" (para citar o presidente Kennedy) lida com as coisas na prática? A resposta, como sugerem Boris Groysberg e Robin Abrahams, de Harvard, é se levantar e lutar todos os dias, citando agora Stockdale em *A Vietnam Experience* [Uma experiência no Vietnã], sendo "um praticante persistente da resistência".[27] Stockdale continua: "O jogo da intimidação física não era perdido nem ganho num grande confronto. O herói de todos nós era um rapazote corajoso que obrigava os vietcongues a recomeçar diariamente". Groysberg e Abrahams também citam o psicólogo John Leach, que reproduziu os comentários do sobrevivente de um naufrágio que, no décimo quinto dia a bordo de um bote salva-vidas, escreveu: "Minha disposição acompanha o sol. A luz de cada dia me deixa otimista de que eu poderia durar mais quarenta. Mas a escuridão de cada noite me faz perceber que, se alguma coisa der errado, eu não vou sobreviver". Nas palavras de Leach, quando alguém aceita as indesejadas e hostis circunstâncias novas como "reais", ele "volta a ser alguém".[28] Somente quando chegam a esse estágio é que as pessoas conseguem ajudar terceiros a passar pelo mesmo processo.

Parte da luta diária envolve a reinvenção da batalha contra o estresse. Em situações de crise, as pessoas costumam perder seus mecanismos de adaptação, que podem ser compreendidos como hábitos regulares, como um almoço semanal com o melhor amigo, que dão previsibilidade e conforto à vida.[29] Esses mecanismos de adaptação tornam a pessoa resiliente a acontecimentos adversos. Mas imagine que esse amigo se mude: o almoço não é mais possível. E, no contexto da pandemia em que Pandit e outros diretores de hospitais estavam trabalhando, as pessoas estavam privadas de muitas de suas rotinas reconfortantes. Como observaram Groysberg e Abrahams: "Os serviços e negócios que facilitavam nossa vida — creches e jardins de infância, tinturarias, o café no caminho para o trabalho, academias de ginástica, profissionais de faxina — fecharam ou ficaram mais difíceis de acessar. [Era preciso] achar, usar e lavar as máscaras. Conversas simples exigiam o domínio de novas tecnologias e protocolos. Andar na rua exigia um nível de hipervigilância desnecessário até no mais perigoso dos bairros".

Minha experiência na pandemia como diretor do programa de MPP em Oxford me mostrou a importância de criar novos mecanismos de adaptação. Uma das piores privações da quarentena foi a ausência de contato social. Por acaso, um dos alunos da primeira turma a ser afetada pela pandemia, em março de 2020, era programador. Ele criou um aplicativo que conectava aleatoriamente pessoas para caminhar em duplas ao ar livre, uma das formas de contato social permitidas segundo as regras então vigentes no Reino Unido. Bastava as pessoas se inscreverem para arrumar um parceiro de caminhada; não era preciso tomar a iniciativa de procurar alguém e fazer uma combinação individual, algo que gerava ansiedade (será que meu convite vai ser aceito?) ou obrigação (eu não quero caminhar com essa pessoa, mas tenho de ir). Ao aceitarem ser incluídas nesse sistema, as pessoas aceitavam a proposta. Muitos alunos se inscreveram, e as caminhadas se tornaram parte central do dia de todos e um novo mecanismo de adaptação.

Se, ao contrário dos alunos de MPP, um grupo que se visse diante de uma crise coletiva tivesse desenvolvido um forte senso de comunidade, ou seja, se os seus integrantes tiverem contratos relacionais fortes entre si, enfrentar a nova realidade pode ser um esforço coletivo. Quando o Reino Unido entrou em lockdown, em março de 2020, estávamos a apenas alguns dias do período de provas, e diante da possibilidade muito real de que um curso de pós-graduação de Oxford não conseguisse organizar os exames. Aparentemente, isso era algo que nunca acontecera nos novecentos anos de história da universidade, período que havia abarcado várias guerras civis e diversas pestes mortíferas. Para entender como encarar esse desafio, levei a questão aos alunos.

Lembrei nossos objetivos de longo prazo em comum, mas também a necessidade de permitir que as pessoas expressassem dúvidas e medos. Como queríamos construir uma comunidade comprometida com o serviço público, tínhamos uma responsabilidade com as partes interessadas: era um dever nosso assegurar tanto às pessoas que ali estudam quanto àquelas a quem supostamente servimos que os egressos do programa tivessem a qualidade intelectual e a certificação decorrentes da obtenção de um diploma de pós-graduação em Oxford. Mas também precisávamos reconhecer estar diante de uma crise que poderia facilmente (e mesmo de forma legítima) comprometer nossa capacidade de honrar essas obrigações.

O desafio que tínhamos pela frente, como membros dessa comunidade, era pensar como avaliar as pessoas de forma justa, considerando as circunstâncias, e saber que, embora nem todo mundo pudesse concordar com a nossa conclusão, todos poderíamos aceitá-la porque teríamos debatido seriamente a respeito. Tivemos essa conversa numa chamada de Zoom; éramos cerca de 130 participantes. A chamada durou quase quatro horas, todos muito ansiosos e querendo ser ouvidos. No começo as pessoas assumiram posições muito diferentes. Algumas disseram que deveríamos suspender por completo as provas e dar o diploma para todo mundo, outras se opuseram veementemente: seria um atestado de que os estudantes não tinham feito jus ao diploma. Para exacerbar essas divergências, ainda havia o fato de a pandemia não afetar todos da mesma forma. Alguns alunos tinham família e estavam quarentenados num apartamento de sala e quarto com um parceiro e duas crianças, enquanto outros moravam sozinhos em espaçosos alojamentos vitorianos.

Acabamos chegando a um acordo. Num ano normal, todo aluno precisaria fazer quatro provas em uma semana. Naquele ano, exigimos que os alunos fizessem no mínimo duas. Se quisessem fazer três ou quatro, tudo bem, mas apenas duas provas com nota seriam exigidas. Naquela chamada de Zoom nos unimos como comunidade e reconhecemos, primeiro, que precisávamos conceder um diploma que fosse visto como merecido e, segundo, que não era justo nos atermos a nosso processo tradicional, já que a pandemia afetara a todos de formas distintas. Havia pessoas que não alcançariam os resultados que normalmente teriam tido em razão do modo como a pandemia as tinha afetado. O acordo ao qual chegamos nos parecia justo, e permitia cumprir nossa obrigação de conceder um diploma no qual as pessoas pudessem confiar e, por outro lado, reconhecer os efeitos das circunstâncias extraordinárias nas quais nos encontrávamos. No fim, uma maioria significativa de alunos fez pelo menos três provas, e muitos encararam as quatro. Os alunos remanescentes acabaram cumprindo o mínimo exigido de duas provas. O mais importante é que, por causa de nossa consistente discussão comunitária, de modo geral todos aceitaram os desfechos como legítimos.

A cultura também pode cegar as pessoas em relação à realidade, basta lembrar o caso do macarrão Maggi na Índia. A situação foi agravada pela cultura suíça da Nestlé, que havia tornado a empresa muito confiante de que a falha estava nos testes do governo, não na empresa. Em situações assim, as lideranças precisam gerir um choque de realidade. A Nestlé fez isso substituindo o CEO indiano por Wan Ling Martello, então vice-presidente sênior da Ásia-Pacífico, como descrevo no meu estudo de caso.[30]

A primeira providência de Martello foi convocar uma reunião na prefeitura, bem semelhante à chamada de Zoom que organizei com os alunos do meu MPP. Isso permitiu à equipe da Nestlé reafirmar seus valores comuns e desenvolver uma compreensão melhor e compartilhada de que a estratégia de culpar os reguladores não estava dando certo. A verdadeira questão não era se os testes haviam sido justos ou não, mas as relações da Nestlé com outras partes interessadas na Índia, e se reguladores ou consumidores poderiam confiar que a empresa faria a coisa certa. Ao refletir sobre os aprendizados da crise, o CEO da Nestlé Paul Bulcke disse: "As competências necessárias para administrar um evento desse tipo não têm como ser escritas. É preciso estar em cena e ter empatia pelos participantes, mas também recuar e mudar de perspectiva. O que me guiou no episódio todo foi que nós já estávamos na Índia havia mais de cem anos e eu queria que continuássemos no país por mais cem".[31]

A prefeitura ajudou os gestores locais da empresa a chegarem a um consenso sobre a realidade da crise. Eles, que então achavam a Nestlé a melhor empresa alimentícia do mundo, e que portanto não tinha como errar, passaram a pensar que a Nestlé era a melhor empresa alimentícia do mundo e portanto deveria solucionar o problema. Da mesma forma, no caso do programa de MPP em Oxford, o grupo todo concordou que Oxford deveria sempre ser a escola mais importante para o ensino da liderança pública, respeitando os mais altos padrões de qualidade e integridade, mas reconheceu que, naquelas condições, para alcançar esses padrões era necessária uma abordagem distinta para diferentes indivíduos.

CULTIVAR A FORÇA INTERIOR

Lembra da estratégia de "baixar a temperatura" (capítulo 2)? Quando enfrentamos acontecimentos adversos, às vezes podemos desenvolver *mitos* sobre as causas da adversidade, atribuindo-a ao que consideramos nossas fraquezas estruturais: de fato, as estruturas de saber de nossas experiências vividas travam implicitamente nossa capacidade de superar acontecimentos adversos.

Essa armadilha na qual caímos se chama "impotência aprendida", um conceito bem resumido num artigo de 2011 publicado na *Harvard Business Review* pelo professor de psicologia da Universidade da Pensilvânia Martin Seligman.[32]

Ser demitido, por exemplo, é um acontecimento profundamente traumático para muita gente, que pode acabar gerando estruturas de saber relacionadas a uma autoestima negativa, de modo que, quando esse indivíduo enfrenta outro ambiente de trabalho exigente, ele atribui às suas próprias falhas sua dificuldade em enfrentar os desafios.

Superar a impotência aprendida tem a ver com reconhecer a lógica equivocada de nossas estruturas de saber, para assim chegar a um conceito mais equilibrado do que se pode ou não fazer. Isso geralmente requer colaboração externa, de modo a se apoiar no que os especialistas chamam de "relacionamentos ativo-construtivos". A diretora da Met Cressida Dick observou isso num adendo a seu estudo de caso, ao enfatizar o caráter indispensável de "uma comunidade de amizades de confiança" para gerenciar na era da indignação. No seu caso, o círculo era formado por pessoas que ela conhecia havia muito tempo, e nas quais confiava por já ter se apoiado antes em seu julgamento. E mais: algumas dessas amizades não faziam parte do seu mundo profissional imediato. Embora pudessem enfrentar desafios equivalentes, eles não eram os mesmos que os dela, e portanto elas tinham mais tranquilidade para analisar e dissecar os desafios enfrentados pela Met. Por fim, Dick tendia a consultar as pessoas desse círculo num contexto confidencial: o feedback recebido se destinava apenas a ela.

As "amizades de confiança" de Dick constituíam um círculo que toda liderança deve cultivar para evitar a impotência aprendida e manter a resiliência diante dos ataques — no caso de Dick, de políticos, ativistas e jornalistas. Independentemente do que se possa pensar sobre a correção de sua atuação, ela conseguiu manter sua resiliência e em grande parte a confiança da corporação, o que não é pouco nos anos de crise que enfrentou.

Mesmo superando a impotência aprendida, a resiliência pressupõe identificar e separar aquilo que você realmente não pode controlar para assim evitar ser consumido por emoções destrutivas. Nas palavras de Epiteto, um estoico da Antiguidade: "A principal tarefa da vida é somente essa: identificar e separar as questões para poder dizer com clareza a mim mesmo quais fatores externos eu não posso controlar e quais têm a ver com as escolhas que eu de fato controlo". E assim, o último componente da resiliência vem do estoicismo clássico.[33]

Fui atraído para essa filosofia pelos muitos protagonistas de meus estudos de caso, uma vez que reparei que vários gestores bem-sucedidos nessa era são com frequência estoicos enrustidos ou mesmo abertamente praticantes.[34] O próprio almirante Stockdale era com frequência mencionado como um estoico.

O estoicismo é com frequência mal compreendido como defesa de uma "falta de emoção desconfiada", seja diante do prazer, seja da dor. No entanto, para os estoicos, o objetivo não é negar as emoções, mas evitar aquelas que são patológicas e destrutivas. Como outros filósofos gregos clássicos, os estoicos acreditavam que o propósito da vida é ser um exemplo das virtudes cardeais: justiça, temperança, coragem e sabedoria. Eles só viam o "bem" em atos que promovessem essas virtudes, assim como viam o "mal" em atos que se afastassem delas. Tudo entre uma coisa e outra — atos que nem promovessem, nem diminuíssem as virtudes clássicas, ou circunstâncias que estivessem além do controle do indivíduo — era por eles chamado de "coisas indiferentes", e o objetivo deles era não se deixar consumir pelas distrações aparentemente onipresentes dessas coisas, identificando-as e ignorando-as conforme elas se apresentassem. Eles se concentravam apenas no que podiam controlar e no que contribuiria para sua virtude (a ser almejado) ou que a diminuiria (a ser removido ou evitado). O estoico, portanto, cultiva uma consciência tanto de si quanto do ambiente para aprimorar suas virtudes.

Um bom exemplo de liderança que teve uma abordagem estoica ao gerir um conflito é Chris Liddell, que foi vice-chefe de gabinete da Casa Branca no governo Donald Trump e amplamente reconhecido por ter administrado a transição da Casa Branca para o governo Biden de modo tranquilo e seguro, nos bastidores.

Independentemente da posição política de cada um, muitos reconhecem que, ao longo dos quatro anos de seu mandato, o governo Trump foi bem caótico, em grande parte devido à imprevisibilidade do presidente. A eleição de 2020, que deu a vitória a Joe Biden, acabou com Trump fazendo falsas acusações de fraude eleitoral maciça, e a confirmação formal do resultado pelo Congresso estadunidense em 6 de janeiro de 2021 foi marcada por uma violenta insurreição. Nesse contexto, é difícil imaginar que um servidor da Casa Branca de Trump pudesse sequer pensar em colaborar com o time de Biden.

Liddell não correspondia ao estereótipo do servidor trumpista. Ele foi um dos poucos do alto escalão a não pertencer à família do presidente, e mesmo assim permaneceu durante os quatro anos do seu mandato. Com dupla cidadania, estadunidense e neozelandesa, Liddell fora alto executivo em grandes corporações, incluindo um período como CEO da Carter Holt Harvey, importante grupo de madeiras e materiais de construção na Austrália e Nova Zelândia, além de cargos na Microsoft (diretor financeiro), International Paper (diretor financeiro) e General Motors (vice-presidente e um dos responsáveis pela recuperação da empresa após a falência). O convite para integrar o time de Trump tinha sido uma surpresa: embora Liddell tivesse trabalhado na campanha de Mitt Romney (contra Obama no ano de sua reeleição, 2012), organizando um plano de transição caso Romney vencesse, e embora fosse um conservador do ponto de vista fiscal, ele não se identificava com a política de Trump. No entanto, considerava uma honra e uma responsabilidade servir no governo federal; sendo assim, a decisão de aceitar o cargo foi condizente com os critérios de tomada de decisão dos estoicos.

Conforme o artigo "The Trump Official Who Did the Right Thing" [O servidor de Trump que fez a coisa certa], de David Marchick, ex-diretor do Centro de Transição Presidencial da ONG não partidária Partnership for Public Service, o papel de Liddell na implementação de uma transição tranquila foi decisivo.[35] Profundamente tentado a se demitir por várias questões nos últimos meses da presidência de Trump, inclusive e em especial após o Seis de Janeiro, Liddell trabalhou mais ou menos debaixo dos panos, correndo o risco de ser sumariamente dispensado a qualquer momento. Os riscos não eram apenas profissionais: um servidor trumpista visto como "traidor" poderia virar um alvo pessoal dos apoiadores mais extremistas do presidente, como provara a experiência do vice Mike Pence.

Liddell começou a se preparar para o que imaginou ser um segundo mandato de Trump em janeiro de 2020, quase um ano antes das eleições, e trabalhou com a ajuda de Marchick, o qual logo de cara ressaltou a necessidade de ter um plano para a derrota de Trump. Nos meses que antecederam a eleição, Liddell pôde trabalhar de modo mais ou menos aberto, e Marchick comentou que esse planejamento de transição pré-eleitoral era a parte mais organizada e eficiente da Casa Branca. Ao longo de todo o processo, Liddell se comunicou por intermédio de Marchick com a equipe de transição de Biden, para não atrair a ira dos partidários de Trump. Dentro da Casa Branca, manteve um perfil discreto, não indo ao Salão Oval para evitar que Trump lhe perguntasse o que estava fazendo em relação à transição. Como contou Chris Whipple num artigo na revista *Vanity Fair*: "Ele se abria apenas com poucos colegas de confiança: Robert O'Brien, o consultor de segurança nacional; Matt Pottinger, seu vice; e Pat Cipollone, o advogado da Casa Branca".[36]

Após as eleições, e na esteira da insurreição do Seis de Janeiro, familiares e amigos insistiram com Liddell para ele pedir demissão. Ele ficou, dizendo ser um dever garantir uma transição tão eficiente quanto fosse capaz de entregar. Como observou Marchick: "A história irá julgar as ações daqueles que eram próximos de Trump, e quando isso acontecer Chris deverá ser aplaudido por ter ficado. Ele tentou criar ordem em meio ao caos, e fez pressão pelo cumprimento fiel da Lei de Transição Presidencial. Ele foi o elo direto com o time de Biden uma vez iniciada a transição formal. Por mais caóticos e perigosos que tenham sido os cerca de 75 dias entre a eleição e a posse, eu tremo só de pensar no que teria acontecido se Chris não tivesse estado lá."

A decisão de Liddel de continuar nessa situação altamente inflamável foi motivada por um espírito estoico, que lhe confere duas vantagens. A primeira é a capacidade de ignorar as "coisas indiferentes" e focar naquilo que poderia estar dentro do seu escopo de controle. Teria sido fácil erguer as mãos em desespero e ir embora num protesto. Mas isso só teria piorado mais ainda uma situação já ruim. Ele mesmo disse: "Quando se está cercado de indignação, é difícil separar o 'sinal' do 'ruído' [...]. No meu caso, o ruído era a indignação relacionada ao Seis de Janeiro, mas o sinal era concluir uma transição bem--sucedida". O espírito estoico de Liddell não considerou seu trabalho na transição uma desobediência ao presidente Trump. "No meu caso, eu sempre julguei estar servindo ao presidente e ao país. Se não conseguisse ser leal a ambos, então deveria ir embora. Os argumentos a favor de servir o país eram claros, uma transição bem-sucedida era fundamental. Mas eu também nunca acreditei estar fazendo algo que não fosse do interesse do presidente. Ele podia contestar o resultado das eleições — isso era uma questão inteiramente distinta [uma 'coisa indiferente' que Liddell não podia controlar] —, mas, uma vez perdida essa batalha jurídica, eu acreditava que uma transição bem--sucedida fosse em última instância do interesse dele também", ele me disse.[37]

A segunda vantagem do estoicismo de Liddell pode ser vista no comentário de Marchick sobre sua moderação e discrição na comunicação com as partes envolvidas durante a transição. Isso reflete aquilo que o filósofo estoico Epiteto chamou de "sofisticação dialética", ou seja: um tom moderado e uma economia de palavras que evitam que ele seja mal interpretado. Essa qualidade reduz a probabilidade de desencadear ou inflamar emoções destrutivas nas pessoas com as quais uma liderança deve negociar para realizar o trabalho numa era de indignação.

As disciplinas organizacionais e pessoais implicadas na última etapa de nossa estrutura representam coletivamente investimentos críticos que uma liderança precisa fazer para se manter resiliente. Foi isso que faltou a muitas organizações durante a recente pandemia, o que acabou precipitando a Grande Demissão. As qualidades estoicas que acabo de descrever, por exemplo, possibilitam aos indivíduos ver além dos próprios "roteiros" em situações de agressão, e reduzem a probabilidade de se desencadearem roteiros aversivos nos outros. Cultivar contratos relacionais fortes também ajuda os indivíduos de um grupo a encontrar o terreno comum necessário para identificar soluções, e modula mais ainda a influência de roteiros pessoais negativos. E organizações com modelos de liderança que deleguem de forma ampla a tomada de decisões estarão mais bem posicionadas para ter pessoas preparadas para lidar com situações de indignação e crise. Dito de outra forma, lideranças com espírito estoico e fortes redes de apoio pessoais, trabalhando no contexto de contratos relacionais fortes, parecem mais bem posicionadas para fazer julgamentos melhores sobre questões de crise. Numa era de indignação, as organizações que investem no desenvolvimento dessas pessoas têm uma chance muito melhor de atravessar as crises que inevitavelmente enfrentarão.

Concluo examinando o que essa observação significa em termos de um prognóstico sobre a liderança — de modo mais geral — no século XXI. No capítulo a seguir mudo de marcha, e passo da abordagem prática da resolução de problemas que tivemos até aqui para uma ponderação sobre as implicações de nossa estrutura para a era da indignação naquilo que significa ser uma liderança.

7. Como liderar num mundo polarizado

Pouco depois de eu chegar a Oxford e assumir a direção do MPP, comecei a me interessar por *transformational leadership* e fui cofundador de um programa de bolsas para dirigentes de alto nível.[1] Na verdade, alguns dos protagonistas que vimos aqui — entre os quais o presidente Duque e Chris Liddell, da Casa Branca — são ex-alunos do programa. Outros são Phuthuma Nhleko e Afzal Abdul Rahim, que fundaram duas das maiores empresas de tecnologia da África subsaariana e do sudeste da Ásia, respectivamente. Compartilhamos a sensação de que o entendimento convencional do que é a liderança no último meio século tem de ser atualizado. Pretendo suscitar uma reflexão sobre onde buscar o instinto de liderança para nossos tempos. Em vez de supor que será organizado por uma visão vinda de cima, o instinto de liderança mais adequado para esta era surge gradualmente de baixo para cima, como resultado de uma escuta ativa e de uma profunda humildade, em especial por parte de quem ocupa posições de poder.

A LIDERANÇA COMO NOBRE MENTIRA

Durante a maior parte da história humana, o paradigma de liderança em todas as civilizações apresentava o líder como uma pessoa virtuosa, capaz de reunir seguidores em busca de um objetivo articulado e inspirador. No cânone ocidental, esse é um modelo que, a exemplo de muitos outros conceitos da filosofia política, tem suas raízes na obra de Platão, cujo argumento em *A República* era que, para uma sociedade prosperar, ela deveria ser conduzida por guardiões altamente instruídos ou reis filósofos.

Esse modelo de liderança não vê as pessoas comuns como necessariamente virtuosas, no sentido de sábias, corajosas ou justas, entendendo que elas nem sempre tomarão decisões virtuosas. Para a sociedade ser virtuosa, portanto, é preciso criar anteparos para o comportamento das pessoas e processos para a resolução justa dos desacordos. As lideranças encarregadas de tais responsabilidades devem, pois, estar entre as mais justas.

Platão reconhecia que esse arranjo colocava um problema importante, o consentimento: os membros da sociedade deveriam concordar a respeito de quem seriam as lideranças, e a solução que ele encontrou foi a famosa "nobre mentira", às vezes conhecida como "parábola dos metais".[2] Para uma sociedade justa funcionar, todos os integrantes precisavam concordar ou estar convencidos de terem nascido com uma personalidade inerente, cujas características se apresentavam como metais. Alguns eram metais de base, como ferro e latão; outros eram mais nobres, como ouro e prata. Os mais nobres correspondiam às virtudes mais elevadas, como sabedoria e coragem, ao passo que os outros correspondiam às virtudes mais rasteiras como a resistência.

A mistura de metais na alma de uma pessoa determinava seu potencial, se ela se tornaria agricultora, artesã ou líder. À medida que a personalidade inerente de cada indivíduo se tornava evidente, sua educação e sua formação deveriam ser adaptadas de acordo com ela.

É fácil detectar as falhas nessa narrativa determinista (ver, por exemplo, *Admirável mundo novo*, de Huxley) mas, verdade seja dita, Platão admitia que as virtudes não eram necessariamente herdadas: o filho de um líder podia muito bem acabar revelando uma personalidade de agricultor. E, talvez por reconhecer que a narrativa era uma construção abstrata, não uma verdade passível de confirmação, ele se referia a ela como mentira ou "mito" (a depender da leitura que se fizer do original grego).

Sejam quais forem os defeitos da visão platônica, o conceito de que é preciso uma narrativa fundadora para alcançar a harmonia coletiva se revelou impressionantemente duradouro, e é em certa medida resultado da influência de outro grande filósofo clássico, Aristóteles, discípulo de Platão, que desenvolveu um pouco mais a ideia. A visão aristotélica sobre as decisões era menos predestinada, e ele reconhecia que, num mundo estritamente determinista, é impossível louvar ou condenar a "decisão" de qualquer um porque o sujeito não tem agência, uma visão difícil de equacionar com a ética baseada em valores. Roger Martin e Tony Golsby-Smith nos lembram de que Platão instituiu uma distinção clara entre o mundo natural, onde os desfechos são predeterminados ou inevitáveis ("as coisas não podem ser diferentes de como são"), e um mundo humano, em que as escolhas das pessoas fazem diferença ("as coisas podem ser diferentes de como são").[3] Na *Retórica*, Aristóteles descreve como um líder consegue criar tal narrativa combinando logos (o raciocínio do proponente) com páthos (um apelo às emoções do ouvinte) e éthos (a autoridade do narrador), um construto conhecido como triângulo retórico. (Pode-se notar a conexão desse triângulo com as formas de poder exploradas no capítulo 5 — poder racional, poder emotivo e poder coercitivo —, embora, curiosamente, o poder recíproco fique de fora.)

Mas será esse modelo — que combina uma liderança virtuosa e forte com uma narrativa fundadora atraente, porém provavelmente fictícia, em torno da qual as pessoas podem se unir ou em relação à qual podem pelo menos concordar — sustentável em nossa era da indignação? Mesmo nos casos aqui examinados, em que as lideranças usaram narrativas para entregar seus objetivos (como o presidente Duqueou Pandit), não se tratava de apelos aristotélicos, mas esforços circunscritos, baseados em ações, que usavam e se apoiavam num poder recíproco do tipo relacional. Sendo assim, se não é o rei filósofo clássico e sua nobre mentira que irá nos guiar na era da indignação, que modelo alternativo podemos pôr em seu lugar?

Para responder a essas perguntas, começo examinando as nobres mentiras ou mitos fundadores que têm alicerçado o crescimento e a prosperidade de duas democracias importantes e muito diferentes entre si: os EUA e a Turquia. Aponto as contradições inerentes nessas narrativas e mostro como os fenômenos que identifiquei no capítulo 1 (os motores de indignação) expõem de modo destrutivo essas contradições. À medida que as narrativas desmoronam, lideranças carismáticas aproveitam para impor pautas excludentes que seduzem grupos e interesses específicos, mas limitam muitos outros, reforçando um sentimento de divisão e contribuindo para a fragmentação social.

Depois, descrevo um modelo alternativo de liderança cuja história é muito longa sob determinados aspectos e argumento que, combinado com o sistema de gestão que venho descrevendo, ele pode proporcionar um caminho mais seguro para a estabilidade das organizações e das sociedades do que uma nova nobre mentira. Comecemos examinando uma das mais atraentes e poderosas nobres mentiras dos tempos modernos.

O nobre mito da excepcionalidade dos Estados Unidos

Os pais fundadores dos Estados Unidos, em particular Thomas Jefferson, eram profundamente motivados pelos gregos antigos. Jefferson, motor intelectual do mito fundador do país, criou a narrativa que constitui o alicerce da identidade estadunidense, a saber: ao contrário de todas as outras nações que os antecederam, com exceção talvez da Atenas clássica, os Estados Unidos são uma nação definida por um conjunto de ideais republicanos, não por uma herança ou etnia comum, nem pelo poder de uma elite ou monarca governante. A justificação para se separar da monarquia britânica se baseava em três axiomas básicos. Vale a pena considerar um trecho da Declaração de Independência:[4]

> Consideramos autoevidentes as seguintes verdades: que todos os homens nascem iguais, que são dotados pelo Criador de determinados Direitos inalienáveis, que entre esses direitos estão a Vida, a Liberdade e a busca da Felicidade. Que para garantir tais direitos os Governos são instituídos entre os Homens, derivando seus justos poderes do consentimento dos governados; que sempre que qualquer Forma de Governo se tornar destrutiva em relação a esses fins, é um Direito do Povo alterá-la ou aboli-la, e instituir um novo Governo cujas bases estejam assentadas nesses princípios e cujos poderes estejam organizados de tal forma que lhes pareça mais provável de garantir sua Segurança e Felicidade. De fato, a prudência irá ditar que Governos há muito estabelecidos não deverão ser trocados por causas leves e passageiras; e da mesma forma todas as experiências mostraram que a humanidade têm uma disposição maior para sofrer, enquanto houver males dos quais sofrer, do que de se endireitar abolindo as formas às quais está acostumada. Mas quando uma longa sequência de abusos e usurpações tendo invariavelmente o mesmo Objetivo revela um projeto de reduzi-los a serem governados por um Despotismo absoluto, é seu direito e dever derrubar tal Governo, e providenciar novos Guardiões de sua futura segurança.

Minha leitura desse preâmbulo é que Jefferson estava embarcando na criação de uma nobre mentira, e a estrutura elegante e lógica de sua argumentação reflete o filósofo que ele era. No entanto, a autoevidência de sua primeira e mais fundamental alegação era decerto questionável até mesmo na época. O próprio Thomas Jefferson era um não desprezível senhor de escravos, e a hipocrisia de basear a Revolução Americana nos direitos humanos quando uma parte tão grande da sua prosperidade — assim como a da Atenas clássica — se apoiava na instituição da escravidão assombra a legitimidade desse mito até hoje, ponto ao qual volto em breve.

Mas é importante entender o propósito da declaração de Jefferson — a saber, proporcionar uma justificativa para a independência, uma narrativa capaz de reunir e motivar colonos de todos os treze estados originais a romper com a monarquia britânica, instituição que ainda tinha a lealdade de muitos em terras estadunidenses. A narrativa sobre justiça e liberdade exerce essa função: ela apelava para (e instigava) o sentimento de maus-tratos e exploração por parte do governo britânico. É significativo que Jefferson tenha escolhido como alvo justo o monarca inglês, apesar de sem dúvida saber que o poder do rei na Grã-Bretanha, mesmo no século XVIII, era limitado (de modo que nesse ponto ele está criando uma outra ficção). Mas apontar o rei como um tirano clássico, que impedia os cidadãos de gozar de seus direitos inalienáveis, era uma mensagem atraente e proporcionava aos colonos um inimigo comum claramente identificável. Assim como a parábola de Platão sobre os metais, a história de Jefferson era cheia de furos. E, também como Platão, Jefferson era aparentemente incapaz de pensar num jeito melhor de motivar os colonos a romper com a Grã-Bretanha.

Embora seja uma ficção idealizada, a narrativa de Jefferson teve profunda influência na criação e na evolução da Constituição do país, que estabelece como serão escolhidos os guardiões e fixa os limites dentro dos quais eles irão operar. Jefferson via o governo basicamente como um ato de delegação de cidadãos a outros cidadãos que os primeiros julgassem capazes e sensatos o suficiente para regular a economia e cuidar da defesa, suas relações com outros países, e as disputas que nele surgissem dentro de um conjunto de anteparos difíceis de mudar, que limitavam a capacidade dos líderes de abusar dos poderes que lhes haviam sido delegados. A Constituição identifica os direitos básicos inalienáveis, os cargos públicos básicos e as formas de escolha dos governantes.

De muitas maneiras, a conquista de Jefferson foi notável. A sociedade que sua narrativa ajudou a criar tem sido, sob muitos aspectos, um modelo de progresso econômico e social, uma "cidade edificada sobre um monte". Os princípios da declaração de Jefferson e a Constituição que os encarna empoderaram o empreendedorismo que caracteriza a economia dos EUA e que ocupou o centro de sua identidade durante a maior parte da sua história: a ideia de que qualquer um pode chegar ao país e ter sucesso, basta ter força de vontade e inteligência para trabalhar muito e trabalhar bem, ideia conhecida como "sonho americano". Foi isso que atraiu gerações de imigrantes europeus no primeiro século de existência do país, porque as oportunidades oferecidas eram bem maiores do que aquilo que se podia encontrar numa Europa governada por monarquias e elites que exploravam diferenças tribais em busca de mais poder.

Com certeza os países da Europa oitocentista também tinham dinamismo econômico — foi lá que começou a Revolução Industrial —, mas os principais beneficiários da transformação econômica europeia foram os que herdaram sua riqueza. E embora empregos na manufatura representassem uma alternativa para a pobreza e a fome do mundo rural, a maioria das pessoas que se mudava para trabalhar nas fábricas e minas apenas se via presa a outro tipo de pobreza. De modo nada surpreendente, essas pessoas consideraram atraente a proposta do sonho americano, e embora poucas possam tê-lo concretizado, um número suficiente conseguiu para que ele permanecesse uma aspiração realista.

Sob muitos aspectos, seria possível argumentar que os Estados Unidos de Jefferson eram o garoto-propaganda do espírito iluminista que ele personificava. O Iluminismo foi um movimento europeu particularmente abraçado pelas classes burguesas recém-surgidas cuja riqueza vinha do comércio. A base desse movimento era a ideia de que o mundo era passível de ser conhecido por meio da investigação filosófica e científica: quanto mais você sabia, melhor se tornava (mais virtuoso no sentido clássico). Nesse caso também, essa ideia não é de modo algum uma verdade autoevidente, embora possa ser atraente como motivação. Muitos aspectos da vida não eram passíveis de conhecimento na época, nem o são ainda hoje. Mais especificamente, como demonstrado pelo célebre filósofo e matemático austríaco Kurt Gödel em seus teoremas da incompletude, o conhecimento formal nunca tem como ser completo, o que torna o próprio Iluminismo uma nobre mentira, e uma compreensão intuitiva dos limites do conhecimento formal acabaria por conduzir à ascensão do romantismo.

Ainda assim, o movimento fomentou o progresso econômico e incentivou uma cultura da meritocracia, e portanto não surpreende que tenha levado as pessoas a questionar a ordem social, vista como um obstáculo ao direito dos indivíduos de se aprimorar. De fato, a Revolução Francesa que se seguiu à estadunidense também foi conduzida por pessoas que abraçavam muitos dos mesmos valores dos pais fundadores dos Estados Unidos. Só que o experimento francês teve um desfecho bem diferente, o que reflete diferenças de contexto importantes. Na França, a revolução derrubou por completo as instituições e elites vistas como "o outro" pelos líderes iluministas do movimento. Mas esse sucesso ameaçou a segurança dos reinos e impérios ao redor da França, o que fomentou conflitos e acabou levando à criação de um regime militarista imperial dominado pelo general mais bem-sucedido da França, Napoleão Bonaparte.

A Revolução Americana, por outro lado, não representou nenhuma ameaça às instituições do governo britânico nem às elites que o dominavam. E quando a Grã-Bretanha começou a fazer as contas de quanto lhe custava manter o domínio sobre os Estados Unidos, logo encontrou oportunidades mais lucrativas em outros lugares do Oriente, e num prazo razoavelmente curto se envolveu no que se poderia considerar uma das primeiras guerras globais com a nova França napoleônica. Os recém-independentes cidadãos dos Estados Unidos foram deixados em paz para explorar e desenvolver os vastos recursos de seu país continental.

Pelo menos essa é uma das versões da história. Mas as mentiras por trás do nobre mito fornecem potencial para uma leitura bem diferente. O primeiro e mais evidente dos problemas é a escravidão, às vezes descrita como o pecado original dos EUA. A contradição de um país politicamente fundado nos direitos humanos mas que dependia fortemente da instituição da escravidão para produzir prosperidade levou a um confronto inevitável entre os estados abolicionistas do Norte, que vinham aos poucos despontando como uma locomotiva manufatureira global, e os estados sulistas agrários e pró-escravidão. Sob alguns aspectos, essa luta espelhava a disputa então em curso na Europa, a partir do final do século XVIII, entre os defensores do *Ancien Régime* tradicional (a monarquia, o clero e a nobreza) e uma classe média em ascensão graças à Revolução Industrial. A rivalidade entre os dois campos acabou levando, nos EUA, ao sangrento conflito da Guerra de Secessão.

Os direitos individuais venceram essa disputa, mas o conflito permaneceu sem solução e segue ressurgindo nos Estados Unidos. Além disso, os direitos individuais não prevaleceram nos outros conflitos que definiram o nascimento e crescimento dos EUA. À medida que o país se expandia, os brancos foram progressivamente ocupando territórios cada vez mais extensos, em grande medida anexados à força, de povos que já viviam lá: os povos originários dos Estados Unidos. O insaciável apetite da nova república por terra, de modo bem parecido com o de sua pátria mãe do outro lado do oceano, significou que as populações indígenas seguiram sendo desapropriadas por meio da guerra, da doença e da perturbação do seu modo de vida. Os direitos iguais dos homens (e só mais tarde das mulheres) à vida, à liberdade e à busca da felicidade, pelo visto não se aplicavam aos povos pejorativamente chamados de "peles-vermelhas".

A escravidão e o genocídio dos povos originários constituíam uma narrativa de excepcionalidade que contrastava com as histórias ensinadas nas escolas celebrando feitos de pioneiros como Meriwether Lewis e William Clark, exploradores da Louisiana, território adquirido pelos EUA em 1803 a mando do terceiro presidente do país, um certo Thomas Jefferson.

O que se depreende dessa análise é que um dos nobres mitos que definiram o período moderno estava baseado, por um lado, em princípios no melhor dos casos aplicados seletivamente, e, no pior, deliberadamente falsos, e, por outro, na identificação de "outros" que serviam, no melhor dos casos, como recursos a serem explorados, e no pior, como inimigo comum para um grupo autoidentificado de pessoas envolvidas no projeto de construir a própria nação. Embora a narrativa imperfeita tenha contribuído em muito para o desenvolvimento do moderno Estados Unidos, esse desenvolvimento se deu mediante um grande custo para povos que, em momentos diversos da história do país, não foram considerados como seres humanos, quanto mais membros de uma república baseada nos direitos humanos inalienáveis.[5]

Infelizmente, a mesma conclusão pode ser tomada em relação a quase qualquer narrativa fundadora da história, sugerindo que a aplicação prática do ideal platônico da nobre mentira está em última instância fadada ao fracasso. Examinemos outro exemplo.

O Estado turco moderno

Pode ser desconcertante imaginar que os avós de muitos leitores da atualidade viveram numa época em que a China era governada por uma imperatriz viúva, Nicolau II era o czar de todas as Rússias e um sultão conhecido como Abdul, o Maldito, ocupava o Palácio de Topkapi em Istambul. Pouco mais de um século atrás, a monarquia absolutista ainda era vista como um sistema de governo legítimo, e vários países ainda guardam vestígios desses regimes, entre os quais muitas das democracias liberais da Europa, como Grã-Bretanha, Espanha e Países Baixos, assim como Dinamarca, Suécia e Noruega.

De modo geral, as diferenças entre países que mantêm uma monarquia e os que não a mantêm dependem em grande parte de se o país em questão desenvolveu gradualmente um sistema democrático para limitar essa monarquia ou se ela foi deposta de modo súbito e violento. Na China, Rússia e Turquia, a transição se deu rapidamente por meio de uma revolução, cada qual acompanhada por uma narrativa fundadora própria. Uma das mais interessantes dessas novas narrativas é a da Turquia.

Embora o processo de liberalização do Império Otomano já tivesse começado em 1839 com o Édito de Gülhane, a "nova Turquia" foi em grande parte produto da visão de um único homem, ao passo que nos Estados Unidos houve um esforço coletivo: o principal colaborador intelectual do mito estadunidense, Thomas Jefferson, não foi o líder inconteste da revolução do país, e muitas de suas opiniões eram fortemente refutadas por adversários que em alguns momentos levaram a melhor. Já Mustafa Kemal Atatürk de fato protagonizou sozinho seu momento.[6]

Nascido na atual Tessalônica, Atatürk havia sido um dos mais bem-sucedidos líderes militares do Império Otomano, em grande parte o responsável pela derrota das forças aliadas na campanha de Galípoli. Após a vitória aliada na Primeira Guerra Mundial, o território otomano central que hoje forma a Turquia atravessou uma fase de violência e revolução, momento em que os grupos dominantes de etnia turca se voltaram contra as minorias, em especial os armênios na Anatólia e as comunidades gregas no litoral do Mediterrâneo. Durante esse período, Atatürk liderou o movimento nacional turco, que resistiu a uma tentativa das potências aliadas de dividir o país se valendo essencialmente da colaboração de movimentos étnicos gregos e armênios. Ele então fundou um novo governo na atual capital turca, Ancara: destronou o último sultão e, abolindo formalmente o Império Otomano, proclamou a república.

Atatürk tinha uma visão da nova Turquia como um Estado-nação moderno, secular, diferente do califado otomano multinacional que ela substituía. A nação seria povoada por cidadãos instruídos que buscariam o progresso econômico e social, de modo a competir em pé de igualdade com as modernas economias europeias. Ela seria também uma república majoritariamente turca: Atatürk integrara um movimento que se inspirava em especial na Alemanha para definir como deveria ser um Estado moderno. Sua experiência de soldado também reforçava uma crença na tecnologia e numa liderança forte, e ele queria libertar a nova Turquia do que considerava a mão morta do conservadorismo religioso. Esse nacionalismo étnico e laico era uma característica forte da política europeia do final do século XIX e início do XX, e na esteira da Primeira Guerra Mundial ela foi ganhando proeminência à medida que o multicultural Império Austro-Húngaro — herdeiro do Santo Império Romano pré-napoleônico — se desmantelava, com a justificativa de que povos distintos mereciam o direito de ditar os próprios rumos.

Em busca desse ideal, Atatürk fundou expressamente sua nova nação num conjunto de princípios, aos quais se referia como as seis flechas, de certo modo parecidos com a formulação básica de Jefferson.[7] O primeiro desses princípios, o *republicanismo*, afirma que a nova Turquia é uma república por oposição a uma monarquia ou qualquer outro tipo de regime. Em teoria, é uma república relativamente democrática, com leis aprovadas por um parlamento escolhido por voto popular, integrado pelos principais membros do governo e cujo chefe de Estado é um presidente eleito com poder de veto e prerrogativas semelhantes. O poder dos governos deve ser limitado por uma constituição que protege os direitos individuais e que está subordinada a um controle judicial independente.

Tudo isso soa muito atraente, mas historicamente as instituições do Estado não têm sido tão democráticas quanto sugere sua Constituição. Atatürk foi presidente da Turquia desde a criação da república, em 1923, até morrer em 1938. Ao longo de seu mandato, transformou o país num Estado unipartidário: uma oposição legal surgiu apenas em duas ocasiões, ambas de curta duração, e só em 1945 a Turquia se tornou uma unidade política multipartidária. Desde então o país passou por três golpes militares (1960, 1971 e 1980), além de um golpe civil malsucedido e sufocado pelo atual presidente. A realidade política claramente não reflete o que sua política em teoria deveria ser, ou seja, legitimar insurgentes que tentam mudar o sistema.

Atatürk seguiu seus princípios a fim de distanciar a nova república das tradições e instituições do Império Otomano. O segundo, o *populismo*, buscava assentar a nova república nos cidadãos: quem deveria deter a soberania era o povo, por meio do voto — ela não seria exclusiva de um monarca hereditário escolhido por Deus. Isso foi reforçado pelo terceiro princípio, a *laicidade*, importada do pensamento político francês e que separa expressamente Estado e religião. A educação, em especial, foi retirada das mãos do clero muçulmano, e um currículo escolar nacional foi imposto. A laicidade também mirou na eliminação das distinções entre pessoas. Sob o domínio otomano, as afiliações religiosas e o nível social das pessoas eram visíveis pelas vestimentas, mas na nova república essas distinções foram banidas fora dos locais de culto. O quarto princípio, o *reformismo*, conferia expressamente ao Estado o direito de desmantelar tradições sociais e criar novas.

Talvez o mais polêmico dos princípios seja o quinto: o *nacionalismo*, por meio do qual o dirigente buscava criar uma identidade nacional unificada, conceito em última instância derivado da noção de contrato social de Rousseau.[8] Segundo o filósofo francês, um povo soberano estabelece um contrato social com um governo, que por sua vez administrava e conduzia uma nação. Contanto que o governo não escravizasse o povo, não retirasse direitos básicos e gozasse do apoio geral, ele era legítimo. Na visão de Atatürk, para esse contrato funcionar de modo eficiente, o povo soberano precisava ter um sentimento claro de identidade. Extremamente ciente do papel que as divisões étnicas e religiosas tiveram no declínio do Império Otomano, ele procurou criar uma identidade comum para sua nova república: seriam todos turcos, identidade definida pelos "fatos naturais e históricos que levaram à criação da nação turca", a saber: "(a) unidade de existência política; (b) unidade linguística; (c) unidade territorial; (d) unidade racial e de origem; (e) vínculos históricos; e (f) vínculos morais".[9]

Oficialmente, nada disso significava que um cidadão turco precisasse ser de etnia turca, e não está nem um pouco claro que o próprio Atatürk fundisse os dois conceitos. Mas ele com certeza não demonstrava apoio a outras identidades étnicas na esfera pública: "Dentro da unidade política e social da atual nação turca, há cidadãos e compatriotas que foram incitados a se considerar curdos, circassianos, lazos ou bósnios. Essas denominações equivocadas, fruto de períodos de tirania anteriores, só trouxeram infelicidade aos integrantes individuais da nação".[10] Sua posição talvez tenha sido uma tentativa de ter tudo. Ele reconhecia que a etnicidade era um elemento fundamental da identidade cultural, e seu conceito de ser turco significava que podia manter uma conexão étnica e proporcionar um caminho para os cidadãos de outras etnias.

Fosse qual fosse a opinião de Atatürk, muitos de seus apoiadores amalgamavam as identidades civis e étnicas, e o Estado turco moderno foi construído em grande medida em meio a turbulências de conflitos étnicos entre turcos muçulmanos e as minorias cristãs grega e armênia. A capital se deslocou da histórica Istambul, que por séculos foi sede do governo otomano, para a pequena cidade que é hoje Ancara, na Anatólia central, o território turco original. E embora Atatürk tenha nascido onde hoje fica a Grécia, alguns de seus biógrafos identificam ancestrais seus na Anatólia turca. De fato, pode-se dizer que o princípio do nacionalismo é o equivalente turco do pecado original dos EUA, e suas ramificações seguem azedando sobretudo a relação entre o Estado e os curdos e outras minorias.

O último princípio, o *estatismo*, faz do Estado um agente econômico fundamental, que regula as atividades das empresas e investe diretamente em áreas nas quais a iniciativa privada não quis ou não pôde se envolver, em especial nos grandes projetos de infraestrutura ou no desenvolvimento de indústrias pesadas como carvão e aço. Atatürk era um defensor da iniciativa privada, e incentivava uma participação igualitária nas empresas estatais. Os motivos por trás desse princípio eram dois: o país precisava de investimento em larga escala para se reerguer, e a pauta modernizadora exigia a mobilização de capital e os recursos necessários para investir em infraestrutura e indústrias manufatureiras que pudessem tornar a nova Turquia autossuficiente.

O exercício de construção nacional de Atatürk foi um feito impressionante para qualquer período histórico: a Turquia criada a partir dos escombros do Império Otomano permanece uma sociedade invejável para grande parte do mundo. Além disso, sob muitos aspectos Atatürk é um exemplo do modelo aristotélico de liderança, criador de uma nova realidade pela aplicação de logos, páthos e éthos: força de argumentação, apelo emocional e autoridade pessoal.

No entanto, como disse, muitos dos princípios fundadores da nova nação soaram ocos desde o início: a democracia supostamente liberal foi um Estado unipartidário durante a maior parte da sua existência, liderada de modo quase ditatorial por seu pai fundador em seus primeiros quinze anos. Desde a introdução de um sistema multipartidário, a política turca tem sido pontuada por golpes militares em geral motivados, de modo paradoxal, por temores em relação à popularidade crescente do conservadorismo religioso. O problema dessa dinâmica, claro, é que cada intervenção militar só serve para minar o princípio do republicanismo: em que medida a Turquia é uma república democrática se as forças armadas intervêm para proteger a democracia da vontade (religiosa conservadora) de seu povo? Essa contradição é agravada pela alterização embutida nas propostas centrais remanescentes, que parecem excluir de propósito a religião da vida pública e apresentar a identificação com etnias (e religiões) não turcas como ilegítima. Assim como a narrativa de Jefferson sobre os EUA, e de modos muito parecidos, o mito fundador da Turquia contém contradições e tensões que talvez acabem conduzindo a seu fracasso.

Assim como os EUA, a Turquia está no centro de uma tempestade perfeita de motores de indignação. Como o restante do mundo, seus cidadãos enfrentam uma perspectiva de crescimento econômico reduzido; as consequências ambientais de um planeta mais quente; e a ameaça de desemprego representada pela tecnologia. Experimentam também um sentimento de exclusão dos ganhos econômicos, justificado pela extrema concentração da renda. Mais de 47% da renda familiar se concentra na quinta parte mais rica dos domicílios, número que se assemelha mais à África subsaariana do que à Europa ou aos EUA.[11] Além disso, essa porcentagem é só um pouco menor do que a de 45 anos atrás, tornando razoável que os cidadãos desconfiem sofrer uma injustiça. Some-se a isso as várias recusas de suas tentativas de entrar para a União Europeia, ironicamente decorrentes em grande parte das preocupações europeias com o islamismo da Turquia. Mas o motor de indignação que se destaca no país é o terceiro: as ideologias de alterização.

O Estado turco foi fundado sobre uma rejeição da ideia de que a religião tivesse um papel de peso na vida pública. Atatürk a via como inimiga do progresso, mas reconhecia sua importância na identidade pessoal, motivo pelo qual tentou criar uma nova identidade nacional. Só que a adoção de uma identidade secular nunca se completou. Os indivíduos de etnia turca parecem ser de alguma forma mais iguais do que os outros, como muitos curdos poderiam testemunhar. As migrações resultantes de conflitos no Iraque e na Síria jogam ainda mais lenha nessa fogueira com sua introdução de novos "outros". Enquanto isso, a própria rejeição da religião como motor de políticas públicas por Atatürk começou a fazer o caminho inverso. O melhor reflexo disso talvez seja o apelo eleitoral do atual presidente turco, Recep Tayyip Erdoğan, que passou mais de duas décadas ocupando alguns dos mais altos cargos da nação.

Sob determinados aspectos, Erdoğan não poderia ser mais diferente de Atatürk: se este era motivado pela construção de instituições seculares que fossem durar muito mais do que seu tempo de vida, as abordagens de governança de Erdoğan estão mais enraizadas em valores tradicionais. Enquanto Atatürk fundou o primeiro partido político democrático da Turquia, Erdoğan proferiu a célebre frase: "A democracia é como um bonde. A pessoa anda nele até chegar ao destino, depois salta".[12] Visto sob uma outra perspectiva, porém, Erdoğan, que vem de uma tradição religiosa conservadora, é uma versão de Atatürk criada nesta era da indignação: um líder carismático que prega um novo evangelho, dessa vez apresentando os valores tradicionais como um antídoto para os problemas de uma Turquia secular. Embora tenha tomado emprestado e ampliado elementos do jogo de Atatürk, sobretudo nas políticas econômica e estrangeira em seu primeiro ano no poder, ele se afastou da crença de que o conservadorismo religioso é a origem do atraso de um país. Pelo contrário: o partido que ele fundou, o Liberdade e Justiça, está alinhado com os valores muçulmanos, ainda que não imponha de forma explícita uma pauta religiosa. (O próprio Erdoğan passou um tempo preso e impedido de exercer cargos políticos por "incitar o ódio religioso após recitar um poema" no qual comparou "mesquitas a casernas e os fiéis a um exército".)[13] Por agradar os conservadores religiosos, o novo partido e seus líderes conquistaram um apoio consistente de cerca de 50% do eleitorado, com o restante em grande parte dividido entre secularistas e minorias étnicas. Erdoğan explorou seu poder para exercer um estilo de governança cada vez mais movido pela personalidade, que o coloca num pedestal como o grande salvador de seu país, nos moldes do próprio Atatürk, só que com novas narrativas de exclusão.

RUMO A UMA MODERAÇÃO RADICAL DA LIDERANÇA NUMA ERA DE INDIGNAÇÃO

Para mim, as conflituosas histórias dos Estados Unidos e da Turquia ilustram os limites da narrativa platônica tradicional de construção de comunidade e do modelo aristotélico de liderança. Talvez devêssemos tentar uma abordagem fundamentalmente diferente, mais adaptada ao contexto pós-moderno fragmentado e raivoso em que vivemos, e minha hipótese é que o sistema aqui delineado aponta o caminho para uma abordagem assim, mais adequada ao que cada vez mais se reconhece como uma sociedade da pós-verdade, na qual ideias e mesmo fatos são determinados de modo subjetivo.

Esse relativismo não é de todo novo. Não é de hoje que pensadores e escritores olham com ceticismo os tipos de absoluto que são a moeda corrente dos políticos em especial. O poeta irlandês William Butler Yeats, por exemplo, observou que "aos melhores falta qualquer convicção, ao passo que os piores/ Estão tomados por uma paixão arrebatadora".[14] E à medida que as forças referidas no capítulo 1 se desdobram, o conflito de narrativas se intensifica, com cada pessoa ou grupo se agarrando com mais veemência à própria. Um talk show de sucesso convida uma duquesa descontente para compartilhar "a sua verdade". Um presidente dos EUA alega, desafiando evidências fotográficas, que sua posse teve mais público que a de seu antecessor. Num ambiente assim, é difícil imaginar que o modelo tradicional para liderar comunidades grandes, porém cada vez mais diversas — a liderança heroica e a nobre mentira — ainda seja factível para alcançar a harmonia social e o progresso coletivo em grande escala. As falhas que parecem inerentes ao tipo de mito fundador que o modelo exige se agigantam na era de indignação, e não se sustentam à medida que novos protagonistas — da direita alternativa e do movimento *woke* na esquerda — exploram as contradições e buscam substituir verdades até então estabelecidas pelas suas e de seus seguidores. Se Meghan Markle pode ter a sua verdade, por que Donald Trump não pode ter a dele, e vice-versa?[15] E diante da violência e alterização que os pais da nação se permitiram ter nos EUA, as críticas dos defensores do establishment a essas táticas disruptivas marginais soam ocas.

Dada a relação extremamente complexa que parecemos ter com a verdade, o sistema que expus neste livro talvez ofereça um modelo mais adequado para a liderança, substituindo o modelo clássico de estabelecer e catequizar verdades acordadas por um processo gradativo e de baixo para cima que negocie um consenso capaz de abarcar todos os roteiros. Em vez de contradizer as narrativas que talvez reflitam a experiência das pessoas, ele as reconhece. E conduz os protagonistas a acordos que possibilitem a coexistência de várias perspectivas, pelo menos no curto prazo, até que emerjam entendimentos mais duradouros. Quando lideranças que usam um sistema assim abraçam narrativas para favorecer desfechos, elas o fazem por meio de ações, não da retórica. E, talvez o mais importante, tal abordagem reduz o potencial de alterização (e, portanto, de violência).

Como descrevi, um dos aspectos dessa abordagem é que ela nunca se completa. Tampouco busca produzir um conjunto de princípios difíceis de mudar. Os únicos princípios envolvidos são as normas de interação — qualquer acordo negociado por meio de interação precisa ser renegociado por meio de mais interação — que permitem a uma organização ou comunidade se adaptar a contextos em transformação. É uma abordagem que também pode ser promissora num nível societal e até mesmo global. Talvez não seja coincidência que países com uma abordagem mais parecida com essa — nos quais quase todo o governo é administrado por coalizões cuidadosamente negociadas e renegociadas, como os da Escandinávia — sejam conhecidos por sua relativa estabilidade social.

Para o sistema dar certo, porém, é preciso recalibrar nossa ideia de liderança eficiente, e em especial exigir uma qualidade que poucas lideranças vistas como bem-sucedidas costumam exibir, e em relação às quais podemos ter sentimentos contraditórios. O tipo de liderança ao qual me refiro não é novo, pelo menos para quem estuda o assunto. Jim Collins, por exemplo, num artigo da *Harvard Business Review*,[16] classifica as lideranças em vários níveis, e defende que o tipo mais duradouro é a de nível 5, e é ela que distingue as organizações boas das excelentes.

A teoria da liderança de Collins tem por base uma hierarquia de capacidades, na qual a qualidade do líder é definida pelas habilidades da pessoa. A competência pessoal é a capacidade básica (nível 1) que se espera de qualquer liderança. As competências de liderança melhoram, porém, se o gestor souber trabalhar em equipe (nível 2). O passo seguinte é a capacidade de organizar e direcionar uma equipe para um objetivo comum (nível 3, o gestor competente).

Então, além dessas capacidades anteriores, uma liderança eficiente (nível 4) "catalisa a busca vigorosa de uma visão clara e atraente" e "estimula o grupo a alcançar altos padrões de desempenho". No topo dessa hierarquia, porém, está o executivo de nível 5, cuja característica singular é "uma combinação paradoxal de humildade pessoal com força de vontade profissional".

Sob muitos aspectos, o modelo de Collins corresponde grosso modo à teoria de Daniel Goleman (também com cinco componentes de liderança): os líderes atingem a excelência por meio de suas competências emocionais. A capacidade de ser competente, de trabalhar em equipes e organizá-las, e de motivar essas equipes para alcançar um objetivo comum, tudo isso demandaria o tipo de competência emocional que Goleman descreve: autoconsciência, empatia, motivação pessoal, capacidade de inspirar terceiros e, sobretudo, autocontenção: os cinco componentes da inteligência emocional.[17] A teoria de base psicológica de Goleman também teve grande importância na área da liderança profissional, e ajudou a estruturar muitos programas de desenvolvimento de lideranças.

Isso me faz chegar ao que considero interessante tanto no modelo de Jim Collins quanto no de Daniel Goleman, a saber: um aspecto que distingue as excelentes lideranças ("humildade" e "autocontenção") está intimamente relacionado à "temperança", que é uma das quatro virtudes clássicas gregas (as outras três são sabedoria, justiça e coragem). A competência pessoal e a capacidade de entender e motivar pessoas para que sigam um objetivo claro e atraente são qualidades importantes numa liderança, mas chama a atenção que tanto Collins quanto Goleman valorizem uma versão da temperança: trata-se de uma competência que exige saber quando se conter e não tentar impor os *próprios* objetivos e princípios.

A importância da temperança num grande líder antecede em muito Jim Collins e Daniel Goleman. Até mesmo Platão e Aristóteles teriam concordado que uma liderança deve ter moderação. E, de fato, a "humildade" é uma virtude em muitas religiões, como o cristianismo e o islamismo. Mas talvez o exemplo mais poético da necessidade de temperança num líder esteja numa das peças menos conhecidas de William Shakespeare, mas uma das minhas preferidas para ilustrar o assunto.

Coriolano e os perigos da intemperança

Coriolano conta a história apócrifa do chefe de uma elegante família de patrícios no início da república romana.[18] O protagonista, o general romano Caio Marcio, passa a ser conhecido por Coriolano em homenagem à sua vitória exemplar contra a cidade vizinha de Corioli, então nas mãos dos volscos. Seu status de herói de guerra — celebrado por seus pares pela coragem inabalável e pelo compromisso com a verdade sem artifícios — praticamente lhe garante o cargo mais alto da república, o de cônsul de Roma.

Só que entre os plebeus sua reputação é outra: trata-se de um senador que tentou lhes negar grãos importados subsidiados durante uma epidemia de fome. A decisão de Coriolano não foi inteiramente arbitrária: ele sustentava que a fome se devia à negligência do trabalho agrícola por parte dos plebeus, em protesto contra a riqueza da classe governante. Tal protesto não deveria ficar impune, e ele os obrigou a trabalhar em troca dos grãos pelos quais seus colegas nobres haviam pagado. Essa sua determinação ameaça tirar dos trilhos a campanha para elegê-lo cônsul. Seus colegas patrícios o instam a moderar sua posição quanto aos grãos, mas, orgulhoso, ele se recusa (implorando o perdão de seus pares) e argumenta que o custo a longo prazo de ceder à plebe anula qualquer ganho de curto prazo.[19]

> *Agora, sim. Aos meus nobres amigos*
> *Eu imploro perdão*
> *E a multidão, mutável, fedorenta,*
> *Se olharem pra mim, que não os bajulo,*
> *Hão de ver como são. E aqui repito:*
> *Se os agradarmos, só alimentamos*
> *Contra o Senado um joio de rebelde**

A inflexibilidade de Coriolano acaba por forçá-lo ao exílio. Furioso com esse insulto à sua dignidade, ele se alia aos volscos, os quais tão exitosamente havia derrotado em Corioli. Liderando o exército inimigo de Roma, só é dissuadido

---

* William Shakespeare, *Coriolano*. Trad. de Barbara Heliodora. São Paulo: Nova Aguilar, 2004. (N. E.)

de conquistar pela força sua cidade natal graças à intervenção da mãe, que o convence a fazer um tratado de paz. Mas os líderes volscos que ele havia procurado para pedir apoio à sua campanha conspiram para assassiná-lo, em vingança por ele não ter cumprido a promessa de conduzi-los à vitória contra a Cidade Eterna.

Na tragédia grega clássica, em geral a derrocada de um herói resulta da *hamartia*, ou erro, conceito discutido por Aristóteles em sua *Poética*.[20] O termo tem vários significados, incluindo erros de julgamento, erros advindos da ignorância ou provocados por falhas de caráter. Em *Coriolano*, sob alguns aspectos a mais clássica das tragédias shakespearianas, seja em matéria de conteúdo, seja de escrita, eu argumentaria que o "erro" do herói decorre da sua falta da virtude clássica para esta era, como mostra sua reação *destemperada* à oposição dos plebeus e a seu consequente exílio.

Se descrevermos a personalidade de Coriolano em termos das virtudes clássicas, é evidente que ele tem a coragem das próprias convicções: vai lutar por aquilo que acredita ser correto. Além disso, ele demonstra sabedoria analítica ao avaliar os custos sociais de longo prazo do protesto dos plebeus contra a riqueza dos patrícios, e é justo em suas argumentações sensatas em defesa do direito daqueles que pagaram pelos cereais — ele não chega a uma conclusão com base somente em suas emoções. E em matéria de virtudes clássicas, numa sociedade aristocrática como Roma ou a Inglaterra dos Tudor, a convicção de um líder na própria superioridade nata não seria considerada uma parcialidade, mas a ordem natural das coisas. O que falta explicitamente a Coriolano, porém, é temperança: ele se agarra às suas convicções a ponto de ser arrogante ou excessivamente orgulhoso. Não quer ceder até sua mãe convencê-lo, lembrando-lhe que a ofensa à sua virtude pessoal não deveria cegá-lo quanto à obrigação com a pátria e a família. O preço que ele acaba pagando pela falta de temperança é a morte nas mãos dos volscos. Se desde o começo ele tivesse se disposto a criar um consenso com as lideranças plebeias, não teria precisado ir embora de Roma, e, mesmo exilado, um homem com uma personalidade mais temperada não teria se ofendido tanto com a reação da plebe a ponto de conspirar com os inimigos mortais de Roma.

COMO LIDERAR NUM MUNDO POLARIZADO

Essa história serve de alerta e me remete à discussão sobre os estoicos. Argumentei que o estoicismo era de grande valia para líderes que estivessem enfrentando a adversidade. Ser estoico é quase sinônimo de ser resiliente. Assim como a maioria das escolas de pensamento clássicas, os estoicos são eticistas da virtude: eles acreditam em cultivar as virtudes cardeais e aplicá-las em suas decisões. Até aqui, isso se encaixa na filosofia de Coriolano. Mas enquanto o general romano tenta alinhar o mundo a suas virtudes, os estoicos aceitam haver pessoas e desfechos que não temos como controlar ou mudar por completo, e admitem, de modo geral, que precisam conviver com essa diversidade da melhor maneira possível, tomando decisões que envolvem se acomodar a realidades imutáveis. Como explicou Epiteto, um estoico virtuoso estará "doente e ainda assim feliz, em perigo e ainda assim feliz, à beira da morte e ainda assim feliz, no exílio e ainda assim feliz, em desgraça e ainda assim feliz".[21] É por entenderem não poder controlar tudo que eles conseguem ser lideranças resilientes. E é quando as lideranças são resilientes que elas podem ter um impacto realmente duradouro.

É claro que a fronteira entre o que uma liderança pode ou não mudar será variável — o líder pode ser flexível demais, bem como rígido demais, quanto a suas ações e decisões —; a partir da história de Coriolano, porém, creio que podemos concluir que um líder precisa temperar suas convicções pessoais se a busca dessas convicções estiver afetando suas obrigações para com as pessoas lideradas. Por quê? Porque, como escreve Jan Patočka, resumindo Sócrates, o privilégio da liderança consiste em "melhor sofrer injustiça do que cometê-la".[22] Ou, como me disse uma das mais radicais alunas do meu MPP ao ser eleita representante de turma: "Acho que agora preciso agir de outra forma".

Devo enfatizar que temperança não é sinônimo de contemporização. Uma contemporização é um acordo, uma decisão de abandonar uma convicção anterior para alcançar um objetivo. A temperança, por sua vez, não significa uma mudança de convicções, mas a disposição de abrir espaço para outras coexistirem, e daí podem surgir novas, compartilhadas. Temperança, portanto, não é uma decisão como a contemporização: ela é um estado de espírito que permite a uma liderança conservar convicções fortes e ao mesmo tempo aceitar que concretizá-las nem sempre está dentro das suas possibilidades. De fato, manter convicções bem-definidas é com frequência uma qualidade importante para se tornar um líder, pois lideranças não percebidas como detentoras de convicções claras são muitas vezes alvo de desconfiança. O presidente Bill Clinton, por exemplo, era muitas vezes visto como oportunista, e isso podia empanar sua credibilidade. Temperar uma convicção não significa abrir mão dela. Ninguém jamais sugeriu que faltavam convicções a Yitzhak Rabin ou a Nelson Mandela. Mesmo assim, ambos tiveram a capacidade fundamental, no momento certo, de temperar convicções de uma vida inteira para conduzir suas comunidades a um lugar melhor.

Para dar um exemplo de liderança que acolheu convicções diferentes das suas, retomo o estudo de caso apresentado no primeiro capítulo. Maria Helena Guimarães de Castro, secretária-executiva do Ministério da Educação brasileiro, foi a líder do grupo de trabalho encarregado de elaborar a proposta da base curricular nacional quando a bancada evangélica ameaçava refutar essa proposta na íntegra. Socióloga e professora universitária de ciências políticas, com uma carreira de destaque em políticas educacionais que abarcava muitas décadas, Castro integrava um dos maiores partidos políticos do Brasil, o Partido Social-Democrata Brasileiro (PSDB). No último governo do PSDB (do presidente Fernando Henrique Cardoso, 1995-2002), ela havia trabalhado no Ministério da Educação como presidente do Instituto Nacional de Estudos e Pesquisas Educacionais Anísio Teixeira, além de ter atuado como ministra interina por um curto período em 2001. Também participara da gestão educacional em nível local, ocupando o cargo de secretária de educação municipal em Campinas e de secretária estadual de educação tanto no Distrito Federal quanto em São Paulo. Aguerrida defensora da base curricular unificada, trabalhara para implementar uma base comum a toda a rede estadual paulista, um dos maiores sistemas escolares da América Latina, que atende milhões de alunos.[23]

Montar a base curricular nacional tinha sido um processo lento, iniciado, como já contei no capítulo 2, em 2013, numa série de discussões na Universidade Yale, com a participação, entre outros, de servidores do Ministério da Educação e representantes dos sindicatos de professores. Como resultado desses encontros, um grupo de trabalho formado por múltiplas partes interessadas, considerado amplamente representativo das diversas vertentes de opinião nacional, fora incumbido da tarefa de elaborar a base curricular. Todos os integrantes do grupo se comprometeram a acatar qualquer versão que fosse aprovada, ou seja, a versão apresentada ao Conselho Nacional de Educação após algumas rodadas de contribuição da população e do legislativo seria a versão promulgada. Sem surpresa alguma, as discussões e negociações foram acaloradas. Uma versão do trabalho inicial foi apresentada para avaliação do legislativo em 2015, e uma segunda em 2016, antes de o grupo se decidir por uma versão final em 2017. Nesse intervalo, o país enfrentou dois pedidos de impeachments presidenciais, um deles bem-sucedido, o que pressionou mais ainda as relações dentro do grupo de trabalho. Na realidade, a própria Castro tinha assumido o papel principal do grupo em 2016, como parte das mudanças administrativas subsequentes ao afastamento da presidente Rousseff e sua substituição pelo vice-presidente Temer.

Durante todo esse tempo, Castro e as lideranças que a antecederam conseguiram conduzir negociações e acomodações entre as partes interessadas de modo a elaborar versões que todos os integrantes do grupo considerassem contemplar sua respectiva visão. Ela não teria sido bem-sucedida se não tivesse aceitado logo de cara que algumas de suas convicções e ideais de longa data teriam de ser temperados de modo a contemplar os de outras pessoas. Ao mesmo tempo, suas décadas de compromisso com a causa e conquistas em sua defesa não punham em dúvida seu engajamento numa reforma de alcance nacional.

Como já contei, na hora das discussões, a recém-empossada bancada evangélica multipartidária do Congresso brasileiro ameaçara fazer a reforma inteira naufragar a menos que fossem removidas as cláusulas relacionadas à proteção da identidade de gênero e sexual. Diante dessa ameaça, Castro — exercendo sua prerrogativa como líder do grupo — assumiu a responsabilidade de remover as tais cláusulas, preservando assim a reforma. Mas ela não fez isso como se nada fosse: disse que foi uma das mais difíceis decisões de sua carreira. As tais cláusulas haviam sido acordadas ao longo do processo. Além disso, como integrante das comunidades docente e discente, ela própria era uma defensora ferrenha da inclusão em sala de aula dos princípios da não discriminação. "Já em 2009, quando eu trabalhava em São Paulo, nós deixávamos os alunos usar os pronomes e nomes próprios que escolhessem, independentemente do gênero [legal]", ela me disse.[24] Naquela época, ela também havia criticado a "fragmentação pedagógica" que testemunhara no estado, segundo ela devida em grande parte tanto às tentativas das comunidades rurais de fazer os currículos escolares refletirem valores católicos tradicionais em detrimento do pensamento crítico, quanto ao desejo dos professores mais progressistas, nas comunidades urbanas, de promover valores liberais. Sua ambição era criar uma sociedade esclarecida e competitiva do ponto de vista global, que não permitisse a exclusão social por motivos de raça, gênero ou orientação sexual.

Ao mesmo tempo, Castro reconhecia que seus aliados não eram as únicas partes interessadas na reforma da educação. Diante do poder cada vez maior do lobby evangélico e do número de pessoas que compartilhavam essa visão, era preciso levar em consideração as crenças dos evangélicos, mesmo que isso significasse temperar algumas das suas. Ela reconhecia que essa deliberação lhe custaria algum fogo amigo. "O que tornou essa decisão difícil foi meu próprio pessoal: o grupo responsável pela redação da reforma ficou muito bravo", ela observou. A reação imediata do sindicato de professores mais à esquerda também teceu duras críticas à decisão. Os docentes, já indignados com o impeachment da presidente Dilma Rousseff, que consideravam ilegítimo, ficaram furiosos. Mas ela entendeu — como havia aconselhado Sócrates — que era melhor suportar a injustiça das acusações de traição do que cometer a injustiça ainda maior de afundar a reforma educacional da qual o Brasil tanto precisava, e que promoveria um bem maior mesmo com a exclusão dessas cláusulas. Castro não foi uma liderança que abandonou suas convicções, mas que as temperou quando necessário de modo a acatar crenças valorizadas por outros. Criou um espaço ao qual grupo nenhum se adequaria de forma perfeita, mas no qual todos, grosso modo, poderiam viver. "No documento, tivemos de mudar algumas palavras, mas deixamos algumas expressões passíveis de diferentes interpretações. Acho que as escolas brasileiras entenderam o que ainda podiam fazer",[25] ela refletiu. Numa era da indignação, isso é um avanço, ainda que parcial.[26]

Defendo ser esse um modelo de liderança que funcionará melhor na nossa época dividida. Em contraste com a liderança tradicional, o que talvez possamos chamar de *liderança temperada* não envolve a imposição de uma narrativa unificadora questionável — uma nobre mentira — fundamentada na exclusão de partes interessadas importantes. Em vez disso, ela se inclina a navegar por realidades vividas e pautas distintas, e alcançar não uma resolução final, mas uma acomodação em evolução constante. Por esse motivo, trata-se de um modelo que se adapta bem ao sistema de gestão delineado aqui, enraizado em nosso entendimento de base empírica das dinâmicas comportamental e social. A resistência inerente da liderança temperada está se tornando uma qualidade cada vez mais atraente num ambiente político crescentemente instável e conflituoso: precisamos que as lideranças tragam estabilidade, não que com sua intransigência introduzam mais volatilidade. As lideranças temperadas com certeza terão todas as capacidades e virtudes das lideranças tradicionais — coragem, inteligência e empatia —, mas se distinguem por essa virtude cardeal singular que é a temperança.

Ou ainda, nas palavras memoráveis da saudosa Tina Turner: "*We don't need another hero*". Ninguém precisa de mais um herói.

Coda

Quando eu estava dando os retoques finais neste livro, Claudine Gay, uma acadêmica respeitada por sua capacidade de criar consenso, pediu subitamente demissão do cargo de reitora de Harvard. Nomeada menos de duzentos dias antes com a expectativa de liderar a mais antiga universidade estadunidense por no mínimo uma década, Gay teve o mandato mais curto de todos os trinta líderes da universidade ao longo de quase quatrocentos anos. Sua queda foi catalisada por um depoimento controverso dado ao Congresso dos EUA sobre antissemitismo e liberdade de expressão no meio acadêmico. Suas palavras, empoladas e tensas, foram fáceis de interpretar como pouco sensatas. Opositores de muitos tipos não demoraram a surgir, questionando não apenas seu julgamento como líder, mas até sua integridade acadêmica, e em pouco tempo ela foi obrigada a se afastar. Destino semelhante havia se abatido apenas poucos meses antes sobre o mandato de CEO da Disney de Bob Chapek, na esteira da questão do projeto de lei "Don't Say Gay".

Infelizmente, a era da indignação veio para ficar, e as lideranças estão caminhando num gelo perigosamente fino enquanto tentam navegar por canais cada vez mais estreitos que separam entidades políticas cada vez mais divididas e turbulentas. O livro-texto das lideranças precisa ser urgentemente atualizado se não quisermos perder todos os representantes mais experientes em ataques de indignação. De fato, aqueles de nós com mais sabedoria talvez simplesmente optem por não ocupar cargos de liderança formal por temer uma destruição pessoal devastadora.

É claro que não podemos nos dar ao luxo de ter um desfecho assim. Ao longo dos doze meses que antecederam o lançamento deste livro, cerca de metade da população mundial participou de eleições para escolher suas lideranças políticas. São esses os indivíduos a quem se irá recorrer para administrar a atualidade: para lidar com nossos medos em relação ao futuro, com os ressentimentos persistentes em relação às injustiças do passado e com os instintos excludentes cada vez mais fortes de muitos que abraçaram a mentalidade do nós contra eles. Já no contexto das eleições estadunidenses, vídeos e imagens *deepfake* criados por inteligência artificial estão sendo veiculados nas redes sociais e em plataformas selecionadas para confundir e potencialmente manipular os eleitores. Algumas dessas táticas são conduzidas por operadores políticos dentro dos próprios EUA, com frequência sem o conhecimento dos candidatos, e outras por agentes externos com o intuito de minar o processo democrático. Independentemente de quem seja, os candidatos que saírem vitoriosos precisarão lidar com as consequências de uma eleição que decerto será considerada ilegítima por parte significativa da sociedade. Há também as empresas cujas marcas estão sendo cooptadas pelo *deepfake* e cujas plataformas estão possibilitando esse processo (às vezes involuntariamente): essas organizações e seus executivos precisam por sua vez se preparar para uma indignação anunciada. Se quiserem evitar uma violência catastrófica na resolução das ansiedades e divisões que virão à tona com as eleições e seus resultados, nossas lideranças recém-(re)empossadas precisarão de uma nova abordagem.

É isso que espero da estrutura aqui exposta. Mesmo em meio à enxurrada de consternação e turbulência, há vislumbres de abordagens bem-sucedidas para lideranças na era da indignação. Os protagonistas que encontramos no livro oferecem, ainda que de forma limitada, uma ideia do que se pode conseguir com o simples fato de ter em mente os dois principais axiomas do livro: não tentar dar conta do problema todo, e reconhecer e aceitar que seremos vistos como parte dele. Dessa perspectiva derivam a noção de temperança; a equanimidade que permite ser pessoalmente resiliente e ao mesmo tempo promover a resiliência em outros à sua volta; o uso judicioso do poder recíproco de maneiras que o renovem; a circunscrição do que pode ser feito, para que seja feito de modo correto e duradouro; e, acima de tudo, a escuta ativa por meio de canais de confiança para poder atravessar a cacofonia e distinguir o que realmente importa numa crise.

Tudo isso constitui a nova disciplina da liderança na era da indignação, rumo à qual torço para que este livro seja um passo decidido.

Agradecimentos

Estávamos na varanda de nosso refúgio em Coorg, na Índia, admirando a bela floresta de jacarandás, quando Jon me pediu para lhe contar uma história. E logo emendou: "Não sobre a era da indignação, por favor". Pelo visto eu lhe falara tanto do assunto que ele não aguentava mais...

A vida é imprevisível, sobretudo nesses tempos de profunda polarização, mas o conforto de ter alguém sempre torcendo pela gente (e quase sempre disposto a nos ouvir) com certeza intensifica o prazer das coisas boas e diminui o incômodo das ruins. Jon, meu marido, é essa pessoa para mim, e é a ele que sou mais grato.

Este livro não teria sido possível sem David Champion, o editor infinitamente curioso e criativo de vários artigos que escrevi para a *Harvard Business Review*. O primeiro texto que lhe mandei foi em 2022, um ensaio de 11 mil palavras cujo tema era "Administração na era da indignação". Ele leu cada verbete, então disse: "Está longo demais e curto demais". David havia percebido que aquilo poderia servir de base tanto para uma matéria na *Harvard Business Review* (por volta de 5 mil palavras) quanto para um livro para a HBR Press (por volta de 70 mil palavras). O artigo foi publicado em janeiro de 2023 e, agora, com a exímia edição de David (ou melhor, sua coautoria!), eis aqui o livro.

Tendo David como companheiro de aventura, foi Kevin Evers quem abraçou o projeto na HBR Press. Melinda Merino, diretora da casa, foi a editora. Dona de um olhar ímpar, ela é capaz de distinguir imediatamente as árvores das florestas e isolar qualquer detalhe que precise ser desenvolvido para que a narrativa se sustente de modo mais literário e atraente. Graças em grande parte a ela, e aos leitores e leitoras anônimos, o livro adquiriu um formato que, espero, talvez possa ser útil neste mundo dividido. Macaulay Campbell, Victoria Desmond, Jane Gebhart e Cheyenne Paterson, da Press, também merecem meus agradecimentos.

Não conheço ninguém que não tenha sido produto de pelo menos alguns mentores, e duas pessoas em especial orientaram minha evolução de economista quantitativo a estudante e professor de liderança. Rebecca Henderson, que empreendeu a mesma jornada anos antes, me ensinou a pensar como generalista e como especialista. Desde então, com todo cuidado (e generosidade, considerando sua própria agenda), ela leu quase tudo que escrevi, inclusive uma versão do livro para a qual contribuiu com sugestões certeiras. E SP Kothari, que fez as vezes de minha caixa de ressonância intelectual e meu *sparring partner* ao longo dos anos, me ajudou a aguçar as ideias até atingir os padrões de rigor acadêmico sem perder de vista sua utilidade para a resolução de problemas.

Este livro é produto de três frentes. A primeira é constituída de protagonistas e entusiastas. Priscilla Ankut, René Brülhart, Maria Helena Guimarães de Castro, Cressida Dick, Iván Duque, Chris Liddell, Meghana Pandit, "Dylan Pierce" e tantos outros cederam seu precioso tempo para ajudar a mim e à minha equipe a transformar em lições para a próxima geração alguns de seus momentos mais difíceis como lideranças. Muitos também leram as diferentes versões do manuscrito, permitindo-me capturar melhor as emoções desses momentos cruciais. Minhas conexões com algumas dessas pessoas são resultado de investimentos ousados na formação de lideranças por parte de apoiadores como Jamie Cooper, Michael Feigelson, Dabesaki Mac-Ikemenjima, Shankar Maruwada, Denis Mizne e Hilary Pennington.

A segunda frente são meus coautores e coautoras nos estudos de caso, escritores profissionais e colegas docentes que mergulharam comigo em temas bem controversos. Em Harvard, trabalhei em momentos diferentes com Esel Çekin, Vincent Dessain, Marc Homsky, Radhika Kak, Carin Knoop, Jerome Lenhardt, Anjali Raina e Rachna Tahilyani nos estudos de caso da Nestlé, IKEA e Dylan Pierce. Os demais estudos de caso foram produto do Oxford Case Centre on Public Leadership, fundado por mim. Vidhya Muthuram, nossa primeira funcionária no centro, me ajudou a montar o caso do Vaticano. A partir daí, Sarah McAra, que hoje trabalha como diretora-associada do centro, se juntou a nós. Ela tem sido o motor da minha produtividade em Oxford, além de coautora de muitos projetos. Revezou-se com Oenone Kubie, JP Caleiro, Sarah Gulick, Zuzana Hlavkova e Radhika Kak no papel de força-motriz dos estudos de caso da base curricular brasileira, do imposto colombiano, da paz em Kaduna, da Met londrina, nos hospitais de Oxford e do Distrito Sul de Nova York. Meus coautores dos casos no departamento foram İrem Güçeri e Clare Leaver (Colômbia), Anna Petherick (Brasil), Thomas Simpson (Kaduna) e Chris Stone (Met).

E a terceira frente, claro, são os estudantes do MPP, que encararam um curso de liderança na era da indignação antes mesmo de eu ter uma estrutura conceitual a oferecer, apenas com base na minha promessa de algumas histórias potencialmente interessantes. Foi um aprendizado coletivo, e é a partir dessa experiência que espero que o leitor construa todas as "coalizões improváveis" das quais o mundo de hoje tanto precisa.

Joe Badaracco e Sandra Sucher, junto com o grupo docente do curso Leadership & Corporate Accountability da HBS (Doug Anderson, David Fubini, Lina, Goldberg, Richard Hamermesh, Paul Healy, Nien-hê Hsieh, Robert Kaplan, Joshua Margolis, Henry McGee, Nitin Nohria, Clayton Rose e Derek Van Beaver), contribuíram imensamente para minha formação como estudioso da liderança e para a construção de conceitos associados, como a identificação de capacidades assimétricas.

Aqui em Oxford, meus principais agradecimentos vão para Ngaire Woods — sem dúvida uma das mais inspiradoras lideranças de alto nível do mundo hoje —, que apostou em mim para dirigir o recente programa de MPP por ela criado. Helen Barnard, Helen Belcher, Daniel Cioccoloni, Fred Davis, Richenda Gambles, Joely Gibbens, Natasha Forrest, Zoe Hart, Jackie Liu, Tom Rigault, Tom Simpson, Charlotte Smith, Dan Snape, Huei-Chun Su, Alan Tipping, Anda Trifan, Adam Webster, Sarah Wilkin, Anne Wynne e Ruosi Zhang, entre muitos, muitos outros, foram meus companheiros e companheiras nessa experiência de liderança, às vezes atravessando momentos muito sombrios para lidar com estudantes e colegas abalados no pior momento da covid-19.

Outros que moldaram as ideias aqui contidas incluem Craig Anderson e Brad Bushman (autores da estrutura GAM), Timon Forster (meu assistente de pesquisa na análise quantitativa que embasa o capítulo 1), Dutch Leonard (que foi o "*red team*" nas primeiras versões) e Anette Mikes (cujos instintos de socióloga apresentam outras nuances para meu "cérebro de economista"). Agradeço também a Karan Bilimoria, Koushik Chatterjee, Sophie Linden, Ifueko Omoigui Okauru, Jonathan Wolff, Gamze Yücaoğlu e Sarah Zaidi. Bob Kaplan, com quem agora estou profundamente envolvido na elaboração de um sistema de responsabilização global para emissões e neutralizações de carbono, foi o primeiro a me apresentar a estrutura de Wiley Souba sobre "acertabilidade". Mais importante ainda, porém, foi que Bob — junto com Krishna Palepu — foi quem me ensinou, quando eu era um professor calouro em Harvard, a combinar o método científico e o raciocínio indutivo de senso comum para efetuar "pesquisas de ação" potencialmente transformadoras, método de trabalho acadêmico que desde então é o meu preferido.

Minha agenda em tudo o mais caótica — que inclui conciliar múltiplas responsabilidades de ensino, consultoria, administração, e arrumar um tempo tranquilo para reflexão e escrita acadêmica — vem sendo domada pela imperturbável Dee Murphy. Ainda devo agradecer a "Sarge", cuja direção infalivelmente confiável, apesar dos meus atrasos habituais, me fez chegar a tempo para incontáveis voos e reuniões com protagonistas e especialistas que inspiraram o livro.

Uma observação sobre citações: o livro não cita referências nos moldes de uma obra acadêmica, mas segue o padrão da editora. O grosso da obra se origina de dois artigos meus e dez estudos de caso em coautoria. Os estudos de caso em si trazem muitas citações de fontes primárias e secundárias, mas nem todas estão no livro. Citações diretas de trabalhos de terceiros aparecem como tais, mas referências a trabalhos meus ou em coautoria em geral não são mencionadas; em vez disso, a publicação original é informada no texto. Fontes primárias (como, por exemplo, correspondências por e-mail com protagonistas de outros casos) que me serviram de suporte não foram informadas nem nas notas, nem no texto. E em casos baseados na experiência e em conhecimentos gerais, citei uma fonte genérica, que foi usada para verificação dos fatos e referências suplementares.

A exemplo de meu livro anterior, este representa a consolidação de aproximadamente uma década de experiência. O primeiro era em parte um diagnóstico dos motores de indignação relacionados aos argumentos sobre a "injustiça" do capitalismo apresentados no capítulo 1. Este, de modo mais útil, assim espero, tem por foco as soluções para a indignação.

Como costuma acontecer numa empreitada dessa monta, existem muitas outras pessoas além das supracitadas a quem fartos agradecimentos são devidos. Os mais especialmente omitidos da lista foram meus muito amigos, amigas e parentes em Oxford, Cambridge e mundo afora que nos ajudaram, a Jon e a mim, a nos mantermos "resilientes" durante a pandemia, em drinques pelo Zoom, conversas invernais de gelar os ossos nas zonas rurais da Inglaterra e da Nova Inglaterra e coisas do tipo.

Por fim, a meus pais, aos pais de Jon, e às nossas irmãs que nos cobrem de amor, obrigado! E à nossa sobrinha e ao nosso sobrinho, que representam o futuro para o qual precisamos construir um mundo melhor, eu dedico este livro.

Notas

PREFÁCIO [pp. 9-18]

1. Ver, por exemplo, Carl Quintanilla, "A Look Inside the 'West Point' of Capitalism" (NBC News, 31 jul. 2008). Disponível em: https://www.nbcnews.com/id/wbna25950947.
2. Ver, por exemplo, Case Collection, Blavatnik School of Government (Case Centre). Disponível em: https://www.thecasecentre.org/caseCollection/BlavatnikSchool.

1. A ERA DA INDIGNAÇÃO [pp. 19-47]

1. Ver, por exemplo, Wikipédia, "Disney and Florida's Parental Rights in Education Act". Disponível em: https://en.wikipedia.org/wiki/Disney_and_Florida%27s_Parental_Rights_in_Education_Act.
2. Ver, por exemplo, "Climate Plans Remain Insufficient: More Ambitious Action Needed Now", release para a imprensa (United Nations Climate Change, 26 out. 2022). Disponível em: https://unfccc.int/news/climate-plans-remain-insufficient-more-ambitious-action-needed-now.
3. Ver Jacob Poushter, Moira Fagan e Sneha Gubbala, "Climate Change Remains Top Global Threat Across 19-Country Survey" (Pew Research Center, 31 ago. 2022). Disponível em: https://www.pewresearch.org/global/2022/08/31/climate-change-remains-top-global-threat-across-19-country-survey/.
4. Ver L. Lebreton et al., "Evidence That the Great Pacific Garbage Patch Is Rapidly Accumulating Plastic" (*Scientific Reports*, n. 8, 22 mar. 2018). Disponível em: https://www.nature.com/articles/s41598-018-22939-w.
5. Ver Carl Benedikt Frey et al., "Technology at Work v2.0". (*Citi GPS: Global Perspectives & Solutions*, jan. 2016). Disponível em: https://www.oxfordmartin.ox.ac.uk/downloads/reports/Citi_GPS_Technology_Work_2.pdf.

6. Ver Michael Olenick e Peter Zemsky, "Can GenAI Do Strategy?" (*Harvard Business Review*, 24 nov. 2023). Disponível em: https://hbr.org/2023/11/can-genai-do-strategy.

7. Ver, por exemplo, Michael Grothaus, "Elon Musk Says 'Humans Are Underrated' after His Robots Slow Model 3 Production" (*Fast Company*, 16 abr. 2018). Disponível em: https://www.fastcompany.com/40559386/elon-musk-says-humans-are-underrated-after-his-robots-slow-model-3-production.

8. Ver, por exemplo, Mike Seymour et al., "AI with a Human Face" (*Harvard Business Review*, mar.-abr. 2023).

9. Ver, por exemplo, "French Supermarket Workers Protest against Automated Checkout Stations" (*Independent*, 29 ago. 2019). Disponível em: https://wol.iza.org/news/french-supermarket-workers-protest-against-automated-checkout-stations.

10. Ver, por exemplo, Alice Gibbs, "Welcome to the First Ever McDonald's Where You're Served by Robots — in Texas" (*Newsweek*, 22 dez. 2022). Disponível em: https://www.newsweek.com/first-ever-mcdonalds-served-robots-texas-1769116.

11. Ver, por exemplo, "2022 Revision of World Population Prospects" (ONU). Disponível em: https://population.un.org/wpp/DataQuery/; e Edward Price, "By 2050, a Quarter of the World's People Will Be African — This Will Shape Our Future" (*The Guardian*, 20 jan. 2022). Disponível em: https://www.theguardian.com/global-development/2022/jan/20/by-2050-a-quarter-of-the-worlds-people-will-be-african-this-will-shape-our-future.

12. Ver, por exemplo, "Demography Is Not Destiny" (*Financial Times*, 8 ago. 2022). Disponível em: https://www.ft.com/content/e04ba005-a913-4362-8434-dae488220310.

13. Ver OEDC, "The Future of Work: OEDC Employment Outlook 2019". Disponível em: https://www.oecd.org/employment/Employment-Outlook-2019-Highlight-EN.pdf.

14. Ver Fund for Peace, "Fragile States Index Annual Report 2022". Disponível em: https://fragilestatesindex.org/wp-content/uploads/2022/07/22-FSI-Report-Final.pdf.

15. Ver, por exemplo, Casey Bond, "Consumer Debt Just Hit a Collective $17 Trillion. Here's What to Know If You're Struggling" (*Fortune Recommends*, 16 maio 2023). Disponível em: https://fortune.com/recommends/credit-cards/consumer-debt-just-hit-a-collective-17-trillion/.

16. Ver Karthik Ramanna, "Should America Still Believe in Free Markets?" (*American Interest*, 6 jul. 2020). Disponível em: https://www.the-american-interest.com/2020/07/06/should-america-still-believe-in-free-markets/.

17. Ver Anne Case e Angus Deaton, "Rising Morbidity and Mortality in Midlife among White Non-Hispanic Americans in the 21st Century" (*PNAS*, v. 112, n. 49, 2015). Disponível em: https://www.pnas.org/doi/10.1073/pnas.1518393112.

18. Ver Anne Case e Angus Deaton, "Life Expectancy in Adulthood Is Falling for Those without a BA Degree, but as Education Gaps Have Widened, Racial Gaps Have Narrowed" (*PNAS*, v. 118, nº 11, 2021). Disponível em: https://www.pnas.org/doi/10.1073/pnas.2024777118.

19. Ver, por exemplo, Clive Crook, "Beyond Belief" (*The Atlantic*, out. 2007). Disponível em: https://www.theatlantic.com/magazine/archive/2007/10/beyond-belief/306172/.

20. Ver Irem Güçeri, Clare Leaver e Oenone Kubie, "Tax Reform in Colombia: A Moment for 'Greatness, Consensus and Solidarity'?", caso 222-0040-1 (Oxford: Blavatnik School of Government, Universidade de Oxford, 2023). Disponível em: https://www.thecasecentre.org/products/view?id=185640.

21. Ver também Samuel P. Huntington, "The Clash of Civilizations" (*Foreign Affairs*, v. 72, n. 3, 1993).

22. Ver, por exemplo, Paul W. Farris e Eric A. Gregg, "Harley-Davidson: Building a Brand through Consumer Engagement", caso UVA-M-0698 (Charlottesville: Darden Business, 2002). Disponível em: https://www.thecasecentre.org/products/view?id=94340.

23. Ver, por exemplo, David Burkus, "Why McKinsey & Company's Alumni Network Is Crucial to Its Success" (*Forbes*, 5 jul. 2016). Disponível em: https://www.forbes.com/sites/davidburkus/2016/07/05/why-mckinsey-companys-alumni-network-is-crucial-to-its-success/.

24. Ver, por exemplo, Amy Fleming, "Why Social Media Makes Us So Angry, and What You Can Do About It" (*BBC Science Focus Magazine*, 2 abr. 2020). Disponível em: https://www.sciencefocus.com/the-human-body/why-social-media-makes-us-so-angry-and-what-you-can-do-about-it.

25. Ver, por exemplo, Fernando P. Santos, Yphtach Lelkes e Simon A. Levin, "Link Recommendation Algorithms and Dynamics of Polarization in Online Social Networks" (*PNAS*, v. 118, n. 50, 2021). Disponível em: https://www.pnas.org/doi/10.1073/pnas.2102141118.

26. Ver, por exemplo, Greg Blackburn e Erica Scharrer, "Video Game Playing and Beliefs about Masculinity among Male and Female Emerging Adults" (*Sex Roles*, v. 80, 2019). Disponível em: https://doi.org/10.1007/s11199-018-0934-4.

27. Ver, por exemplo, Lisa Mascaro, "GOP Torn as Greene Speaks to Far Right Amid 'Putin!' Chants" (Associated Press, 1 mar. 2022). Disponível em: https://apnews.com/article/russia-ukraine-marjorie-taylor-greene-race-and-ethnicity-europe-mitch-mcconnell-6dd6985db085537fcb103c0d022ac775.

28. Ver Anna Petherick, Karthik Ramanna e Oenone Kubie, "Education Reform in Brazil: An Enduring Coalition?", caso 223-0075-1 (Oxford: Blavatnik School of Government, Universidade de Oxford, 2023). Disponível em: https://www.thecasecentre.org/products/view?id=193842.

2. BAIXAR A TEMPERATURA [pp. 48-66]

1. Ver, por exemplo, Wikipédia, "Facebook–Cambridge Analytica Data Scandal". Disponível em: https://en.wikipedia.org/wiki/Facebook%E2%80%93Cambridge_Analytica_data_scandal.

2. Ver, por exemplo, Manuela Tobias, "Comparing Facebook Data Use by Obama, Cambridge Analytica" (*Politifact*, 22 mar. 2018). Disponível em: https://www.politifact.com/factchecks/2018/mar/22/meghan-mccain/comparing-facebook-data-use-obama-cambridge-analyt/.

3. Ver Craig Anderson e Brad Bushman, "Human Aggression" (*Annual Review of Psychology*, v. 53, n. 1, 2002). Disponível em: https://doi.org/10.1146/annurev.psych.53.100901.135231.

4. O trabalho de Alan Bandura sobre "desengajamento moral" fornece uma compreensão conceitual desse tema. Para um apanhado administrativo, ver, por exemplo, Sandra J. Sucher e Celia Moore, "Ethical Analysis: Moral Disengagement", nota 612-043 (Boston: Harvard Business School, 2011). Disponível em: https://www.hbs.edu/faculty/Pages/item.aspx?num=41039.

5. O historiador da Antiguidade Heródoto alegou, de forma ostensivamente apócrifa, que os persas tomavam decisões importantes duas vezes: uma bêbados e outra sóbrios. Ver Wikipédia, "*In vino veritas*". Disponível em: https://en.wikipedia.org/wiki/In_vino_veritas.

6. Ver, por exemplo, Carolos Sanchis et al., "Effects of Caffeine Intake and Exercise Intensity on Executive and Arousal Vigilance" (*Scientific Reports*, v. 10, n. 8393, 2020). Disponível em: https://www.ncbi.nlm.nih.gov/pmc/articles/PMC7242431/.

7. Ver Anderson e Bushman, "Human Aggression", op. cit.

8. Ver, por exemplo, Anil Seth, *Being You: A New Science of Consciousness* (Londres: Faber and Faber, 2021).

9. Ver, por exemplo, "Perception as Controlled Hallucination, a Conversation with Andy Clark" (*Edge*, 6 jun. 2019). Disponível em: https://www.edge.org/conversation/andy_clark-perception-as-controlled-hallucination.

10. Ver Anderson e Bushman, "Human Aggression", op. cit.

11. Ver, por exemplo, Adam Tomison, "Intergenerational Transmission of Maltreatment", documento sobre políticas e práticas (Child Family Community Australia, Australian Institute of Family Studies, jun. 1996). Disponível em: https://aifs.gov.au/resources/policy-and-practice-papers/intergenerational-transmission-maltreatment.

12. Ver Anna Petherick, Karthik Ramanna e Oenone Kubie, "Education Reform in Brazil: An Enduring Coalition?", op. cit.

13. Ibid.

14. Ver Karthik Ramanna, Thomas Simpson, and Sarah McAra, "Priscilla Ankut at the Kaduna State Peace Commission", caso 423-0007-1 (Oxford: Blavatnik School of Government, Universidade de Oxford, 2023). Disponível em: https://www.thecasecentre.org/products/view?id=189067.

15. Ver, por exemplo, Desmond Tutu, "Truth and Reconciliation Commission, South Africa" (*Britannica*, 20 dez. 2023). Disponível em: https://www.britannica.com/topic/Truth-and-Reconciliation-Commission-South-Africa.

16. Ver, por exemplo, Wikipédia, "Article 19". Disponível em: https://en.wikipedia.org/wiki/Article_19.

17. Ver, por exemplo, Oversight Board, "Ensuring Respect for Free Expression, through Independent Judgment". Disponível em: https://www.oversightboard.com; e https://en.wikipedia.org/wiki/Oversight_Board_(Meta).

18. Ver Wikipédia, "Social Science One". Disponível em: https://en.wikipedia.org/wiki/Social_Science_One.

3. ENTENDER O MOMENTO [pp. 67-89]

1. Ver Christopher Stone, Karthik Ramanna e Sarah McAra, "Stop & Search in London in the Summer of Covid", caso 221-0040-1 (Oxford: Blavatnik School of Government, Universidade de Oxford, 2021). Disponível em: https://www.thecasecentre.org/products/view?id=178278. As descrições a seguir são citações e paráfrases do estudo de caso.

2. Ver, por exemplo, Peter Walker e Severin Carrell, "Follow Rules to Avoid Second National Lockdown, Warns Boris Johnson" (*The Guardian*, 31 jul. 2020). Disponível em: https://www.theguardian.com/world/2020/jul/31/coronavirus-boris-johnson-postpones-latest-round-of-lockdown-easing.

3. The Stephen Lawrence Inquiry: Report of an Inquiry by Sir William Macpherson of Cluny, citado em Christopher Stone, Karthik Ramanna e Sarah McAra, "Stop and Search in London in the Summer of Covid", op. cit.

4. Ibid.

5. *The Guardian* e *London School of Economics and Political Science*, "Reading the Riots" (2011, disponível em: http://eprints.lse.ac.uk/46297/1/Reading%20the%20riots%28published%29.pdf), citado em Christopher Stone, Karthik Ramanna e Sarah McAra, "Stop & Search in London in the Summer of Covid", op. cit.

6. Citado e parafraseado a partir de Christopher Stone, Karthik Ramanna e Sarah McAra, "Stop & Search in London in the Summer of Covid", op. cit.

7. Ibid.

8. Metropolitan Police Service, "Inclusion and Diversity Strategy 2017-2021". Disponível em: https://www.met.police.uk/SysSiteAssets/foi-media/metropolitan-police/policies/inclusion-strategy-2017-2021.pdf.

9. Ver, por exemplo, Aaron Walawalkar, "Black Lives Matter Activists Call for Met Commissioner to Step Down" (*The Guardian*, 12 set. 2020). Disponível em: https://www.theguardian.com/world/2020/sep/12/black-lives-matter-activists-call-for-met-commissioner-to-step-down.

10. Tom Ambrose, "Met Officers 'Feared Sarah Everard Vigil Had Become Anti-Police Protest'" (*The Guardian*, 7 jun. 2022). Disponível em: https://www.theguardian.com/uk-news/2022/jun/07/met-officers-feared-sarah-everard-vigil-had-become-anti-police-protest.

11. Trata-se de uma referência a Sir Robert Peel, estadista britânico importante entre os anos 1820 e 1840, que ocupou os cargos de Home Secretary e posteriormente de primeiro-ministro. Peel foi o fundador da Metropolitan Police e é considerado "o pai da polícia britânica moderna". É a ele que se credita a instrução de que a nova corporação guardasse uma natureza civil (e não militar), e de sempre policiar com o consentimento da população. Ver, por exemplo, Wikipédia, "Robert Peel". Disponível em: https://en.wikipedia.org/wiki/Robert_Peel.

12. Citado e parafraseado a partir de Christopher Stone, Karthik Ramanna e Sarah McAra, "Stop & Search in London in the Summer of Covid", op. cit.

13. Ver, por exemplo: "George Mitchell: Building Peace in Northern Ireland" (United States Institute of Peace, vídeo, 2011). Disponível em: https://www.usip.org/public-education-new/george-mitchell-building-peace-northern-ireland.

14. Já experimentei a abordagem contrária: entrar diretamente na questão do que a diretora da Met deveria fazer em relação à indignação. Nessas situações, as pessoas reclamam de não receberem espaço suficiente para falar da própria experiência.

15. Ver, por exemplo, Wikipédia, "Rotherham Child Sexual Exploitation Scandal". Disponível em: https://en.wikipedia.org/wiki/Rotherham_child_sexual_exploitation_scandal.

16. Ver OECD, "Details of Tax Revenue – Columbia", OECD. Disponível em: https://stats.oecd.org/Index.aspx?DataSetCode=LAC_REVCOL.

4. DIMENSIONAR A RESPOSTA DA ORGANIZAÇÃO [pp. 90-117]

1. Ver Karthik Ramanna e Radhika Kak, "The Maggi Noodle Safety Crisis in India (A)", caso 116-013 (Boston: Harvard Business School, 2016). Disponível em: https://www.hbs.edu/faculty/Pages/item.aspx?num=50443.

2. Ver, por exemplo, Simon Chapman, "The Rule of Rescue" (*The Conversation*, 26 mar. 2015). Disponível em: https://theconversation.com/the-rule-of-rescue-39371.

3. Ver, por exemplo, Wikipédia, "*Noblesse oblige*". Disponível em: https://en.wikipedia.org/wiki/Noblesse_oblige.

4. No caso da situação da Disney, mesmo argumentando que a empresa não é diretamente responsável pela polêmica resultante do projeto de lei "Don't Say Gay", seu compromisso anterior como uma empresa simpática à causa LGBT+ a instava a agir.

5. Ver Richard S. Tedlow e Wendy Smith, "James Burke: A Career in American Business (A)", caso 389-177 (Boston: Harvard Business School, 1989). Disponível em: https://www.hbs.edu/faculty/Pages/item.aspx?num=11501.

6. Ver Lisa Girion, "Johnson & Johnson Knew for Decades That Asbestos Lurked in Its Baby Powder" (*Reuters*, 14 dez. 2018, disponível em: https://www.reuters.com/investigates/special-report/johnsonandjohnson-cancer/) e Wikipédia, "Jonhson & Johnson" (disponível em: https://en.wikipedia.org/wiki/Johnson_%26_Johnson).

7. Ver, por exemplo, Kenya Evelyn, "Amazon Fires New York Worker Who Led Strike over Coronavirus Concerns" (*The Guardian*, 31 mar. 2020). Disponível em: https://www.theguardian.com/us-news/2020/mar/31/amazon-strike-worker-fired-organizing-walkout-chris-smallls.

8. Ver, por exemplo, Karen Weise e Noam Scheiber, "Amazon Abruptly Fires Senior Managers Tied to Unionized Warehouse" (*The New York Times*, 6 maio 2022). Disponível em: https://www.nytimes.com/2022/05/06/technology/amazon-fires-managers-union-staten-island.html.

9. Ver, por exemplo, Keith Zhai e Fanny Potkin, "At Alibaba's Lazada, Coronavirus Measures Become the Latest Culture Conflict" (*Reuters*, 23 mar. 2020). Disponível em: https://www.reuters.com/article/iduskbn21a3v5/.

10. Ver, por exemplo, Chengyi Lin, "In the Face of Lockdown, China's E-Commerce Giants Deliver" (*Harvard Business Review*, 1 abr. 2020). Disponível em: https://hbr.org/2020/04/in-the-face-of-lockdown-chinas-e-commerce-giants-deliver.

11. Ver, por exemplo, Lulu Yilun Chen, "Alibaba's Jack Ma Sends Boxes of Coronavirus Test Kits and Masks to US" (*Time*, 16 mar. 2020). Disponível em: https://time.com/5803791/jack-ma-alibaba-coronavirus/.

12. Ver Karthik Ramanna, Jérôme Lenhardt e Marc Homsy, "IKEA in Saudi Arabia (A)", caso 116-015 (Boston: Harvard Business School, 2016). Disponível em: https://www.hbs.edu/faculty/Pages/item.aspx?num=50214.

13. Ver "IKEA Criticized for Airbrushing Women out of Saudi Catalogue" (*The Telegraph*, 1 out. 2012), citado em Karthik Ramanna, Jérôme Lenhardt e Marc Homsy, "IKEA in Saudi Arabia (A)", caso 116-015, op. cit.

14. Ver Anna Ringstrom, "Swedes Slam IKEA for Its Female-Free Saudi Catalogue" (*Reuters*, 2 out. 2012), citado em Karthik Ramanna, Jérôme Lenhardt e Marc Homsy, "IKEA in Saudi Arabia (A)", caso 116-015, op. cit.

15. Ver David Eskander e Mohamed Kotaiba Abdul Al, "Does IKEA Culture Apply Abroad?" (5 fev. 2010), citado em Karthik Ramanna, Jérôme Lenhardt e Marc Homsy, "IKEA in Saudi Arabia (A)", caso 116-015, op. cit.

16. Ver Joe Sterling, "Images of Women Shelved in IKEA's Saudi Catalog" (CNN, 10 out. 2012), citado em Karthik Ramanna, Jérôme Lenhardt e Marc Homsy, "IKEA in Saudi Arabia (A)", caso 116-015, op. cit.

17. Ver Ardi Kolah, "Why Culture Matters and How Brands Get This So Wrong!" (LinkedIn Pulse, 1 maio 2014), citado em Karthik Ramanna, Jérôme Lenhardt e Marc Homsy, "IKEA in Saudi Arabia (A)", caso 116-015, op. cit.

18. Ver Karthik Ramanna, "Dylan Pierce at Peninsula Industries", caso 115-024 (Boston: Harvard Business School, 2014). Disponível em: https://www.hbs.edu/faculty/Pages/item.aspx?num=48324.

5. ENTENDER O PODER DA LIDERANÇA [pp. 118-40]

1. Ver Karthik Ramanna e Sarah McAra, "Covid-19 at Oxford University Hospitals: Sustaining Morale on the Eve of a Crisis", caso 321-0062-1 (Oxford: Blavatnik School of Government, Universidade de Oxford, 2020). Disponível em: https://www.thecasecentre.org/products/view?id=175090. E Karthik Ramanna e Vidhya Murthuram, "Of Faith and Fortunes: Reforming the Vatican's Finances", caso 321-0219-1 (Oxford: Blavatnik School of Government, Universidade de Oxford, 2021). Disponível em: https://www.thecasecentre.org/products/view?id=178266.

2. Ver, por exemplo, Kathleen L. McGinn e Elizabeth Long Lingo, "Power and Influence: Achieving Your Objectives in Organizations", nota explicativa 801-425 (Boston: Harvard Business School, 2001). Disponível em: https://www.hbs.edu/faculty/Pages/item.aspx?num=28031.

3. Ver, por exemplo, Wikipédia, "Upayas (diplomacy)". Disponível em: https://en.wikipedia.org/wiki/Upayas_(diplomacy).

4. Ver, por exemplo, Dr. Larry Goodson, "Kautilya: Noon Time Lecture" (US Army War College, s.d.). Disponível em: https://www.youtube.com/watch?v=7fKrLdRVkGw.

5. Ver Karthik Ramanna e Sarah McAra, "Covid-19 at Oxford University Hospitals: Sustaining Morale on the Eve of a Crisis", op. cit.

6. Ver, por exemplo, Kathleen L. McGinn e Elizabeth Long Lingo, "Power and Influence: Achieving Your Objectives in Organizations", op. cit.

7. Ver Karthik Ramanna e Vidhya Murthuram, "Of Faith and Fortunes: Reforming the Vatican's Finances", op. cit.

8. Ver, por exemplo, Wikipédia, "Roberto Calvi". Disponível em: https://en.wikipedia.org/wiki?curid=57141.

9. Ver, por exemplo, Council of Europe, "The Holy See to Be Evaluated by the Council of Europe's Anti Money Laundering and Terrorist Financing Evaluation Body", release para a imprensa (7 abr. 2011). Disponível em: https://rm.coe.int/168071d40f.

10. Comitê de Especialistas na Avaliação de Medidas contra a Lavagem de Dinheiro e o Financiamento do Terrorismo (Moneyval), "A Santa Sé (incluindo a cidade-Estado do Vaticano)", relatório de avaliação mútua (4 jul. 2012), Karthik Ramanna e Vidhya Murthuram, "Of Faith and Fortunes: Reforming the Vatican's Finances", op. cit.

11. Ibid., p. 32.

12. Ibid.

13. Citação e paráfrase de Comitê de Especialistas na Avaliação de Medidas contra a Lavagem de Dinheiro e o Financiamento do Terrorismo (Moneyval), "A Santa Sé (incluindo a cidade-Estado do Vaticano)", relatório de avaliação mútua, op. cit.

14. Ibid.

15. Ibid.

16. Alexander Stille, "Holy Orders" (*The New Yorker*, 14 set. 2015), citado em Comitê de Especialistas na Avaliação de Medidas contra a Lavagem de Dinheiro e o Financiamento do Terrorismo (Moneyval), "A Santa Sé (incluindo a cidade-Estado do Vaticano)", relatório de avaliação mútua, op. cit.

17. Nos anos 1980, o movimento polonês Solidariedade ajudou a propagar pela Europa ideias não violentas e anticomunistas, acabando por contribuir para a queda do comunismo no continente.

18. Thomas J. Reese, *Inside the Vatican: The Politics and Organization of the Catholic Church* (Cambridge: Harvard University, 1996), citado em Comitê de Especialistas na Avaliação de Medidas contra a Lavagem de Dinheiro e o Financiamento do Terrorismo (Moneyval), "A Santa Sé (incluindo a cidade-Estado do Vaticano)", relatório de avaliação mútua, op. cit.

19. Ver, por exemplo, Wikipédia, "Pope John Paul I Conspiracy Theories". Disponível em: https://en.wikipedia.org/wiki/Pope_John_Paul_I_conspiracy_theories.

20. Ver, por exemplo, Nicole Winfield, "Vatican Releases First Report of Financial Watchdog" (*San Diego Union-Tribune*, 22 maio 2013). Disponível em: https://www.sandiegouniontribune.com/sdut-vatican-releases-1st-report-of-financial-watchdog-2013may22-story.html. E ASIF, Relatório Anual de 2013. Disponível em: https://www.aif.va/eng/pdf/AIF%20Report%202013%20ENG.pdf.

21. A nomeação de não sacerdotes a cargos de liderança na ASIF parece ter sido uma reação a pressões do Moneyval. Ver, por exemplo, Conselho da Europa, "Anti-money Laundering and Combating the Financing of Terrorism, The Holy See", relatório de avaliação mútua, p. 147. Disponível em: http://rm.coe.int/mutual-evaluation-report-anti-money-laundering-and-combating-the-finan/16807160fa.

22. Ver, por exemplo, Rebecca Speare-Cole, "Cressida Dick: Critics Delighted and Supporters Saddened as Met Commissioner Resigns" (*The Standard*, 11 fev. 2022). Disponível em: https://www.standard.co.uk/news/london/cressida-dick-critics-supporters-met-comissioner-resigns-b981984.html.

23. Ver Fritz Roethlisberger, "The Secret of Success", in: *Man-in-Organization: Essays of F.J. Roethlisberger* (Cambridge: Belknap, 1968).

24. Ver Wiley Souba, "Hittability: The Leader's Edge" (*Academic Medicine*, v. 92, n. 4, 2017). Disponível em: https://doi.org/10.1097/acm.0000000000001498.

25. Em 2021, ano subsequente aos protestos contra a polícia descritos no capítulo 3, a Met sob a direção de Dick divulgou uma estratégia e um plano de ação detalhados para melhorar a inclusão, a diversidade e o engajamento. Esse plano seguia válido em 2024, durante a redação deste livro.

6. COMO CRIAR RESILIÊNCIA NUMA ORGANIZAÇÃO E NA VIDA PESSOAL [pp. 141-64]

1. Ver Arianne Cohen, "How to Quit Your Job in the Great Post-Pandemic Resignation Boom" (*Bloomberg*, 10 maio 2021). Disponível em: https://www.bloomberg.com/news/articles/2021-05-10/quit-your-job-how-to-resign-after-covid-pandemic.

2. Ver PwC, "PwC Pulse Survey: Next in Work". Disponível em: https://www.pwc.com/us/en/library/pulse-survey/future-of-work.html.

3. Ver, por exemplo, Robert Gibbons e Rebecca Henderson, "Relational Contracts and Organizational Capabilities" (*Organization Science*, v. 23, n. 5, 2012). Disponível em: https://doi.org/10.1287/orsc.1110.0715.

4. Ver Susan Helper e Rebecca Henderson, "Management Practices, Relational Contracts, and the Decline of General Motors" (*Journal of Economic Perspectives*, v. 28, n. 1, 2014). Disponível em: https://pubs.aeaweb.org/doi/pdfplus/10.1257/jep.28.1.49.

5. Ver "NUMMI" (*This American Life*, 26 mar. 2020, disponível em: https://www.thisamericanlife.org/403/nummi-2010), citado em Susan Helper e Rebecca Henderson, "Management Practices, Relational Contracts, and the Decline of General Motors", op. cit.

6. Ibid.

7. Ver Susan Helper e Rebecca Henderson, "Management Practices, Relational Contracts, and the Decline of General Motors", op. cit.

8. Ver Steven Spear, "Learning to Lead at Toyota" (*Harvard Business Review*, maio 2004). Disponível em: https://hbr.org/2004/05/learning-to-lead-at-toyota.

9. Ver, por exemplo, Lewis Carroll, *Through the Looking-Glass*. Disponível em: https://www.gutenberg.org/files/12/12-h/12-h.htm.

10. Ver Stephen Covey, *Os 7 hábitos das pessoas altamente eficazes* (Trad. de Alberto Cabral Fusaro. São Paulo: BestSeller, 2017).

11. Ver, por exemplo, "After Two Years: A Conversation with the President", entrevista para rádio e televisão (American Presidency Project, 17 dez. 1962). Disponível em: https://www.presidency.ucsb.edu/documents/television-and-radio-interview-after-two-years-conversation-with-the-president.

12. Ver Isaiah Berlin, "On Political Judgment" (*The New York Review of Books*, 3 out. 1996). Disponível em: https://www.nybooks.com/articles/1996/10/03/on-political-judgment/.

13. Ver Karthik Ramanna e Radhika Kak, "A Model Public-Service Organisation? The US Attorney's Office for the Southern District of New York", caso 421-0061-5 (Oxford: Blavatnik School of Government, Universidade de Oxford, 2019). Disponível em: https://www.thecasecentre.org/products/view?id=178260.

14. "Law and Order with Pallas Global CEO Bonnie Jonas" (*GenHERation*, 14 nov. 2017), citado em Karthik Ramanna e Radhika Kak, "A Model Public-Service Organisation? The US Attorney's Office for the Southern District of New York", op. cit.

15. Entrevista com Bonnie Jonas, citado em Karthik Ramanna e Radhika Kak, "A Model Public-Service Organisation? The US Attorney's Office for the Southern District of New York", op. cit.

16. "Public Interest Careers", Career Development Office (Yale Law School, ago. 2019), citado em Karthik Ramanna e Radhika Kak, "A Model Public-Service Organisation? The US Attorney's Office for the Southern District of New York", op. cit.

17. Citado e parafraseado de Karthik Ramanna e Radhika Kak, "A Model Public-Service Organisation? The US Attorney's Office for the Southern District of New York", op. cit.

18. Entrevista com Robert Fiske, citado Karthik Ramanna e Radhika Kak, "A Model Public-Service Organisation? The US Attorney's Office for the Southern District of New York", op. cit.

19. Entrevista com Mary Jo White, citado em Karthik Ramanna e Radhika Kak, "A Model Public-Service Organisation? The US Attorney's Office for the Southern District of New York", op. cit.

20. Entrevista com Bonnie Jonas, citado em Karthik Ramanna e Radhika Kak, "A Model Public-Service Organisation? The US Attorney's Office for the Southern District of New York", op. cit.

21. David Zaring, "Against Being against the Revolving Door" (*University of Illinois Law Review*, v. 2, 2013), citado em Karthik Ramanna e Radhika Kak, "A Model Public-Service Organisation? The US Attorney's Office for the Southern District of New York", op. cit.

22. David Zaring, "The Southern District of New York Offers Riches" (*The Conglomerate*, 16 ago. 2010), citado em Karthik Ramanna e Radhika Kak, "A Model Public-Service Organisation? The US Attorney's Office for the Southern District of New York", op. cit.

23. Nicholas Lemann, "Street Cop" (*The New Yorker*, 3 nov. 2013), citado em Karthik Ramanna e Radhika Kak, "A Model Public-Service Organisation? The US Attorney's Office for the Southern District of New York", op. cit.

24. Entrevista com Bonnie Jonas, citado em Karthik Ramanna e Radhika Kak, "A Model Public-Service Organisation? The US Attorney's Office for the Southern District of New York", op. cit.

25. Tirado e parafraseado de Karthik Ramanna e Radhika Kak, "A Model Public-Service Organisation? The US Attorney's Office for the Southern District of New York", op. cit.

26. Ver, por exemplo, Jim Collins, "The Stockdale Paradox". Disponível em: https://www.jimcollins.com/concepts/Stockdale-Concept.html.

27. Ver Boris Groysberg e Robin Abrahams, "What the Stockdale Paradox Tells Us about Crisis Leadership" (*HBS Working Knowledge*, 17 ago. 2020, disponível em: https://hbswk.hbs.edu/item/what-the-stockdale-paradox-tells-us-about-crisis-leadership) e ver James Bond Stockdale, *A Vietnam Experience: Ten Years of Reflection* (Stanford: Hoover Institution, 1984, disponível em: https://www.hoover.org/research/vietnam-experience-ten-years-reflection).

28. Ver John Leach, "Survival Psychology: The Won't to Live" (*The Psychologist*, 22 jan. 2011). Disponível em: https://www.bps.org.uk/psychologist/survival-psychology-wont-live.

29. Ver Boris Groysberg e Robin Abrahams, "What the Stockdale Paradox Tells Us about Crisis Leadership", op. cit.

30. Ver Karthik Ramanna e Radhika Kak, "The Maggi Noodle Safety Crisis in India (B)", complemento de caso 116-014 (Boston: Harvard Business School, 2016). Disponível em: https://www.hbs.edu/faculty/Pages/item.aspx?num=50444.

31. Ver Karthik Ramanna e Radhika Kak, "The Maggi Noodle Safety Crisis in India (C)", suplemento de caso 116-038 (Boston: Harvard Business School, 2016). Disponível em: https://www.hbs.edu/faculty/Pages/item.aspx?num=50446.

32. Ver Martin P. Seligman, "Building Resilience" (*Harvard Business Review*, abr. 2011). Disponível em: https://hbr.org/2011/04/building-resilience.

33. Para uma excelente visão geral, ver, por exemplo, Brad Inwood, *Stoicism: A Very Short Introduction* (Oxford: Universidade de Oxford, 2018). Disponível em: https://academic.oup.com/book/380.

34. Ver, por exemplo, Daily Stoic, "What Is Stoicism? A Definition and 9 Stoic Exercises to Get You Started". Disponível em: https://dailystoic.com/what-is-stoicism-a-definition-3-stoic-exercises-to-get-you-started/, site excelente que me foi apresentado pelo protagonista de um dos meus casos.

35. Ver David Marchick, "The Trump Official Who Did the Right Thing" (*Washington Monthly*, 7 out. 2022). Disponível em: https://washingtonmonthly.com/2022/10/07/the-trump-official-who-did-the-right-thing/.

36. Ver Chris Whipple, "Exclusive: Inside the S--tshow That Was the Trump-Biden Transition" (*Vanity Fair*, 12 out. 2022). Disponível em: https://www.vanityfair.com/news/2022/10/exclusive-inside-the-shtshow-that-was-the-trump-biden-transition.

37. Correspondência por e-mail com Chris Liddell, 2023.

7. COMO LIDERAR NUM MUNDO POLARIZADO [pp. 165-88]

1. Ver Transformational Leadership Fellows, Blavatnik School of Government, Universidade de Oxford. Disponível em: https://www.bsg.ox.ac.uk/transformational-leadership-fellows.
2. Ver, por exemplo, Wikipédia, "Noble Lie". Disponível em: https://en.wikipedia.org/wiki/Noble_lie.
3. Ver, por exemplo, Roger L. Martin e Tony Golsby-Smith, "Management Is Much More Than a Science" (*Harvard Business Review*, set.-out. 2017). Disponível em: https://hbr.org/2017/09/management-is-much-more-than-a-science.
4. Ver, por exemplo, "Declaration of Independence: A Transcription" (National Archives). Disponível em: https://www.archives.gov/founding-docs/declaration-transcript.
5. Para uma visão geral dessa complexa questão, ver, por exemplo, as seguintes fontes da Smithsonian: "Reconstructing Citizenship", Museu Nacional de História e Cultura Afroamericana. Disponível em: https://nmaahc.si.edu/explore/exhibitions/reconstruction/citizenship.
6. Ver Wikipédia, "Mustafa Kemal Atatürk". Disponível em: https://en.wikipedia.org/wiki/Mustafa_Kemal_Atatürk.
7. Essa discussão usa e cita Wikipédia, "Kemalism". Disponível em: https://en.wikipedia.org/wiki/Kemalism.
8. Ver, por exemplo, Wikipédia, "The Social Contract". Disponível em: https://en.wikipedia.org/wiki/The_Social_Contract.
9. Ver Derya Bayir, "Minorities and Nationalism in Turkish Law" (p. 110, 2013), citado em Wikipédia, "Kemalism", op. cit.
10. Ver Andrew Mango, "Atatürk and the Kurds" (*Middle Eastern Studies*, v. 35, n. 4, 1999), citado em Wikipédia, "Kemalism", op. cit.
11. Ver Fazıl Kayıkçı, "Course of Income Inequality in Turkey" (*Theoretical Economics Letters*, v. 9, n. 6, 2019). Disponível em: https://doi.org/10.4236/tel.2019.96131.
12. Ver, por exemplo, Jenny White, "Democracy Is Like a Tram" (Turkey Institute, 14 jul. 2016). Disponível em: https://www.turkeyinstitute.org.uk/commentary/democracy-like-tram/.
13. Citado em Wikipédia, "Recep Tayyip Erdoğan". Disponível em: https://en.wikipedia.org/wiki?curid=376619.
14. Ver, por exemplo, William Butler Yeats, "The Second Coming" (Poetry Foundation). Disponível em: https://www.poetryfoundation.org/poems/43290/the-second-coming.
15. Ver, por exemplo, Meagan Fredette, "The Most Shocking Moments from Meghan Markle's Oprah Interview" (*W Magazine*, 8 mar. 2021, disponível em: https://www.wmagazine.com/culture/meghan-markle-oprah-interview-shocking-revelations) e Wikipédia, "Alternative Facts" (disponível em: https://en.wikipedia.org/wiki/Alternative_facts).
16. Ver Jim Collins, "Level 5 Leadership: The Triumph of Humility and Fierce Resolve" (*Harvard Business Review*, jan. 2001). Disponível em: https://hbr.org/2001/01/level-5-leadership-the-triumph-of-humility-and-fierce-resolve-2.
17. Ver Daniel Goleman, "What Makes a Leader?" (*Harvard Business Review*, jan. 2004). Disponível em: https://hbr.org/2004/01/what-makes-a-leader.
18. Para uma excelente introdução, ver Marjorie Garber, *Shakespeare After All* (Nova York: Pantheon, 2004).

19. Ver https://shakespeare.mit.edu/coriolanus/full.html.

20. Ver, por exemplo, Wikipédia, "Hamartia". Disponível em: https://en.wikipedia.org/wiki/Hamartia.

21. Citado em Wikipédia, "Stoicism". Disponível em: https://en.wikipedia.org/wiki/Stoicism.

22. Ver Marijke Doms, "Spiritual Leadership and Dissidence: Roger Scruton and Jan Patočka on Care for the Soul in the Modern Era" (Academia). Disponível em: https://www.academia.edu/37221995/Spiritual_Leadership_and_Dissidence_Roger_Scruton_and_Jan_Patočka_on_Care_for_the_Soul_in_the_Modern_Era.

23. Citação e paráfrase de Anna Petherick, Karthik Ramanna e Oenone Kubie, "Education Reform in Brazil: An Enduring Coalition?", op. cit.

24. Correspondência eletrônica com Maria Helena Guimarães de Castro, 2024.

25. Citação e paráfrase de correspondência eletrônica e conversas com Maria Helena Guimarães de Castro, 2024.

26. A BNCC acabou sendo adotada em 2018, e em 2020 começou a ser implementada por diversos conselhos de educação locais, ainda que com dificuldade em razão da pandemia de covid-19. Em 2023, porém, com a mudança de governo, a base curricular se viu novamente alvo de ataques.

Índice remissivo

abertura de espírito, 74, 78-80, 184-7
abordagem com revista, políticas de *ver* Polícia Metropolitana de Londres (Met)
Abrahams, Robin, 156
acertabilidade, 138, 140
adaptação, 157
aderência, 17-8
África: Comissão de Paz do estado de Kaduna, Nigéria, 14, 62-5, 73, 77, 87; demografia na, 27-8
África do Sul, 65
agência, 14, 126, 167
agressão: condições do entorno e, 52-5, 58-60, 72, 85; contribuições para, 50; definição de; *ver também* modelo geral da agressão (GAM), 49; a pessoa na, 50-2; a situação na, 50, 52-3
algoritmos de recomendação, 42
Alibaba, 105
Alice através do espelho (Carroll), 148
al-Nafjan, Eman, 111
Amazon, 105-6
ambientais, fatores, no modelo geral da agressão, 51
ambientes tranquilizadores, criação de, 58-60
American Interest, revista, 29, 33
Anderson, Craig, 49, 52, 56, 57

Andon, corda de, 144-8
Ankut, Piscilla, 63-4, 73, 77
Annual Review of Psychology, 49
apartheid, 65
Apple, 9
aprendizado, Sistema Toyota de Produção e, 147
Aristóteles, 166, 176, 181, 183
Arthashastra, 121
Ashley Furniture Industries, 107
ASIF (Autorità di Supervisione e Informazione Finanziaria), 128-33
aspirações, como motor, 101-4, 139-40
assimetrias de capacidade, 90-1; abraçar o desafio e, 101-4; na Amazon *vs.* na Alibaba, 104-6; avaliação de vulnerabilidade e, 91, 98-101; definição de, 97; funcionários e, 104-6; na Nestlé, 97-8
Associação Cristã da Nigéria, 64
Atatürk, Mustafa Kemal, 173-6
ativo-construtivos, relacionamentos, 160
autenticidade, 61-2, 80
autismo, transtornos do, 51
autoconsciência, 61, 181
autoestima, 30-1, 52, 160
automotivação, 181
autoridade, 77, 142

avaliação de comprometimento, em situações de indignação, 91, 98-101
avaliação de situações, 55-6

Banco Ambrosiano, 128
Banco da Itália, 129
Banco do Vaticano, 14, 17, 128-33, 135-7
Banco Mundial, 37
bandeira confederada, 54-6
Becciu, Angelo, 135
Bento XVI, papa, 129, 130-1
Bera, Steven, 146
Berlin, Isaiah, 150, 153
Best Use of Stop and Search (BUSS), 70-1
Biden, Joe, 161
Bloomberg Businessweek, 141
Boko Haram, 63
bolhas de informação, 23
Bolsonaro, Jair, 14
Brexit, 72, 122
Brülhart, René, 128, 130-3, 135-7, 139
Bulcke, Paul, 95, 98, 159
Burke, James, 101-4
Bushman, Brad, 49, 52, 56-7
BUSS *ver* Best Use of Stop and Search (BUSS)

Calvi, Roberto, 128
Cambridge Analytica, 48-9, 65-6, 118
capacidade de produtividade, como desenvolver, 148-50
capacidades organizacionais, 90, 92; assimetria nas, 91-2, 97-8; definição de, 97-8; na liderança, 150-4
capital humano, desigualdade de riqueza e, 29-33; na Índia, 34-5
capital no século XXI, O (Piketty), 29
capitalismo democrático, 24, 39-41, 43
Cardoso, Fernando Henrique, 185
Care Quality Commission (Reino Unido), 123
Carreata da Liberdade (Canadá, 2022), 9
Carroll, Lewis, 148
Casa da Família Kaduna, 64-5, 77, 87
Case, Anne, 31

Casey, Louise, 72, 87
Castro, Maria Helena Guimarães de, 46, 88, 185-7
censo (EUA), 30
Chapek, Bob, 19, 22, 43, 118, 189
ChatGPT, 26
China: cultura na, 39; demografia na, 27; empregos ameaçados pela tecnologia na, 26; status de superpoder e, 40
choque de civilizações e a recomposição da ordem mundial, O (Huntington), 39-41
chumbo, no macarrão Maggi, 92-7
cinco forças, modelo das, 49
Cipollone, Pat, 163
civilizações, embate de, 39-41
clareza, 143-8
Clark, Andy, 55
Clark, William, 172
Clinton, Bill, 185
Clinton, Hillary, 48
CNN, 111
codificação, agressão e, 56-7
colaboração, como promover, 78-80
Collins, Jim, 155, 180
Colômbia, reforma do IVA, 36-8, 88, 118
colonialismo, 97
Comitê de Verdade e Reconciliação (África do Sul), 65
Companhia das Índias Orientais Britânicas, 23
competências cognitivas ocupacionais, 30-3
competências físicas ocupacionais, 30-1
compromissos, 16, 112-5; expansão das fronteiras dos, 116-7
comunicação, 16, 190; algoritmos de redes sociais e, 42; alteração e, 39; compartilhamento de roteiros e, 74, 80-1; moderadores na, 74, 76-8; regras de interação para, 61-2; temperança na, 163
comunidade de confiança, 159-60
condições do entorno, agressão e, 52-5, 58-60, 72, 85; na Met, 72-3
confiança: contratos relacionais e, 143-8; impotência aprendida e, 160; Kaduna e, 74;

liderança e, 28, 138, 184; a Met e, 77, 79, 115, 134; moderadores e, 74, 76-8; Nestlé e, 95-8; na OUH, 123, 125, 127, 137, 143-4; quebra de, 36-8; Sistema Toyota de Produção e, 146-7; valores iluministas e, 39

conflito étnico, 15, 63-5

conflito religioso, 15, 43, 63-5; Turquia e, 174

conhecimento, estruturas/roteiros de, 50-1, 55, 60; abrir espaço para, 74, 78-80; compartilhamento e socialização dos, 74, 80-1; estoicismo e, 164; extrair dos outros, 67; regras de interação dos, 61-2

Conselho Europeu de Pagamentos, 133

Conselho Nacional de Educação (Brasil), 14, 45-6, 59-60, 88, 185-7; processo com múltiplas partes interessadas do, 74; subgrupos e, 85

consenso, 88; liderança e, 165, 166

Constituição (EUA), 169

contemporização, 184

contrato social, 103, 175; assimetrias de capacidade e, 99-100; fé no, na Índia, 35

contratos relacionais, 143-8, 164

Conventry & Warwickshire, hospitais universitários de, 123

COP23, 24

Coriolano (Shakespeare), 182-3

Couzens, Wayne, 72

Covey, Stephen, 148

covid-19, pandemia de, 29, 36; adaptação na, 156-7; funcionários e capacidades assimétricas na, 104-5; Grande Demissão e, 141-2; lockdown na, 68, 72, 104, 157-8; negação *vs.* visão equilibrada na, 154-5; Polícia Metropolitana de Londres e, 68; na rede de Hospitais Universitários de Oxford, 121-8; resiliência e, 164

credibilidade nos contratos relacionais, 143-8

crenças e convicções, sua relação com o poder, 126

crescimento da missão, 112-3

crise financeira de 2008-9, 24, 29

Deaths of Despair and the Future of Capitalism, The [Mortes por desespero e o futuro do capitalismo] (Case & Deaton), 32

Deaton, Angus, 31

Declaração de Independência (EUA), 168

delegação nas organizações, 142; governo dos EUA e, 169

demografia, 24, 27-8; no Reino Unido, 75

Departamento do Trabalho (EUA), 30

desenvolvimento de carreira, 152-4

desigualdade de riqueza, 29; capital humano *vs.* salários e, 29-33; na Índia, 34-5; livres mercados, a classe trabalhadora e, 33-6; no Reino Unido, 75; na Turquia, 177

deslocalização, 33, 36

Dick, Cressida, 71-3, 76-8, 87, 139; sobre amigos de confiança, 160; compromissos morais e, 115; expectativas e, 92; poder de, 118, 133-5, 136-7; resposta da organização e, 90; *ver também* Polícia Metropolitana de Londres (Met)

Dickson, William John, 138

diferenças culturais, 13; Banco do Vaticano e, 132; embate civilizatório e, 39-41; IKEA e, 106-15; imposição de compromissos morais e, 116-7; na Met, 72; resiliência e, 158-9; *ver também* outros e alterização

direitos humanos, excepcionalidade dos EUA e, 168-72

diversidade, 11, 13

"Don't Say Gay" [Não diga "gay"], projeto de lei, 19-20, 22, 43, 112, 118, 189

drogas, agressão e, 53

Duggan, Mark, 70

Duque, Iván, 36-8, 88, 118, 165

durabilidade das lideranças temperadas, 187-8

economia liberal, 29; capital humano *vs.* salários e, 29-33; livres-mercados, a classe trabalhadora e, 33, 36

Edelman Trust Barometer, 35

Édito de Gülhane, 173

educação, 28; esperança de vida e, 32; na negociação de conflitos, 66

efeito rebote, 27, 39, 113
Eisenhower, Dwight, 148-9
emoções: agressão e, 53-5; compartilhamento de roteiros e, 80; diminuição da temperatura e, 20-2, 48-66; estoicismo e, 160; habilidades de liderança e, 181
empatia, 81, 181
empregos: capital humano, salários e, 29-33; deslocalização, 33, 36; perda de, para a tecnologia, 25-7
entender o momento: abertura de espaço para roteiros e, 74, 78-80; compartilhamento e socialização de roteiros na hora de, 74, 80-1; criação de plataformas para, 73-6; identificação dos motores de indignação pertinentes e, 74, 82-3; na Met, 73-8, 82-3; moderadores para, 74, 76-8
entender o momento, 67-89
envelhecimento populacional, 27-8
Epiteto, 160, 163-4, 184
equilíbrio de perspectiva, 154-9
Erdoğan, Recep Tayyip, 178
escopo do controle, 163
escravidão, excepcionalidade dos EUA e, 169, 171-2
escuta, 190
esperança de vida, 32
Estados Unidos: excepcionalidade dos, 168-72; sonho americano, 18, 170
estatismo, 176
estoicismo, 160-4, 184
estudos de casos, visão geral dos, 14
éthos, 167
euro, zona do, 133
Europa: Brexit e, 122; migração para, 28; mudança climática e, 24-5
evangélica, bancada (Brasil), 45-6, 185-7
Everard, Sarah, 72, 135
exclusão, 13
expectativas das partes interessadas, 90-1, 100; na IKEA, 106-15
expertise, 98

Facebook *ver* Meta
fatores sistêmicos, 92
fim da história e o último homem, O (Fukuyama), 24, 32
Fiske, Robert, 151
Flórida, projeto de lei "Don't Say Gay", 19, 22, 43, 112
Floyd, George, 69
Food and Drug Administration (EUA), 94
Food Safety and Standards Authority of India (FSSAI) [Autoridade de Segurança e Padronização Alimentar da Índia], 93-4
força de trabalho, demografia e, 27-8
força interior, 159-64
Forster, Timon, 29
França, 27
Francisco, papa, 130, 133, 135
Frey, Carl, 25-6, 192
Friedman, Milton, 33
Fukuyama, Francis, 24, 32, 39, 44
fulani (povo), 63
Fundação Lemann, 85
Fundo Monetário Internacional (FMI), 37
futuro, desespero em relação ao, 13, 23, 24-8, 82; liderança para mitigar o, 87; mudança climática e, 24, 25; tecnologia e, 25-7; transições demográficas e, 28

GAM *ver* Modelo Geral de Agressão
Gay, Claudine, 189
General Motors, 145-7, 162
gênero, agressão e, 50-1
geração de riqueza, 29
Ghassan Ahmed Al Sulaiman Furniture Trading Company, 108
globalização, 33, 36
glutamato monossódico (MSG), 94-6
Gödel, Kurt, 170
GoFundMe, 9
Goldin, Ian, 27
Goleman, Daniel, 181
Golsby-Smith, Tony, 167
Grande Demissão, 141-2, 164

Grande Ilha de Lixo do Pacífico, 25
Grande Recessão, 29
Gray, Rob, 112
Groysberg, Boris, 156
Guardian, The, 67-8, 70, 72
Guerra do Iraque, 110

Harley Owners Group, 42
Harvard Business Review, 26, 160, 180
Harvard Business School, 10-1
Harvard, Universidade de, 9, 189
Harvey, Carter Holt, 162
hausa (povo), 63
Hawthorne, experimentos de, 138
Holmes, Craig, 25
Hughes, Thomas, 65
Human Rights Campaign (EUA), 19, 43
humildade, 181
humor, agressão e, 54-5
Huntington, Samuel, 39-41, 44
Hussein, Saddam, 130

identidade, 40; capital humano e, 29-33; embate civilizatório e, 40-1; excepcionalidade dos EUA e, 168; IKEA e, 107-8, 112-3; redes sociais e, 41-3; na Turquia, 175-6
IKEA, 14, 17; catálogo da, 110-3; compromissos morais e, 112-5; cultura saudita e, 108-10; status emblemático da, 107-8
Iluminismo, valores do, 39-41, 171
imigração e imigrantes, 24; atitudes em relação a no Reino Unido, 75; demografia e, 28
Império Otomano, 173
implementação, 16-8
importante *vs.* urgente, 148-9
impotência aprendida, 160-1
inação, assimetrias de capacidade e, 99-100, 103
incentivos, agressão e, 53
Índia: demografia na, 27; escândalo do macarrão Maggi na, 92-101; otimismo e desigualdade de renda na, 34-5
Índice de Estados Frágeis, 28

indignação: atual *vs.* histórica, 10, 23; consequências da, 13; contexto histórico da, 23; estruturas para administração da, 13-5; identificação dos motores da, 23; motores da, 13, 22-43; tempestade perfeita na, 43-4
indignação, estrutura para administração da, 20-2; compreensão do momento na, 67-89; compreensão dos motores de indignação e, 15; cultura e adaptação na, 17; diminuição da temperatura na, 15, 20-2, 48-66; foco administrativo na, 15; formulação de uma reação na, 16, 90-117; implementação na, 17-8; percurso da, 142; poder na, 118-40; resiliência na, 141-64
influência, 126-7
injustiça, 13, 23, 28-38, 82; Banco do Vaticano e, 129; confiança quebrada, sistemas falhos e, 36-8; desigualdade de renda e, 29-36; liderança na mitigação da, 85-6; mercados emergentes e, 97
Instagram, 65
Instituto Nacional de Estudos e Pesquisas Educacionais Anísio Teixeira (Brasil), 185
Instituto para as Obras da Religião *ver* Banco do Vaticano
inteligência artificial (IA), empregos ameaçados pela, 25-7
inteligência emocional, 181
Inter IKEA Systems, 108
interação: normas de, 180-1; poder e, 126-8
interesses particulares, 38
International Paper, 162
Irlanda do Norte, negociações de paz da, 77-8, 82
IVA, sistemas de, 36-8, 88, 118
IWAY, 107

Jamaat al Islami, 64
Jefferson, Thomas, 168-70, 173-4
João Paulo I, papa, 132
João Paulo II, papa, 132
Johnson & Johnson, 17, 101-4, 116
Jonas, Bonnie, 151-3

Journal of Economic Perspectives, 145
JPMorgan Chase, 131
julgamento, como desenvolver, 150-4

Kaduna, Comissão de Paz do estado de (Nigéria), 14-5, 62-5, 77, 87; plataforma de despolarização na, 73
Kamprad, Ingvar, 107
Kapital, Das (Marx), 29
Karman, Tawakkol, 65
Kautilya, 121
Kennedy, David, 151
Kennedy, John F., 149, 156
Khalid, rei saudita, 109
Khan, Sadiq, 75
Kubie, Oenone, 45

laicidade, 175
Lawrence, Stephen, 70
Leach, John, 156
Lewis, Meriwether, 172
LGBT+: base curricular nacional brasileira e, 46, 186; Disney e, 19-20, 22, 43, 112, 189; imposição de compromissos morais e, 116-7
Liddell, Chris, 17-8, 161-5
"Liderança de Nível Cinco" (Collins), 180-1
líderes e liderança: a partir do futuro, 137-40; alteração de, 45, 47; como entender o momento e, 85-8; como nobre mentira, 165-78; competência em, 180-1; desconfiança em, 28-38; educação para, 10-2; implementação e, 17-8; limites dos, 44-7; para entender o momento, 78; poder de, 118-40; polarização e, 44-7; reconceituação de, 164-88; temperança e, 18, 161-4, 179-83; visão equilibrada para, 154-9
Liker, Jeff, 145
logos, 167
London School of Economics, 70
Louisiana, compra da, 172
Lovely Professional University (LPU), 34

Macpherson Report, 70-1, 73-6
Macpherson, William, 70

Maggi, macarrão, 92-101; expectativas do, 101; negação do, 158
Mandela, Nelson, 185
Marchick, David, 162-3
Markle, Meghan, 179
Marks & Spencer, 109
Martello, Wan Ling, 159
Martin, Roger, 167
Marx, Karl, 29
May, Theresa, 70
McAra, Sarah, 63, 68
McCain, Meghan, 48
McDonald's, 27
McGinn, Kathleen, 119
McKinsey, 42
mentalidade nós contra eles, 190
meritocracia, 171
Merkel, Angela, 9
Meta, 15, 118; Cambridge Analytica e, 48; diminuição da temperatura e, 65; moderação de conteúdo, 65
método de casos, 150-4
Metro, jornal, 106
Microsoft, 162
mídia, limite ao acesso da, 60
Ministério das Finanças (Colômbia), 14
Mitchell, George, 77, 78
mitos sobre adversidade, 159
Modelo Geral de Agressão (GAM), 15, 20, 22, 49-57; caminhos para a agressão no, 53-5; codificação no, 57; conhecimento do, para moderadores, 78; definição de agressão no, 49; desfechos no, 55-6; educação sobre, 80; a pessoa no, 50-2; a situação no, 50, 52-3
moderadores para entender o momento, 74, 76-8, 81
monarquia, 173
Moneyval, 129, 132-3
motivação, própria e de terceiros, 154-9
motores de indignação, 22-43; como entender, 67-89; como identificar, 23, 82-3; injustiça, 23, 28-38; liderança na mitigação dos, 85-8; medo do futuro, 23, 24-8; outros e alterização, 23, 38-43

mudança climática, 24-5; demografia e, 28; IKEA sobre, 108; National Health Service (Reino Unido) e, 122
Musk, Elon, 26

nacionalismo, 174-6
narrativas/mitos fundadores, 167; excepcionalidade dos EUA, 168-72; Turquia, 173-7
negação, 154
negociação de conflitos, 66
Nehru, Jawaharlal, 12
Nestlé, 14, 17, 92-101, 103; assimetrias na cadeia de fornecedores da, 104; assimetrias na, 97-8; avaliação de comprometimento na, 98-101; expectativas em relação a, 101; negação pela, 158; poder da, 100; regra de resgate e, 99
neutralidade: ao baixar a temperatura, 57, 64, 66, 77; dos moderadores, 77-8
New United Motors Manufacturing, Inc. (NUMMI), 145-8
New York Review of Books, The, 150
New Yorker, 131
Nhleko, Phuthuma, 165
níveis de endividamento das famílias, 29
nobres mentiras, 18, 165-78; Turquia e, 173-8
normas sociais, 52
NUMMI *ver* New United Motor Manufacturing, Inc. (NUMMI)

O'Brien, Robert, 163
Obama, Barack, 48, 162
OCDE, 27, 59
"On Political Judgment" (Berlin), 150
ONU, Pacto Global, 108
ONU, Princípios Orientadores sobre Empresas e Direitos Humanos, 108
operacionalização de reações, 118-40; avaliação de riscos e, 133-7; fontes de poder e, 119-26
Osborne, Michael, 25
otimismo, 154-6
Ottawa, Canadá, bloqueio de caminhoneiros, 9
OUH *ver* Oxford University Hospitals (rede)

outros e alterização, 12, 38-43, 82; embate civilizatório e, 39-41; IKEA e, 113-4; indignação motivada por, 13; de lideranças, 45-7; lideranças na mitigação de, 87-8; mitos fundadores e, 172; nós contra eles e, 190; redes sociais e, 41-3; na Turquia, 177-8; valores e, 39-41
Owono, Julie, 65
Oxford University Hospitals (rede), 14, 17, 121-8, 137-8; contratos relacionais na, 143; mudança cultural na, 149; narrativa inspiradora na, 139; poder na, 134
Oxford, Universidade de: abertura de espaço para roteiros na, 79-80; Blavatnik School of Government, 9, 10-2, 60, 66; liderança transformadora na, 165; Mestrado em Políticas Públicas (MPP), programa da, 10-2; pandemia de covid-19 e, 157

Pandit, Meghana, 17, 134, 121-8, 136-7; confiança demonstrada por, 137-8; contratos relacionais e, 143; mudança cultural e, 148-9; narrativa inspiradora de, 138-40; perspectiva equilibrada de, 154
Parábola dos Metais, 166, 169
Paradoxo de Stockdale, 155
partes interessadas: expectativas das, 90-1, 100, 106-15; na compreensão do momento, 84-5; papel catalisador das, 75; plataforma para compreender o momento com, 73-6; reação organizacional e, 90
Partido Social-Democrata Brasileiro (PSDB), 185
Patel, Priti, 75
páthos, 167
paz, negociações de, 58-60
Pence, Mike, 162
personalidade narcisista, transtorno da, 51
Petherick, Anna, 45
Pew Foundation, 25
Pierce, Dylan (pseudônimo), 116-7
Piketty, Thomas, 28
plásticos, poluição de, 25
plataformas de despolarização, 73
Platão, 166, 169, 181

poder: assimetrias de capacidade e, 99-100; avaliação dos riscos do, 133-7; canais de, 126-33; coercitivo *ver* poder coercitivo; contratos relacionais e, 143-48; definição de, 119, 126; emotivo, 119, 121, 124; fontes de, 119-26; liderança a partir do futuro e, 137-40; das lideranças, 118-40; pessoal, 119; por meio da definição de prioridades, 126-7, 128-33; posicional, 119; racional, 119, 121; recíproco, 119-21, 124, 190; reforma financeira do Vaticano e, 128-33; relacional, 119, 124 (Banco do Vaticano e, 135); *upāyas* do, 121

poder coercitivo, 119, 121, 124-7; agência e, 126; Banco do Vaticano e, 132; na Met, 133-5

Poética (Aristóteles), 183

polarização, 14, 36; liderança e, 44-7, 164, 184-8; plataformas de despolarização e, 73; na política, 36

Polícia Metropolitana de Londres (Met), 14, 16, 67-79; alteração na, 87-8; Associação de Agentes Negros, 75; composição racial da, 72; compromissos morais e, 115; dimensionar reação organizacional na, 90; entender o momento e, 83-5; esquema BUSS na, 70-1; expectativas em relação à, 92; história da abordagem com revista na, 67-9; inquéritos anteriores na, 69-71; medo do futuro e, 87; motores de indignação na, 82; o que poderia ter sido feito de outra forma, 73-8, 82-3; poder das lideranças na, 118; poder na, 133-5; policiamento de base comunitária e, 72, 77, 86; reação de Dick e, 71-3; visão futura da, 139

política: Cambridge Analytica e, 48-9, 65-6; desconfiança em relação a, 36-8; polarização na, 36; temperança e, 161-4; tipos de poder na, 121

populismo, 175

Porter, Michael, 49

Patočka, Jan, 184

Pottinger, Matt, 163

povos originários, excepcionalidade dos EUA e, 172

pragmatismo, 20

prestígio social das ocupações, 30-1

Prime Minister's Questions [Perguntas ao primeiro-ministro] (Reino Unido), 62

prioridades, poder por meio da definição das, 126-33

Procuradoria Federal do Distrito Sul de Nova York (SDNY, EUA), 14, 17, 150-4

produtividade, capacidade de, 148-50

Putin, Vladimir, 44

PwC, 141

quiosques automatizados em hipermercados, 27

Rabin, Yitzhak, 185

raça: esperança de vida e, 32; Turquia e, 174-5

racismo: caminhos para a agressão e, 53-6; conflito étnico e, 14-5, 63-5; institucional, 69-71; Polícia Metropolitana de Londres e, 16, 67-79

Rahim, Afzal Abdul, 165

reações organizacionais, 21, 90-117; abraçar o desafio, 101-4; na Amazon *vs.* na Alibaba, 104-6; avaliação de comprometimento e, 91, 98-101; capacidades organizacionais e, 91; na IKEA, 106-15; na Johnson & Johnson, 101-4; na Nestlé, 92-101; operacionalização das, 118-40

reavaliações, 56

redes sociais, 13, 23; agrupamento social e, 44; alteração e, 39, 41-3; diminuição da temperatura e, 65; envolvimento nas eleições e, 48-9

reforma tributária, 37-8

reformismo, 175

regra de resgate, 99

regulatórias, questões: Banco do Vaticano e, 128-33; em mercados emergentes, 97; macarrão Maggi e, 93-7

Reino Unido: Câmara dos Comuns, 62; desigualdade de renda no, 75; lockdown da covid-19 no, 68, 72, 157-8; National Health Service (NHS), 122

relativismo, 179
república, A (Platão), 166
republicanismo, 174-5
resiliência, 17, 21, 141-64, 190; capacidade produtiva futura e, 148-50; contratos relacionais e, 143-8; definição de, 142; desenvolvimento de liderança e, 150-4; estoicismo e, 184; força interior e, 159-64; o incontrolável e, 160-4; perspectiva equilibrada e, 154-9
responsabilidade social, 112-3
responsabilidade, assimetrias de capacidade e, 99, 103
responsabilização, 61-2, 65
Retórica (Aristóteles), 167
Revolução Francesa, 171
Revolução Industrial, 170
Ricardo, David, 33
Roethlisberger, Fritz, 138
romantismo, 170
Romney, Mitt, 162
Rousseau, Jean-Jacques, 175
Rousseff, Dilma, 60, 186-7
Rusbridger, Alan, 65
Rússia ortodoxa, 40

Sajó, András, 65
Samuelson, Paul, 33
Seis de Janeiro, insurreição do (EUA), 162-3
Seligman, Martin, 160
Seth, Anil, 55
Shakespeare, William, 181-2
Siemens, 130
Simpson, Thomas, 63
sindicatos, 23
Sistema Toyota de Produção (TPS), 144-8
Social Science One, 65
Sócrates, 184, 187
sofisticação dialética, 164
Solidariedade, movimento (Polônia), 132
soluções: avaliação dos riscos e, 133-7; incompletude das, 45-6, 88
Souba, Wiley, 138-9

Spear, Steven, 147
Starbucks, 109
Stockdale, James, 17, 155-6, 161
Stone, Chris, 68
subgrupos, 84-5

táticas, 21
taxistas, 26
TD Bank, 9
tecnologia: alterização e, 39; educação, demografia e, 27-8; empregos e, 25-7; medo do futuro e, 25-7; *ver também* redes sociais
Tedeschi, Gotti, 129, 131
Temer, Michel, 60, 186
temperança, 18, 179-83, 190; diminuição da temperatura e, 61-2; estoicismo e, 161-4
temperatura, diminuição da, 15, 20-2, 48-66; condições do entorno e, 53; grupos de trabalho para, 62-6; modelo geral da agressão e, 49-57; plataforma para, 58-66; regras de interação e, 61-2
teoria da vantagem comparativa, 33, 36
This American Life, 145-6
Thorning-Schmidt, Helle, 65
tomada de decisões: agressão e, 53-5; análise de, 20-1; avaliação de riscos na, 135-7; clareza e credibilidade na, 143-8; delegação da, 142; diminuição da temperatura e, 20-2; liderar a partir do futuro e, 137-40; modelo para estratégia das cinco forças, 49; na rede OUH, 143; treinamento de, 150-4; urgente *vs.* importante e, 148-9; virtuosas, 166
Toyota, 17
Transição Presidencial, Lei da (EUA), 163
transtorno bipolar, 51
triângulo retórico, 167
"Trump Official Who Did the Right Thing, The" [O servidor de Trump que fez a coisa certa] (Marchck), 162-3
Trump, Donald, 36, 48-9, 65, 161-3, 179
Turner, Tina, 188
Turquia, 173-8

Tutu, Desmond, 65
Tylenol, crise do, 101-4

Uber, 27
Ucrânia, 24, 40
Ulam, Stanislaw, 33
União Europeia, 72; Turquia e, 177
Universidade de Chicago, 30-1
urgente *vs.* importante, 148-9

valores, 19-20; adesão e, 18; agressão e, 51; alterização e, 39-41; assimetrias de capacidade e, 103; ética e, 167; IKEA e, 106-13; Iluminismo, 39-41
Vanity Fair, 163
Vatileaks, 131
verdade, 179-80

vieses: agressão e, 54-5; de confirmação, 42
Vietnam Experience, A [Uma experiência no Vietnã] (Stockdale), 156
visão, na liderança organizacional, 138-40, 181

Walt Disney Company, 19-20, 22, 43, 112, 118, 189
Whipple, Chris, 163
White, Mary Jo, 152
Williams, Ted, 138, 140
WPP-Millward Brown, 93

Yeats, William Butler, 179

Zara, 109
Zaring, David, 152
Zuckerberg, Mark, 65, 118

ESTA OBRA FOI COMPOSTA PELA ABREU'S SYSTEM EM INES LIGHT
E IMPRESSA EM OFSETE PELA GRÁFICA SANTA MARTA SOBRE PAPEL PÓLEN NATURAL
DA SUZANO S.A. PARA A EDITORA SCHWARCZ EM MARÇO DE 2025

A marca FSC® é a garantia de que a madeira utilizada na fabricação do
papel deste livro provém de florestas que foram gerenciadas de maneira
ambientalmente correta, socialmente justa e economicamente viável,
além de outras fontes de origem controlada.